渡邉　泉　著

# 損益計算の進化

東京　森山書店　発行

ま　え　が　き

　「会計とは何か？」いつもこの命題が頭を離れることは，なかった。会計にとって最も重要な役割は，損益計算である。大学院以来ずっとこの損益計算の進化のプロセスに焦点を当てて研究してきた。とりわけ，期間損益計算の生成過程を中心に分析してきた。序章を含め，第1章から第3章までが損益計算思考の歴史的変遷過程に関する分析である。先の『損益計算史論』（1983年）では，先駆的期間損益計算という新しい概念を用いて，通説による損益計算の展開過程にパラダイム転換を試みた。しかし，その後の思考錯誤により，当時〔口別損益計算→先駆的損益計算→期間損益計算〕という単線上で説明した損益計算の発展シェーマに，20年たった今，修正を加えた。

　本書の根幹になった，キャッシュ・フロー計算書の生成過程の分析や時価評価の出現過程の分析もまた，その長い道程で生じてきた課題である。第9章から第12章までは，キャッシュ・フロー計算書の生成過程を取り上げた。従来までの研究では，キャッシュ・フロー計算書，したがって資金計算書の最も初期の形態は，1897年のT. L. グリーンの『企業財務』の中で説明された財政状態変動表といわれていた。しかし，1782年に設立されたイギリスのダウリィス製鉄会社において，すでに資金計算書の萌芽が見出せる。1852年11月と1863年3月の資産負債を比較した比較貸借対照表がそれである。グリーンに先立つこと半世紀，しかもアメリカではなくイギリスにおいてである。

　今ひとつの本書の柱になっている時価評価の生成過程の分析は，第4章から第6章で取り上げた。資産評価が問題になるのは，多くの場合，長期に保有することによってその価値を変動させる固定資産であったと思われがちである。しかし，複式簿記の生成当初では，固定資産ではなくむしろ棚卸資産がその評価対象とりわけ棚卸管理の中心になっていた。なぜなら，固定資産なかでも特に不動産に関しては，仮に放置していたとしても，紛失する恐れがほとんど無く，それに対して，宝石や織物あるいは胡椒といった貴重な棚卸商品は，いつ

も盗難や価格変動のリスクに晒されていたからである。今日では，短期所有のものであったとしてもその変動幅が大きな有価証券や金融派生商品の評価が中心であり，棚卸商品に関しては，そのほとんどが問題になることは少ない。しかし，現実には，棚卸商品の時価評価の論議もすでに18世紀後半には登場してきている。それゆえ，ここでは，棚卸商品と固定資産の時価評価がいつごろ，どのようにして登場してきたかを当時主としてイギリスで出版された簿記書にもとづいて分析した。

　会計学の研究を生涯の生業(なりわい)にして，30年の歳月が過ぎ去った。大学院の博士課程に進学したときから歴史に絞って研究してきたため，実際には，もっと長くなる。半端な歳月ではない。しかし，会計について，一体どれだけのことが理解できたのであろうか。自問自答した時，背筋に何か冷たいものが走り，言い知れぬ空恐しさを覚える。
　大阪経済大学に就職が決まった時，指導教官の小島男佐夫先生から，「論文は，最低年1本，できれば2年で3本書くんやで。そうしたら，10年で1冊になるやろ。書き過ぎたらアカン。もちろん，教科書は，ダメや。教科書は，歳を取ってから書くもんや」といわれたことが今も心に残っている。「大阪経済大学には泉谷君がいる。わからんことがあったら何でも質問するんや。最初が肝心やぞ。最初に知った振りして聞かへんかったら，なんぼ後から聞いても教えてもらえへんで。ええな」と独特の関西弁で先生から言われたのを昨日のように想い出す。就職の決まった前年1973年の秋も幾分深まり始めた頃，4年生のゼミ旅行で平戸に随行したときのことである。
　大阪経済大学に就職以来，泉谷勝美先生にはイタリア簿記史の初歩から教えていただき，定年で退職されるまでの30年近くもの間，ずっと一緒に歩いてきた。先生が学会に参加される時はいつもご一緒し，往き帰りの列車やホテルでああでもないこうでもないと，よくもまあ飽きずに議論ばかりしたものである。いうまでもないことだが，会計の歴史を研究するためには，会計の世界だけで過ごすわけにはいかない。経済史，経営史，商業史，法制史，文化史，教

育史，数学史，言語学等ありとあらゆる分野の知識を手に入れなければならない。一つ間違うと雑学博士である。しかし，私は，歴史を学ぶということは，最終的には，人間とは何であるかを捜し求める旅であると思っている。泉谷先生からは，「泉さんの会計史は，僕と違って，どちらかというと会計思想史やなぁ」と良く言われた。きっと，話のなかで私の研究志向というか研究姿勢を感じ取られてのことであったのだろう。それと同時に，歴史研究にとって命である史料分析への切り込みが弱くならないようにとのご忠告でもあったろうと受け止めている。

　越し方を振り返ってみたとき，とりわけ大学院に進学して会計史という広大な荒地に足を踏み込んで以来，覚束ない手つきで少しずつ鍬を入れていくうちに，さまざまな問題に直面してきた。とりわけ，序章では，筆者が学生時代から心の片隅に残影として消えることのなかった簿記と会計の違いがどこにあるかを歴史というフィルターを通して再整理してみた。両者の違いをどのように説明できるか考えてみた。極めて単純で短い章ながら，ある意味では筆者の現時点での簿記・会計史の集約点とも言える章である。昨今，熊谷守一の一切の無駄をそぎ取った対象描写の鋭さになぜか心が惹かれる。

　キャッシュ・フロー計算書の生成過程の分析のきっかけは，1995年10月28-29日に慶応義塾大学で開催された日本簿記学会第11回全国大会の統一論題「資金計算書生成への歩み」で，その生成過程の報告をするよう，準備委員長の笠井昭次先生に依頼されたことにある。キャッシュ・フロー計算書などまったく手がけたことがなかったため，準備委員長に迷惑をかけてはと，当初は，強く辞退した。しかし，公私にわたり一方的に迷惑ばかりをかけている笠井さんからの依頼とならば，是非もない。とは言いながら，どうしたものかと悩んでいたとき，イギリス留学中にロンドンで1年間一緒し，それ以来学会の度に時を共有してきた法政大学の原征士先生に相談してみた。「引き受けたら。きっと新しい地平が見えてくるよ！」といってくれた彼のアドバイスを受け，思い切って引き受けることにした。原さんとは，同じマイナーな歴史研究の仲間であ

るという連帯感から，専攻分野は異なるものの，良く会計について議論し，彼の持つ見識の深さと人柄にいつも触発されてきた。

そんな話を大阪経済大学で同期の渡辺大介教授にしたとき，資金計算書について書いた彼のイギリス留学中の成果である論考の抜き刷りを戴いた。渡りに船である。彼の論考のお蔭で，何とか最低限の学会での報告の義務を果たすことができたばかりではなく，その後のキャッシュ・フロー計算書の生成・発展過程の分析の出発点となった。しかし，報告そのものは，どんなものであったことやら，今振り返って見ても，冷や汗ものである。

後日，高寺貞男先生から「君たしかこの前，キャッシュ・フロー計算書の歴史のことを雑誌『會計』に書いていたね。次回の研究会で若い君がキャッシュ・フローの報告をするから君も参加しないか」というお誘いを受けた。以来，京都会計研究会に参加させてもらっている。そうなると，途中で投げ出すわけにもいかず，とりあえず一通りのところまで見届けなければと始めたのが今日に至った。ここ3年，校務多忙のため研究会には欠席しがちであった。ようやく大役から解放されたため，これからは，残された時間を本業に専念したいと願っている。

時価評価の出現過程の史的分析のきっかけになったのは，2000年7月19–21日にスペインのマドリッドにあるカルロスⅢ世大学で行われた第8回会計史世界会議で報告した "The Historical Change of Valuation Methods for Goods Remaining Unsold" が契機になった。思い起こせば，1980年にロンドンのLBSで開かれた第3回会計史世界会議に初めて参加したとき，高寺貞男先生が報告された。その雄姿を見た時，「よし，私も50歳を過ぎると，必ず一度，会計史国際会議で報告しよう」と心に決めた。それがマドリッドでの報告につながった。今日では，多くの若き研究者が海外の国際会議で積極的に報告し，レフリー制の厳しい外国の機関誌に投稿するようになった。しかし，当時は未だ外国の国際会議で報告するということは，それほど多くみられることではなかった。まだ30歳台であった当時の私にとっては極めて刺激的で，以後，外国の学会で報告するということは，研究への大きなインセンティブの一つになった。

当初の予定よりはいくらか遅れたが，何とか思いを遂げたときの報告内容が棚卸商品の時価評価の歴史的考察である。それを軸に，棚卸資産だけではなく固定資産も含めた資産評価の歴史的変遷過程の分析に関する論考を何本か発表した。それらも含めて，今回，ようやく一冊にまとめることができた。

第7章と第8章は，18世紀から19世紀に移行する時点での，当時の動向と株式会社会計におけるイギリスの会計思考というか会計観に分析を加えた。周知のとおり，19世紀のイギリスは，リトルトンの言葉を借りると，簿記が会計へと進化する時代である。当時の経営者は，多くの資金を調達するため，貸借対照表や損益計算書を作成して，投資を引き出すための情報開示を積極的に行った。いわゆるディスクロージャーの先駆けである。ここでは，今日，大きな関心になっているディスクロージャーの問題を再度取り上げた。

研究活動に入って以来，高寺先生からはいつも教えていただいてきた。かつて12年もの間，先生のご自宅の近くに住んでいたこともあり，また京都大学を定年退職後に本学にお迎えすることができたこともあり，爾来，ずっとご指導いただいている。私の耐用命数を考えると，そろそろ新しい分野の開拓は，限界に近づいている。いつまで高き志を持続できるものやら。いつもこれが最後と心に決めながら作業に入るものの，こと熱き思いとは異なり，出来上がってみると不十分なものばかりである。しっかりとしたものにしなければと思いつつも，実現できないのがなんとも歯痒い。「渡辺君，社会科学は，55歳を過ぎなければわからんよ」と言われた高寺先生の言葉がこの年になってようやく理解できるようになってきた。とはいえ，未だ「粃嚙み　気の遠くなる　空の蒼」といった心境である。

数え上げればきりがないほどの多くの国内外の同学の先輩，同輩，後輩諸兄姉に支えられて何とか今日までよちよちと歩いてきた。とりわけ，会計史学会の前身になった大阪市立大学会計研究会での中村萬次先生や白井佐敏先生，辻厚生先生，学会のたびごとに一緒に食事を共にして会計史ばかりではなくいろ

んな話に花を咲かせた茂木虎雄先生，津守常弘先生，久野光朗先生，千葉準一教授，佐々木重人教授また京都会計研究会での中居文治先生を始めとする京都シューレの仲間たち，学部時代にお世話になった今は亡き深津比佐夫先生，平松一夫教授や関西学院大学商学部の会計スタッフのメンバー，大阪経済大学の同僚諸兄姉，あるいは，留学中や資料収集のために訪欧するたびにお世話になったICASの故ダンロップ女史，エリオット・ワット大学の故メファム教授，グラスゴー大学のシャケルトン教授，アーキヴィストのトーペン女史，LSEのヤーメイ元教授，CBSのエドワーズ教授，ランカスター大学のメース元教授等々にはお礼の言葉もない。本来ならば，その他にもお世話になった大勢の先生や仲間たちに対していちいち名前をあげてお礼を申し述べるべきであるが，失礼することをお許しいただきたい。

　言うまでもなく，諸兄姉のご教示がなければ，例えこのような稚拙なものでも，きっとまとめることは，できなかったであろう。この度の一応の区切りが，会計史研究を志す若い研究者諸氏にとって少しでも役に立つところがあれば，これに勝る喜びはない。なお，貴重な研究時間を削り，校正という面倒な作業を快く手助けくれた大阪経済大学非常勤講師宮武記章君に厚くお礼申し述べる。

　いささか冗長になったが，最後に，このような市場性の乏しい書物の出版を，何一つ条件をつけることもなくいつも快くお引き受けくださる森山書店社長菅田直文氏ならびに土屋貞敏氏に対しては，お礼の言葉もない。心から感謝申し上げる。

　　2005年春　蕗の塔が顔を出す頃

　　　　　　　　　　　　　　　　　水鳥の訪れる川べりの書斎にて

　　　　　　　　　　　　　　　　　　　　　渡　邉　　泉

# 目　　次

序　章　複式簿記の生成と会計学 …………………………………… *1*

　1　複式簿記の発生とドゥ・ルーヴァの生成要因 ………………… *1*
　2　簿記と会計 …………………………………………………………… *4*
　3　記録・計算・報告機能と帳簿組織 ……………………………… *7*


第1章　損益計算システムの展開 …………………………………… *11*

　1　はじめに …………………………………………………………… *11*
　2　生成当初の損益計算形態 ………………………………………… *12*
　3　損益計算発展シェーマのパラダイム転換 ……………………… *13*
　4　口別損益計算と先駆的期間損益計算 …………………………… *15*
　5　期間損益計算システムの確立 …………………………………… *18*
　6　おわりに …………………………………………………………… *21*


第2章　パチョーリにおける損益計算システムの再吟味 ………… *23*

　1　はじめに …………………………………………………………… *23*
　2　故木村和三郎教授の見解 ………………………………………… *25*
　3　故山下勝治教授の見解 …………………………………………… *27*
　4　白井佐敏教授と故黒澤清教授の見解 …………………………… *29*
　5　定説における『スンマ』の口別損益計算としての根拠と矛盾点 … *31*
　6　パチョーリの帳簿締切の時点と目的 …………………………… *35*
　7　『スンマ』での試算表作成の時期 ……………………………… *38*
　8　むすびにかえて―パチョーリは口別損益計算か期間損益計算か― … *41*

## 第3章 ストックからフロー，そしてキャッシュ・フローへ ……… 43

1　はじめに……………………………………………………………43
2　ストックによる損益計算の本質 ……………………………………44
3　フローによる損益計算の本質 ………………………………………47
4　ストックからフローへ ………………………………………………51
5　利益の中身の分析としての資金計算書 ……………………………53
6　おわりに………………………………………………………………56

## 第4章 インピン簿記書における売残商品の評価方法 ……………… 61

1　はじめに……………………………………………………………61
2　インピン簿記書と記帳例示における荷口別商品勘定 ……………62
3　期首の繰越商品のみで期中仕入のない事例の評価方法 …………64
4　期首の繰越商品と1度の期中仕入がある事例の評価方法 ………65
5　期首の繰越商品がなく1度の期中仕入のみがある事例の評価方法……68
6　期首の繰越商品がなく3度の期中仕入がある事例の評価方法……69
7　おわりに……………………………………………………………71

## 第5章 16-18世紀イギリス簿記書にみる売残商品の評価方法 ……… 75

1　はじめに……………………………………………………………75
2　ビランチオにおける棚卸評価基準 …………………………………76
3　初期における売残商品勘定の評価方法 ……………………………78
4　取得原価評価の普及 …………………………………………………84
5　時価評価の登場 ………………………………………………………87
6　もう一つの時価評価 …………………………………………………89
7　おわりに……………………………………………………………93

## 第6章　16-18世紀イギリス簿記書にみる固定資産の評価方法 …………97

1　はじめに …………………………………………………………97
2　18世紀までの資産の評価方法 ………………………………98
3　マルコムにおける資産評価 …………………………………104
4　メイヤーにおける資産評価 …………………………………107
5　ハミルトンにおける資産評価 ………………………………109
6　評価減から減価償却へ ………………………………………111
7　鉄道会社における減価償却 …………………………………113
8　おわりに ………………………………………………………114

## 第7章　17-19世紀イギリスにおける会計の展開 …………………117

1　はじめに ………………………………………………………117
2　17世紀イギリス簿記書の特徴 ………………………………117
3　教科書用簿記書から実用簿記書へ―18世紀の転換― ……120
4　企業損益算定方法の転換―ストックからフローへ― ……126
5　資金計算書の出現―19世紀の特徴― ………………………128
6　おわりに ………………………………………………………131

## 第8章　ディスクロージャー機能の形成とその背景 ………………135

1　はじめに ………………………………………………………135
2　財務情報開示の要請―貸借対照表の萌芽― ………………136
3　フィンレイ商会の残高帳とその特徴 ………………………139
4　1844年登記法における貸借対照表規程 ……………………144
5　損益計算書の生成前夜 ………………………………………146
6　損益計算書の初期の事例 ……………………………………149

7　1929年会社法における損益計算書規程…………………… *152*
　　　8　お わ り に ……………………………………………………… *156*

## 第9章　損益計算の展開と資金計算書の萌芽 …………… *159*

　　　1　は じ め に ……………………………………………………… *159*
　　　2　複式簿記の機能的転換―文書証拠から損益計算へ― ……… *160*
　　　3　企業損益算定方法の転換―ストックからフローへ― ……… *163*
　　　4　貸借対照表比較分析の登場―資金計算書の出現― ………… *166*
　　　5　お わ り に ……………………………………………………… *170*

## 第10章　ダウライス製鉄会社の資金計算書 ……………… *173*

　　　1　は じ め に ……………………………………………………… *173*
　　　2　ダウライス製鉄会社の沿革と業績の推移 …………………… *174*
　　　3　ダウライス製鉄会社の資本金と設備投資の推移 …………… *177*
　　　4　比較貸借対照表の出現とダウライス製鉄会社の財務表 …… *181*
　　　5　ダウライス製鉄会社の財務報告書 …………………………… *184*
　　　6　お わ り に ……………………………………………………… *186*

## 第11章　比較貸借対照表から資金運用表へ ……………… *189*

　　　1　は じ め に ……………………………………………………… *189*
　　　2　資金運用表の登場 …………………………………………… *190*
　　　3　比較貸借対照表と資金運用表の相違 ………………………… *193*
　　　4　資金運用表の初期の事例 …………………………………… *197*
　　　5　お わ り に ……………………………………………………… *202*

第12章　運転資本〔変動〕計算書からキャッシュ・フロー計算書へ……203
　1　はじめに……………………………………………………203
　2　キャッシュ・フロー計算書の本質………………………204
　3　キャッシュ・フロー計算書の登場………………………209
　4　キャッシュ・フロー計算書の初期形態…………………212
　5　ヒースにおける支払能力の評価…………………………214
　6　おわりに……………………………………………………217

主要参考文献………………………………………………………221
資　料　索　引……………………………………………………227
事　項　索　引……………………………………………………229
人　名　索　引……………………………………………………233

# 序章　複式簿記の生成と会計学

## 1　複式簿記の発生とドゥ・ルーヴァの生成要因

　複式簿記は，13世紀の始めに，イタリア北方諸都市において，債権債務の備忘録ないしはトラブルが生じたときの文書証拠すなわち公正証書として発生したことは，すでに良く知られているところである。ピーター・カッツやデビッド・マリーによって主張されているように[1]，複式簿記は，すでに古代ローマにおいて生成していたとする説がないわけではない。しかし，歴史の連続性ないしは継続性の観点，さらにはそれを実証し得る具体的事実を史料として確認できない等の理由によって，史家の間では，複式簿記は，中世末葉ないしは近世初頭のイタリア北方諸都市を中心に発生し，完成したというのが定説になっている。

　かつて，レモンド・ドゥ・ルーヴァ（Ramond de ROOVER：1904-72）は，複式簿記の生成要因として，①信用［取引］（credit），②組合［企業］（partnership），③代理人［関係］（agency）を上げ，13世紀始めのイタリアにおいて複式簿記を発生させた原点にこれら三つの要因を位置づけた[2]。

---

1 ) KATS, Pieter, "Early History of Bookkeeping by Double Entry", *The Journal of Accountancy*, Vol. XLVII, March & April, 1929, pp. 203-10, 275-90. MURRY, David, *Chapter in the History of Bookkeeping, Accountancy and Commercial Arithmetic*, Glasgow, 1930, pp. 125-7.
2 ) De ROOVER, Raymond, "The Development of Accounting prior to Luca Pacioli", in A. C. LITTETON and B. S. YAMEY eds., *Studies in the History of Accounting*, London, 1956, pp. 115-7. これに対して，リトルトンは，1．資料（a．私有財産，b.

## ① 信用取引の出現と記録の必要性

　物々交換や現金取引であれば，ある意味では，その場で取引が完結していることになり，清算のために必ずしも取引を記録する必要はない。しかし，信用取引が生じてくると，人間の記憶には限界があるため，後日の決済に備えて，トラブルの発生を防止するために，取引の詳細を文書証拠として記録しておく必要が出てきた。複式簿記による記録である。多くの場合，この記録は，公正証書として公証人役場に提出された。今日まで多くの古い商人の帳簿が現存しているのは，このように役場に証拠書類として保管されていたためであろう。複式簿記発生当初の最大の役割は，商人間での取引上の決済にあたり，諍(いさか)いが生じたときの証拠書類にあった。この証拠性こそが複式簿記を発生させた最大の要因なのである。そして，文書証拠としての機能を日々の取引の記録，複式簿記に求めたのが信用取引の出現であった。

## ② 組合企業の出現と利益分配

　13-15世紀のヴェネツィアの企業形態は，一般的にはソキエタス（合名会社の一種）と呼ばれるもので，個人か家族を中心に同族で集まった家族組合（family partnership）が支配的であった。それに対し，フィレンツェの企業形態は，3-5年の期間に区切って，同族以外の第三者を含めた，一般的にはマグナ・ソキエタス（合資会社の一種）と呼ばれる期間組合（terminal partnership）が中心であった。そこでは，当然のことながら，組合員相互間で利益を分配することが求められた。すでに13世紀の始めに複式簿記は発生していたが，まだ完成をみるに至っていない段階では，集合損益勘定が勘定内に設定されていないか，設定されていたとしてもそこで実際に損益を計算できる状況にはなく，「勘定間の閉ざされた体系的組織」もまだ形成されていない。

　13世紀初頭から14世紀前半に至る複式簿記の発生当初から完成に至る約100

---

資本，c．商業，d．信用，）2．表現手段（a．書法，b．貨幣，c．算術）3．方法，を上げ，複式記入を可能にさせた方法，すなわち記帳技法が複式簿記であると規程したのは，良く知られているところである（片野一郎訳『リトルトン会計発達史（増補版）』同文舘，昭和53年，23-4頁，LITLETTON, A. C., *Accounting Evolution to 1900,* New York, 1933, 2nd ed., 1966, p. 13）。

年の間は，複式簿記によって，したがって継続的記録にもとづく損益勘定によって企業損益を計算することは，できなかった。そのため，種々の財産を実地棚卸によって時価評価して企業の正味財産を算出し，2時点間のそれを比較して企業の総括的な損益の計算をなしていた。当時のフィレンツェの他人と組んで結成された期間組合で作成されたビランチオがそれである。このビランチオは，今日の財産目録と利益処分計算書が一緒になった，いわば利益処分結合財産目録とでもいえる財務表であった。

しかし実地棚卸だけによって企業損益を求めるならば，そこで求められた損益の信憑性が問題になり，ビランチオによる実地棚卸によって求めた利益を多くの関係者が納得できる他の何らかの手段によって証明する必要性に迫られた。すなわち，記録によって証明することが要求されるに至ったのである。継続的な記録を基盤にした複式簿記による企業全体の総括的な期間損益の計算である。記録にもとづく損益計算が出現して始めて，複式簿記が完成を見るのである。期間組合の出現こそが複式簿記を完成へと導いた直接的な要因である。時まさに14世紀の前半のことである。ドゥ・ルーヴァの挙げる複式簿記の生成要因としての組合［企業］（partnership）の出現が，会計のそしてその計算構造を支える複式簿記の最も基本的な機能である損益計算を生み出した。

### ③ 代理人関係の出現と報告義務

14-15世紀を迎えると，組合企業もその規模を拡大させて，各地に支店を設けるようになる。14世紀の前半に活躍したフィレンツェのバルディー，アッチアイウォーリ，ペルッチ商会は，経営を管理し，ダティーニ商会は，マルコで代表されるように，各支店ごとに組合契約を締結し，各店舗から送られてくるビランチオや書簡で管理をしていた[3]。各支店や店舗の責任者は，当然のことながら，彼らのアカウンタビリティを果たすために，その初期においては必ずしも定期的であったとは限らないが，本店の責任者に宛てて経営状態と財務状態の報告をなす必要に迫られた。すなわち，報告の義務づけである。ドゥ・ル

---

3）泉谷勝美『スンマへの径』森山書店，1997年，288頁。

ーヴァの挙げる代理人［関係］（agency）が報告という機能を生じさせた。信用取引，組合企業，代理人関係の三つの要因が複式簿記の本質機能である記録（認識），計算（測定），報告（伝達）を誕生させたのである。

　以上のように，レイモンド・ドゥ・ルーヴァは，その初期において，会計の生成に最も貢献した要因として，1．組合（partnership），2．信用（credit），3．代理人（agency）の三つを上げ，その中でも，組合が最も重要であると述べている。すなわち，複式簿記の最も重要な機能は，企業損益の算定であり，ドゥ・ルーヴァは，この複式簿記の第一義的な役割である損益計算を明確に認識していたことが分かる。しかし，複式簿記の帳簿記録の暦順からすれば，まず最初に取引を記録し，その記録にもとづいて企業損益を計算し，その結果をパートナー（後になっては株主や債権者）に報告するのが簿記の一連のシステムである。したがって，会計，ないしは複式簿記の機能との関連で，役割の時系列で示せば，記録（認識），計算（測定），報告（伝達）であるため，この三つの生成要因は，(1) 信用［取引］（credit），(2) 組合［企業］（partnership），(3) 代理人［関係］（agency）の順番に並べ替えることができる。

　(1)の信用取引は，トラブルが生じたときの文書証拠ないしは公正証書としての記録を発生させ，(2)の組合企業は，組合員相互間の利益分配のために作成されたビランチオを日常の取引の記録によって証明するための損益計算機能を生み出し，(3)の代理人関係が受託者からの委託者あるいはパートナーへの，後世になってからは，経営者から株主や債権者に代表される利害関係者への報告の義務を生じさせた。

　信用取引によって生じた記録の必要性は，仕訳帳を生み出し，損益計算のためには元帳への転記を余儀なくさせ，その成果報告のために初期においては集合損益勘定や決算残高勘定を，後になっては損益計算書や貸借対照表を登場させてくる。

## 2　簿記と会計

　会計学という言葉が用いられるようになったのは，まだ比較的新しい。A.

C. リトルトンの『1900年までの会計発達史』(A. C. LITTLETON, *Accounting Evolution to 1900,* New York, 1933) によれば，簿記は，19世紀に至って，会計へと進化していくことになる[4]。簿記と会計とはどこが違うのか。この点についてはいくつかの考え方がある。W. A. ペイトン (1889-1991) は，彼の学位論文である『会計理論』(1922) のなかで，次のように述べている。「簿記と会計とを明確に区別しようとすることは，まったく意味のないことである。……簿記を広く解釈していけば，実質的には会計と同義語になってしまう[5]」と。

わが国の会計学は，その導入期から欧米の影響を強く受けたが，先にも述べたように，アメリカ会計学会 (AAA) によると，会計は，「情報の利用者が判断や意思決定を行うにあたって，事情に精通したうえでそれができるように，経済的情報を識別（認識）し，測定し，伝達するプロセスである[6]」と定義されている。もちろん，その測定が貨幣で評価されるのは，言うまでもない。これは，先ほどの複式簿記の定義とほとんど異なるところがない。基本的には，簿記と会計は，同じものと言うことができる。会計の計算構造を支えている一種の技法が簿記なのである。そのため，複式簿記のことを会計構造論と呼ぶことがある。

このように，会計を「情報の利用者が判断や意思決定を行うにあたって，事情に精通したうえでそれができるように，経済的情報を識別し，測定し，伝達するプロセスである」と規定するのであれば，そのプロセスは，簿記によって行われることになる。すなわち，経済的情報を識別するのは仕訳帳によって，企業損益を測定するのは元帳によって，そしてその結果を利害関係者に報告するのは貸借対照表や損益計算書やキャッシュ・フロー計算書等の財務諸表によって行われる。最もわかりやすく言えば，会計は，取引を仕訳帳に記録し，元帳によって企業損益を計算し，その結果を財務諸表によって報告するプロセス

---

4) LITTLETON, A. C., *Op. Cit.,* p. 368. 片野一郎訳『前掲書』499頁。
5) PATON, W. A., *Accounting Theory ; with special reference to the corporate enterprise,* New York, 1922, pp. 4-5.
6) AAA, *A Statement of Basic Accounting Theory,* Illinois, 1965, p. 1. 飯野利夫訳『アメリカ会計学会基礎的会計理論』国元書房，1969年，2頁。

であると言い直すことができる。とすれば，この限りにおいて，会計と簿記はなんら異なるところはない。

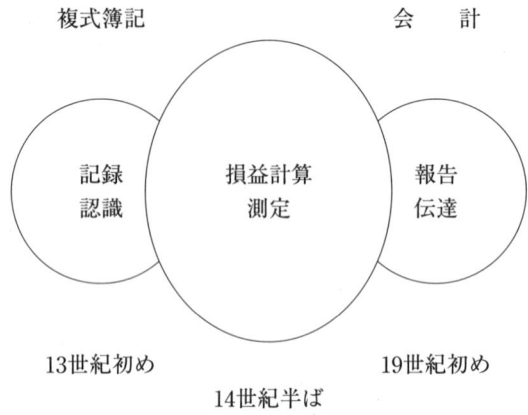

　しかしながら，現実に，簿記と会計とは，言葉が違う。異なる以上，全く同じと言うわけにはいかない。両者の言葉の相違から，最も単純に整理して説明するとすれば，簿記（bookkeeping）とは，「帳簿（book）に［取引を］記帳する（keep）こと（ing）」であり，会計（accounting）とは，「［1年間で得た利益を株主に］説明する（account）こと（ing）」である。言葉通りに解釈すれば，簿記とは，企業の1年間の取引を記録し，その記録にもとづいて企業損益を計算することが主たる役割である。それに対して，会計とは，複式簿記によって計算された1年間の企業損益を，なぜこれだけの利益を獲得できたのかについて，原因（フロー：集合損益勘定，後に損益計算書）と結果（ストック：決算残高勘定，後に貸借対照表）の二つの側面から明らかにし，株主や債権者に代表される利害関係者に報告することなのである。

　細部にわたって検討すれば，簿記と会計では異なっているのは言うまでもない。簿記が，いわば単なる経済的情報の記録・計算・報告のための技法であるのに対して，会計は，それに加えて，どの経済的情報を対象に取り入れ，どの情報を対象から取り下げるかなどの判断を行う。すなわち，会計は，経済的情報を所与のものとして記録計算していく技法としてのシステムだけではなく，

記録計算の範囲を決定していくいわば判断としてのシステムを含んでいると言える。

## 3　記録・計算・報告機能と帳簿組織

　このように見てくると，簿記の第一義的な機能は，記録（認識・識別）であり，会計の第一義的な役割は，報告（伝達）である。その両者を繋いでいるのが〔損益〕計算（測定）なのである。いうまでもなく，記録は仕訳帳によって，計算は元帳により，そして報告は財務諸表によってなされる。〔仕訳帳→元帳→財務諸表〕という一連の記帳の流れは，簿記の本質である，〔記録→計算→報告〕ないしは〔認識→測定→伝達〕とリンクしている。もちろん，複式簿記の生成当初では，まだ財務諸表は，生成されていない。貸借対照表の先駆的な形態は，すでに17世紀後半に生じているが，今日の一般の株主を対象にした貸借対照表や損益計算書は，18世紀末から19世紀初頭にかけて生じてくる。したがって，それまでにおける複式簿記の報告機能は，決算残高勘定や集合損益勘定が果たし，時には，遠く離れた支店から本店へは，実地棚卸を基盤として作成されたビランチオ（利益処分結合財産目録）が果たした。

　この報告機能をいま少し詳細に見ていく。他人に営業の一部ないしは全部を委託している場合，委託された人は，自己の会計責任（アカウンタビリティ）を明確にするため，委託者に対して事業内容の結果を報告する義務を負うことになる。13-5世紀の頃では，遠隔地の支店が本店に対して，19世紀になるとトラストとかコンツェルンと呼ばれるような巨大な株式会社が出現してくるが，このような会社形態のもとでは，株主からの資金調達目的で企業内容の概要を報告するために財務諸表を作成する必要に迫られてくる。貸借対照表や損益計算書が登場し，そこに報告機能が明確に認識されるに至った。代理人関係が，会計報告を必要にさせるのである[7]。

---

7) 貸借対照表と損益計算書に加えて，1999年4月1日以降に始まる事業年度から，単に親会社だけでなく子会社も含めたグループ全体での連結ベースでのキャッシュ・フロー計算書（資金計算書）が財務諸表に加えられ，その作成が義務付けられた。

ただ，この点については研究者の間でも意見の分かれるところである。例えば，一つの考え方として，簿記の役割は，取引を記録し，計算する所までであり，報告するのは，会計の役割であるとする見解がある。すなわち13世紀に発生した複式簿記が19世紀のイギリスで会計へと進化していったとするA. C. リトルトンの考え方の根底には，簿記と会計を峻別するキーワードが，外部の利害関係者への報告にあるとするとともに，報告の最も重要な要素が利益決定のプロセスにあるとするところにある。時には益出し，時には利益の圧縮ないしは平準化がはかられる。そのため，資産評価の問題は，極めて重要であり，減価償却という新しい会計手法が登場してくるのもこの時期である。如何にして資金の調達を獲得していくか，すなわち投資家からの投資総額を拡大させるか，そのためにはいかなる情報を開示するのが有利であるのか，当時の企業経営者が最も腐心したところである。

　しかし，簿記には，この利害関係者への報告の役割がないとするのである。換言すれば，13世紀初めに発生し，遅くとも14世紀半ばまでに完成した複式簿記は，19世紀前半のイギリスの株式会社実務のなかで，経営者にとって如何にして多くの資金を調達するかが最大の課題になる中で，その要求に応えるための工夫が要求された。その結果，そのひとつの方策として，投資を誘引するために，株主に企業の財政状態や経営成績を報告するために財務諸表を作成し，その投資がいかに安全でいかに有利であるかを伝えようとした。会計は，外部監査を受ける必要に迫られ，会計士会計学として生成・展開したとするのがリトルトンの考えの根底にある。貸借対照表や損益計算書が作成されるのもこの頃からであり，それまでの会計実務のなかでは，財務諸表はまだ存在しなかった。その意味で，19世紀は，簿記・会計にとって極めて重要な時代である。

　さらに今日，簿記・会計が伝統的に測定の手段として用いてきた取得原価による評価方法が，新たな金融派生商品等の登場によって，一部，時価による評価へと転換されるに至ってきた。しかし，歴史的に見て行く限り，複式簿記は，その存立基盤が取得原価であることを忘れてはならない。「時価論者にあらずんば会計学者にあらず」といった風潮がいっとき会計学者や職業会計人の

間に見受けられた。国際会計基準への対応という大義のもと，会計基準も取得原価から時価へとシフトしてしまった。

　アメリカ会計学会（AAA）は，1965年に発表したASOBATの中で，会計を「情報の利用者が判断や意思決定を行うにあたって，事情に精通したうえでそれができるように，経済的情報を識別し，測定し，伝達するプロセスである」と規定した。意思決定にあたり有用な情報を提供することが会計の主要な役割ということになる。

　5年前に購入した有価証券を当時の取得原価で貸借対照表に表示しても，決してそれは企業の正確な資産価値を表示しているわけではなく，投資意思決定のための有用な情報にはならないという。そのこと自体，否定されるものではない。しかし，決算日付けの貸借対照表に始値と終値ですら大きく変動する株価を時価表示したとして，3ヶ月後の株主総会においてそれらの時価と称する情報がいったいどれだけの意味を持つのであろうか。結局は，3ヶ月前の取得原価に過ぎない。むしろ，どの企業の株式をいつ，いくらで，何株購入したかという情報を脚注で表示する方がはるかに有用である。

　もともと，会計の計算構造を支える複式簿記は，13世紀初頭，イタリア北方諸都市を中心に債権・債務の備忘録，すなわち文書証拠として発生した。個人ないしは家族を中心にしたベネツィアの企業形態のもとでは，分配のための利益計算は，それほど必要とされたわけではない。しかし，フィレンツェの他人と組む組合企業の場合には別である。当初の契約にもとづく厳密な利益分配が要求される。この利益分配の現実的な必要性が，複式簿記の第一義的機能を文書証拠から損益計算へと転換させていく。14世紀前半のことである。

　帳簿記録にもとづく損益計算がまだ行われていなかった時代では，利益の分配は，ビランチオという今日の利益処分計算書が合体された一種の財産目録によって行われた。このビランチオで求められた企業損益を帳簿という文書証拠によって証明するために機能したのが複式簿記である。発生当初，債権・債務の備忘録であった帳簿記録は，利益分配という実務からの要請にもとづき，単なる日常的な記録を組織的な複式簿記へと進化させていった。

会計およびその計算構造を支える複式簿記は，その生成当初から，不断に変動する市場価値に支配されることなく，また保管状況いかんによって大きく異なる実地棚卸のみを根拠にすることなく，損益計算を行ってきた。あくまでも信頼性を重視し，証拠性の高い証明手段としての原始記録を第一に考えてきた。商人たちは，悠久の歴史の中で，自らが培ってきた約束事を昇華させ，損益計算のための記録システムを創りあげた。ゲーテの言葉を借りるならば，複式簿記「これこそ人間精神のもっとも立派な発明の一つ」ということになる[8]。

　会計は，生まれながらにして取得原価をその立脚基盤として発展してきた。取得原価を否定することは，会計が会計であることを捨て去ってしまうことになる。時価による評価基準は，あくまでも取得原価の補完情報に過ぎないのである。

　貸借対照表や損益計算書によって企業の財政状態や経営成績を株主や債権者等の利害関係者に報告するという機能は，簿記の段階ではまだなく，会計へと進化した段階で初めて機能する。18世紀末頃までの複式簿記の報告機能は，ごく限られた範囲で機能していたに過ぎない。報告機能の重要性が広く一般に認知されるのは，19世紀に入ってからのことである。

---

　8）ゲーテ作小宮豊隆訳『ヴィルヘルム・マイステルの徒弟時代（上）』岩波文庫，1977年（第24冊）50-51頁。

# 第1章　損益計算システムの展開

## 1　はじめに

　企業会計の最も重要な役割は，いうまでもなく，企業損益を決定し，その結果を利害関係者に開示することにある。この企業損益の計算システムが確立するのは，したがって複式簿記が完成するのは，一般的には，損益勘定で損益が算出され，それが資本金勘定に転記され，決算残高勘定の貸借が自動的に一致し，「勘定間の閉ざされた体系的組織」が形成された時である。時代的には，14世紀の前半以降のことである。

　13世紀初めに複式簿記が発生した当初の第一義的な役割は，債権・債務の備忘録，ないしはトラブルが生じた時の文書証拠，すなわち公正証書にあった。文書証拠として発生した複式簿記に損益計算機能が有効に作動し始めた直接的な要因は，企業形態の変化，すなわち組合企業とりわけ他人同士が提携した期間組合（一般的にはマグナ・ソキエタス）の出現であった。

　本章では，文書証拠として発生した複式簿記がいつ，いかなる要請にもとづいて，その第一義的機能を損益計算機能にシフトさせて行ったか，またそこでの損益計算機能がどのように転換し，今日のような一定期間ごとに企業損益を計算する期間損益計算システムを形成させるに至ったかを検討することにする。

## 2　生成当初の損益計算形態

　複式簿記が発生した13世紀初頭では，損益計算機能は，未成熟の段階で，複式簿記の勘定記録によって企業損益を計算することは，困難であった。当時の帳簿では，損益勘定自体を元帳に設けない記帳法がごく自然に行われていた。たとえ設けられたとしても，それは，単に元帳の他の諸勘定を締め切るための結算勘定として機能していたに過ぎず，企業の総括的な期間損益を計算するための集合損益勘定として機能していたわけではない。そこには，資産・負債・資本に関する勘定までもが転記され，あたかも今日の試算表を想起させるものもあった[1]。このような損益勘定では，当然のことながら，損益計算は出来ず，複式簿記の第一義的な役割は，文書証拠にあった。

　その結果，企業の損益計算は，複式簿記以外の計算システム，すなわち継続的な帳簿記録にもとづかない方法に拠らざるをえなかった。これがビランチオ（Bilanzio）である。今日の財産目録と利益処分計算書が合体された，いわば利益処分結合財産目録とでもいえる一種の財産の一覧表であった。

　13-15世紀のヴェネツィアの企業形態が，個人ないしは血縁を軸にした家族組合が中心であったのに対して，当時のフィレンツェでは，より多くの資本の合本が要求され，単に個人ないしは同族をこえて，第三者とも共同して事業を行う期間組合が支配的になってくる。それにともない，組合員相互間での利益分配の現実的な必要性から，商人達は，取扱商品が売却済みになるのを待たずして，必ずしも1年ごととは限らなかったが，期間に区切って企業損益を計算する方法をとるに至った。

　例えば，フィレンツェのデル・ベーネ商会では，損益の算定および利益の分配は，損益勘定によってではなく，主として実地棚卸によって作成されたビランチオ（利益処分結合財産目録）にもとづいて行われた。損益勘定で計算された利益とビランチオで計算された利益の間に大きな差異が生じたときには，損

---

　1）拙著『決算会計史論』森山書店，1993年，25頁。

益勘定が利益の分配過程を通じて，資本金勘定に接続されることはなく，「利益配当や損失負担の決定には，ビランチオの結果が重視され」，結局のところ，損益勘定よりもビランチオが「期間組合の損益計算原理として重視された[2]」。この「ビランチオ重視の思考は14世紀トスカーナにみられた一般的な傾向で，損益勘定残高の数値にさほどの信頼性がおかれなかったことは，デル・ベーネのみならず，ペルッチやコボーニの会計帳簿からも窺うことができる[3]」といわれている。

　これに対して，ヴェネツィアを中心にした個人ないしは血族からなる家族組合（一般的にはソキエタス）では，企業全体の総括損益を厳密に計算しなければならない現実的な必要性は，所得税法が施行されるまでは，それほど強くはなかった。そこでの損益計算は，取扱商品の荷口別ないしは航海（旅行）別に，全ての商品が売却済みになったか，航海（旅行）が終了した時点で行われた。いわゆる，口別損益計算といわれる損益計算システムである。

　それ以前では，したがって，損益勘定上で，すなわち複式簿記によって損益が算出できるようになる前までは，複式簿記に依拠しないビランチオによって，必ずしも一定期間ごとではないが，必要に応じて，企業損益を計算していた[4]。

## 3　損益計算発展シェーマのパラダイム転換

　このような，ヴェネツィアの個人ないしは家族組合で一般的に行われた損益計算システムは，口別損益計算と呼ばれ，この口別損益計算システムから期間損益計算システムへと展開して行ったとするのが，従来までの一般的な解釈，すなわち定説であった[5]。口別損益計算（Patierechnung）なる概念は，かのシ

---

   2）泉谷勝美『スンマへの径』森山書店，1997年，170-1頁。
   3）泉谷勝美『複式簿記生成史論』森山書店，1930年，241頁。
   4）ビランチオによって，帳簿記録とは離れて企業損益を計算した会計実務は，例えば，デル・ベーネ商会の帳簿（1318-24），アルベルティー商会の第2回組合の秘密帳（1333-43），コボーニ商会の帳簿（1336-40），コルビッチ商会の帳簿（1332-37），ダティーニ商会バルセロナ支店の帳簿（1366-1407）等に見られる（拙著『損益計算史論』森山書店，1983年，14-6頁参照）。

ュマーレンバッハ (Eugen Scbmalenbach: 1873-1955) によって，いわゆる動態論下における期間損益計算の意義ないしは特質を説明するために，全体損益計算との関連で対比的に用いられたものである[6]。従来，口別損益計算は，ともすればその「口別」が強調されるあまり，商品勘定が取扱商品の荷口別ないしは航海（流行）別に設定されることをもって，口別損益計算の範疇に分類されることがあった。しかし，17-18世紀にイギリスで出版されたほとんどの簿記書の記帳例示では，商品勘定は，中世末から近世初頭にかけてのイタリアの商人たちが一般に用いた簿記法と同様，取扱商品の荷口別に設けられているが，企業の期間損益の計算は，1年ごとに定期的に行われている。もし，期間損益計算のメルクマールをいわゆる商品勘定が取扱商品の荷口別ないしは航海（旅行）別ではなくそれらを統括した一般商品勘定の設定に求めるとするならば，期間損益計算は，18世紀のイギリスにおいても未だ成立していないことになる。しかし，期間損益計算システムは，16世紀の半ばのオランダで，すでに成立している。このことだけをもってしても，従来までの先行研究の矛盾は，明白である。

　口別損益計算の最大の特質は，取扱商品の荷口別に勘定を設けることではなく，取扱商品の荷口別に損益を計算することにあり，企業全体の総括損益に対する関心がなかった点にある。すなわち，取扱商品の荷口別の損益，いわゆる口別損益計算に対応する損益計算システムは，取扱商品の個々の荷口別損益ではなく，むしろ企業全体としての総括損益を計算する，総括損益計算でなければならない。他方，期間損益計算の最大の特質が，その「定期性」にあるとするならば，期間損益計算に対応する損益計算システムは，その期間を前提としない損益計算システム，すなわち全体損益計算であるはずである。本来的には，期間損益計算に対応する概念は，口別損益計算ではなく全体損益計算であり，口別損益計算に対応する概念は，期間損益計算ではなく総括損益計算なの

---

　5）従来までの定説の矛盾は，すでに拙著『損益計算史論』（森山書店，1983年，第1章）で指摘し，そこで新たな損益計算システムの発展シェーマを展開した。
　6）SCHMALENBACH, E., *Dynamische Bilanz*, 7 Aufl., Leipzig, 1939, S. 60.

である。

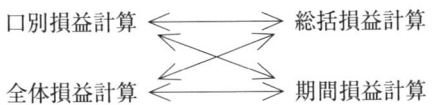

　従来までの先行研究において，口別損益計算から期間損益計算への展開過程が必ずしも明確にされ得なかった最大の要因は，第1に，期間損益計算の概念規定が曖昧であったこと，第2に，本来座標の異なる観念を同一平面上でとりあげようとしたこと，に求められる。それゆえ，何よりも先ず，両者の概念規定を明確にする必要がある。すなわち，両者を区分する基軸を「期間」とし，いわゆる口別損益計算を非期間損益計算と規定し，これと時代的にはほぼ同時並行的に存在した非定期的な損益計算システムを先駆的期間損益計算と措定し，両者の特質を明示し，それらの二つの損益計算システムから期間損益計算システムへと展開していった歴史的なプロセスを論理的かつ史料的に跡づけてみる。

## 4　口別損益計算と先駆的期間損益計算

### ①　口別損益計算

　口別損益計算は，主として当時のヴェネツィアの商人たちの商業形態を反映した，中世末葉ないし近世初頭における独特の損益計算システムである。この口別損益計算の特質を簡明に示せば次のようになる。

(1)　この損益計算システムは，主として，ヴェネツィアの個人企業ないしは血縁を中心に結成された家族組合で行われた方法である。

(2)　商品勘定は，取扱商品の各荷口別ないしは航海（旅行）別に設定される。このいわゆる口別商品勘定を一つの計算単位として，それぞれの取扱商品・航海（旅行）ごとに，荷口別の損益を計算する。したがって，口別損益計算の段階では，企業全体の損益すなわち総括損益にはそれほど関心が払われず，あくまでも冒険取引ごとの冒険利潤が商品の荷口別

に算出される。

(3) 帳簿締切,すなわち決算は,旧帳に空白がなくなりその残高を新帳に繰り越すときか,あるいは商人が死亡したとき等以外は,取扱商品の荷口別ないしは航海(旅行)別に設けられたいわゆる口別商品勘定が,売却済みになるまで行われることはない。

(4) 帳簿記帳の目的は,損益計算そのものよりもむしろ証拠書類としての役割を果たすことに重点が置かれていた。したがって,複式簿記の機能は,損益計算機能よりもむしろ管理計算機能が中心であった。

(5) 商品に掛かる直接経費は,各荷口別商品勘定に記帳された。間接経費は,各荷口別損益に按分されるのが基本であるが,それぞれの当該費用勘定が設けられることもある。

(6) 企業損益が計算される場は,取扱商品の荷口別(航海・旅行別)に設けられたいわゆる口別商品勘定であり,企業全体の損益を計算するための集合損益勘定は,必要とされなかった。多くの場合,集合損益勘定の役割は,元帳内に設けられた各費用・収益(時として資産・負債勘定も含めて)勘定を締め切るためのものに過ぎず,そこで企業全体の期間損益を計算するためのものではなかった。

以上のような特質をもった口別損益計算システムに該当する会計帳簿としては,例えば,ゼノヴァの公証人スクリーバ(Giovanni Scriba)の記録した二人の組合員ヴォルタ(Ingo de Uolta)とバイアラルド(Ansaldo Baialardo)の会計記録(1155-64[7])等にみられる純粋の冒険商業か,時代的には少し下るが,ヴェネツィアの個人商人たとえばソラソツォ兄弟商会(Soranzo Fraternity)の帳簿(1406-36, 1410-6)やアンドレア・バルバリーゴ(Andrea Barbarigo)の帳簿(1430-40, 1440-9),およびその息子ニコロ(Nicolo)の帳簿(1456-82),

---

7) MARTINELLI, Alvaro, *The Origination and Evolution of Double Entry Bookkeeping to 1440*, PartⅡ, Denton, 1974, pp. 590-613. De ROOVER, Florence Edler, Partnership Accounts in Twelfth Century Genoa", in Littleton, A. C. and Yamey, B. S. eds., *Studies in The History of Accounting*, London, 1956, pp. 86-90.

あるいはまたヴェネツィア式簿記の頂点に立つかのパチョーリ（Luca Pacioli：1445 ? -1517）の『スンマ』（*Summma de Arithmetica Geometoria Proportioni et Proportionalita*, Venezia, 1494）等をあげることができる。

### ② 先駆的期間損益計算

13-15世紀フィレンツェの企業形態は，通常 2 - 5 年の契約で結ばれた同族以外の第三者をも含めた期間組合が支配的であった。この期間組合においては，各組合員への利益分配の現実的な必要性から，必ずしも定期的ではないが，企業損益を計算する方法がとられるに至った。しかも重要なことは，組合員相互の利益分配は，概して実地棚卸によるビランチオにもとづいて財産法的になされたという点である。私は，このような特徴を有する損益計算形態を先駆的期間損益計算（＝非定期的損益計算）と規定した。先駆的期間損益計算の特質は，次のように要約することができる。

(1) この損益計算システムは，主として，複式簿記の完成（14世紀前半）以前から，フィレンツェの血縁以外の第三者と結成された期間組合を中心に行われた方法である。

(2) 商品勘定が概ね取扱商品の荷口別ないしは航海（旅行）別に設定されるという点では口別損益計算システムと同じである。しかし，組合員相互間の利益分配の現実的な必要性から，企業全体としての損益すなわち総括損益の算定が重視される。しかし，その初期には，総括損益の計算は，ビランチオによって主として財産法的に求められた。

(3) 帳簿の締切，すなわち決算は，いわゆる口別商品が売却済みになった時点で行うのではなく，必ずしも定期的ではないが期間に区切って，企業全体の総括損益を計算する目的で行われた。ただし，そこでの期間は，今日のように定期的（通常1年）に区分されるものではなく，あくまでも非定期的なものにすぎなかった。

(4) 帳簿記帳の目的は，単に証拠書類としてだけではなく，企業全体の総括損益を決定することにあった。したがって，複式簿記の機能は，従来の管理計算機能のみではなく損益計算機能が重視されてくる。しかし，

14世紀前半までは，計算能力の拙劣さや複雑な度量衡による不正確な計算のために，損益勘定の利益よりもビランチオの利益が重視された。

(5) さまざまな諸経費は，各荷口別損益に直接振り替えられるのではなく，いったん元帳内にいくつかの勘定を設け，決算時点で，集合損益勘定に振り替えられた。

(6) 企業損益が計算される場は，主としてビランチオであり，〔集合〕損益勘定も設けられたが，初期の段階では，〔集合〕損益勘定は，損益計算の場としては，十分な役割を果たすことができなかった。集合損益勘定がビランチオの証明手段として機能したときが，先駆的期間損益計算が期間損益計算へと展開するときである。

先駆的期間損益計算の代表的な例として，フィレンツェのデル・ベーネ商会の帳簿（1318-24）やペルッチ（Peruzzi）商会の帳簿（1335-43），あるいはコボーニ（Covoni）商会の黄帳（1336-40）やダティーニ商会バルセロナ支店の帳簿（1393-1411）等をあげることができる[8]。デル・ベーネ商会でみられる損益計算は，多少の相違は存するが，13-15世紀のトスカーナの期間組合で多く見出せる典型的な損益計算システムである[9]。

これらヴェネツィアを中心とした家族組合で行われていた口別損益計算とフィレンツェの期間組合を中心に行われていた先駆的期間損益計算（非定期的損益計算）は，ほぼ時を同じくして，しかもヴェネツィアとフィレンツェという極めて近寄った地域において行われ，やがて以下で述べるように，16世紀の前半から17世紀にかけて，今日の1年ごとに損益を計算する期間損益計算システムへと統合されていくことになる。

## 5 期間損益計算システムの確立

期間損益計算システムの特質は，いうまでもなく，その定期性にある。すな

---

8) MARTINELLI, Alvaro, *Op. Cit.,* pp. 614-40. 泉谷勝美『複式簿記生成史論』森山書店，1980年，第9，10章を参照。

9) この間の事情については，拙著『損益計算史論』森山書店，1983年，12-6頁を参照。

わち，企業の営業期間を人為的かつ定期的に区切って，その期間の企業損益を決定するところに求められる。期間損益計算の特質を口別損益計算および先駆的期間損益計算と対比的に示せば次のようになる。

(1)　この損益計算システムは，地域に関係なく，16世紀後半以降，広く全世界的に行われた方法である。

(2)　商品勘定がいわゆる口別商品勘定か，一般商品勘定として設定されているかに関わりなく，会計期間を一定期間ごと（通常1年）に区切り，企業の総括的な期間損益を計算した。

(3)　帳簿の締切，すなわち決算は，企業全体の総括損益を定期的に計算する目的で行われ，単に旧帳がいっぱいになり新帳へ繰り越すときか商人が死亡したとき，あるいは各口別商品が売却済みになった時に行われた口別損益計算段階でのいわゆる結算とは明確に区別される。そこでの期間が定期的であるという点で，非定期的な先駆的期間損益計算とも明確に異なる。

(4)　帳簿記帳の目的は，証拠書類としての役割よりもむしろ，企業全体の総括損益の決定にその重点を移行させてくる。したがって，ビランチオではなく元帳内の［集合］損益勘定ないしは［決算］残高勘定が期間損益の確定あるいは利益分配の中心となる。

(5)　さまざまな諸経費は，各荷口別損益に直接振り替えられるのではなく，いったん元帳内に設けられ，決算時点で，集合損益勘定に振り替えられる。

(6)　企業損益が計算される場は，［集合］損益勘定であり，そこで一定期間ごとの企業の総括損益が損益法的に計算された。

期間損益計算の特質は，以上のように要約され，その初期的な形態は，すでに16世紀前半にアントワープで上梓されたヤン・インピン（Jan Ympyn Cbristoffls：1485？-1540）の簿記書『新しい手引』（*Nieuwe Instructie*, Antwerpen, 1543）に求めることが出来る[10]。インピンの簿記書は，期間損益計算を説いた最も初期の簿記書といえる。また，オランダの数学者シーマン・ステフィン

[図表1]　3種類の損益計算システムの特徴比較

|  | 口別損益計算 | 先駆的期間損益計算 | 期間損益計算 |
|---|---|---|---|
| 利用された地域と企業形態 | ヴェネツィアの個人企業ないしは血縁を中心に結成された家族組合 | フィレンツェの血縁以外の第三者と結成された期間組合 | 16世紀後半以降，広く全世界的に行われた方法 |
| 商品勘定の種類 | 荷口別商品 | 荷口別商品 | 荷口別商品<br>一般的商品勘定 |
| 帳簿締切時点 | 口別商品の売却済時点，または旧帳に空白がなくなりその残高を新帳に繰り越すときか，あるいは商人が死亡したとき等 | 非定期的な決算時点，または旧帳に空白がなくなりその残高を新帳に繰り越すときか，あるいは商人が死亡したとき等 | 定期的（1年ごと）な決算時点 |
| 記帳目的 | 文書証拠 | 半損益計算 | 損益計算 |
| 付帯経費の処理方法 | 荷口別商品に按分 | 各費用勘定で処理 | 各費用勘定で処理 |
| 損益計算の場 | 荷口別商品勘定 | 主にビランチオ | 集合損益勘定と決算残高勘定 |
| 損益の中身 | 売却済みを待って取扱商品ないし航海（旅行）別に算出されたいわゆる非期間荷口別損益 | 必ずしも定期的ではないがビランチオを中心に算出された企業全体の非定期的総括損益 | 主に1年毎に損益勘定を中心に算出された企業全体の定期的総括損益 |

10) 本書は，同年仏語版（*Nuuelle Instruction*）が，4年後の1547年には英語版（A notable and very excellente woorke, London, 1547）が出版された。オランダ語版の取引例示は1536年12月28日から1537年8月31日までのもので，フランス語版では1542年12月28日から1543年8月31日になっている。しかし，英語版には，この記帳例示が欠落している。なお，インピン簿記書の要訳については，岸　悦三『会計生成史』同文舘，昭和50年，21-46頁を参照。

(Simon STEVIN：1548-1620) の『数学的回想録』(*Vierde Stvck der Wisconstighe Ghedachtnissen vande Weeghconst,* Leyden, 1608) によって，われわれは，さらに明瞭に，期間損益計算（＝定期的損益計算）の足跡を窺うことができる。ステフィンは，第9章「状態表すなわち残高」において，元帳諸勘定を正確に締め切り，期間損益を計算するために，別の紙葉に12月末日のデリック・ローゼの資本の状態表 (Staet von my Dierick Roose) を作成し，そこで算出された期末の資本額から期首の資本額を差し引いて，1年間で稼得される利益を決定している[11]。この状態表を通して計算された利益の正確性を証明するために，損益表 (Winsten Verlies) を別に作成している[12]。ステフィンの資本の状態表と損益表によって算出される期間損益は，帳簿記録にもとづいて損益法的に計算されている。彼の簿記書で，年次損益計算による期間損益計算システムが確立しているのは，何よりも明らかである。

　口別損益計算，先駆的期間損益計算および期間損益計算の三者の相違点を対比的に示すと前頁の図表1のようになる。

## 6　お わ り に

　私は，損益計算の展開を論ずるにあたり，従来までの一般的な解釈である，[口別損益計算→期間損益計算]，という単純な単線上の発展シェーマではなく，そこに非定期的な損益計算システムとしての先駆的期間損益計算という新たな概念を導入することによって，損益計算システムの発展過程を明瞭に再整理させることができると考えた。

　先駆的期間損益計算と口別損益計算ないしは期間損益計算との展開の関連と企業損益が計算される場（括弧内に表示）を図示すれば，図表2のように整理される。

---

11) STEVIN, Simon, *Vierde Stvck der Wisconstighe Ghedachtnissen vande Weeghconst,* Leyden, 1608, 9 Hootstick, p. 35-6. 岸　悦三『前掲書』138-9頁。
12) *Ibid.,* 9 Hootstick, p. 35. 岸　悦三『前掲書』138頁。拙著『決算会計史論』森山書店，1993年，43-4頁を参照。

[図表2] 三つの損益計算思考システムの関連

|  | 13世紀始め<br>(複式簿記の発生) | 14世紀前半<br>(複式簿記の完成) | 16世紀半ば<br>(アントワープ) |
|---|---|---|---|
| ヴェネツィア | 口別損益計算(荷口別損益勘定) | | 期間損益計算(集合損益勘定) |
| フィレンツェ | 先駆的期間損益計算(ビランチオ) | | |

　今日の利益処分計算書と財産目録が一緒になったビランチオは，主として実地棚卸によって作成される。しかしながら，いうまでもなく債権・債務を，実地棚卸によって求めるわけにはいかない。継続的な記録が前提になるのはいうまでもないからである。したがって，論理的には，ビランチオは，複式簿記の発生（13世紀始め）以前から存在していても矛盾はないが，一部帳簿記録を利用して作成されることになるため，現実的には，何らかの意味で簿記による帳簿記録とは無関係に登場することはできなかったといえよう。それ故，ビランチオの出現は，複式簿記の誕生とほぼ時を同じくして登場したと考えるのが妥当ではなかろうか。

　13世紀の始め頃，ヴェネツィアとフィレンツェの商人たちは，複式簿記の発生と同時に，それぞれの企業形態に適応した損益計算を独自で考案した。いわゆる口別損益計算システムや先駆的損益計算システムが16世紀のアントワープの商人たちの手によって，今日の期間損益計算システムへと進化していったのである。

# 第2章 パチョーリにおける損益計算システムの再吟味

## 1 はじめに

　損益計算発展の歴史的シェーマは，従来，いわゆる口別損益計算から期間損益計算への展開として描かれ，このような解釈が，わが国の会計史家の間で，長く市民権を得ていたように思われる。しかし，この点について，筆者は，1980年に『損益計算の展開と複式簿記』（大阪経済大学経営研究所）を発表し，いわゆる口別から期間へという一般的な解釈が，本来異なる座標軸上の概念を，論理的に整理することなく，無理矢理同一座標で論じようとした所に矛盾があることをすでに明確に指摘した。その上で，損益計算制度の発展シェーマを，期間というメルクマールを機軸に据え，商品勘定の形態，帳簿締切の時期および記帳の目的，期末棚卸商品の評価，という三つの尺度を中心に，〈口別損益計算（非期間損益計算）→先駆的期間損益計算（非定期的期間損益計算）→期間損益計算（定期的損益計算）〉と再整理したつもりである[1]。

　しかし，その後の研究の進展により，先駆的期間損益計算は，必ずしも帳簿記録を前提にしない損益計算システムであるため，論理的には，口別損益計算よりも歴史的には先行して出現したと考えられる損益計算システムであることが明らかになった。そして，両者の計算システムが，16世紀の前半に定期的な損益計算システムである期間損益計算に統合されていくことになる。この点に

---

1）拙著『損益計算の発展と複式簿記』大阪経済大学経営研究所，1980年，第1章，および『損益計算史論』森山書店，1983年，第1章参照。

関しては,すでに第1章で論述した通りである。

　周知のように,口別損益計算システムによっていわゆる口別損益を計算した代表的事例として,従来ルカ・パチョーリの『スンマ』があげられてきた。しかしながら,従来からも,『スンマ』第32章の「年度の変る毎に新たに元帳を設けることは,最も著名な地方における慣習であって,大商人は毎年,ことに新しい年度の始めにこの慣習に拠っている[2]」,および第29章の「しかし毎年帳簿を締切ることは常によいことであるが,他の人と組になっているひとの場合には特にそうである。諺に『計算を度々すれば,友情がつづく』といっている[3]」との説明箇所が取り上げられ,しばしばパチョーリは,期間損益計算とりわけ年次決算をすでに説いていたのではないかとする解釈がもう一方でなされてきた。

　このように二つの相矛盾する議論が同時になされてきたが,現在までの研究では,パチョーリの説く損益計算システムは,口別損益計算の域を脱するものではないというのが定説となっている。この混乱は,一つには,先に述べた本来異なる座標軸上の概念を論理的に整理することなく,無理矢理同一座標で論じようとした所に求められるが,二つの計算制度を概念的に再整理した後においてもなお,筆者は,『損益計算の展開と複式簿記』(1980年)ないしは『損益計算史論』(1983年)を発表した時点では,定説と同様,パチョーリのそれをいわゆる口別損益計算として位置づけていた。

　それにもかかわらず,『スンマ』がいわゆる口別損益計算の段階に止まっていたとする見解に関しては,絶えず茫漠とした疑念を抱きつづけてきた。それ故,ここで,いささか陳腐化したテーマではあるが,パチョーリを口別損益計算と位置づけた研究者の業績を振り返りながら,今一度この点について再吟味し,筆者のなかに,恐らく同時に多くの読者の中にもわだかまっているであろう問題点を再整理することにしたい。

---

2) 片岡義雄『増訂パチョーリ「簿記論」の研究〔第2版〕』森山書店,1967年,233頁。
3) 同上書,224-5頁。

## 2　故木村和三郎教授の見解

　かつて故木村和三郎教授は，昭和9年11月に『會計』に発表した「パシオロ時代における損益計算制度」と題する論稿の中で，結論的には，「それ（パチョーリにおける損益計算制度―渡辺注）は未だ口別損益計算の域を脱しないものと解する」との見解を示された[4]。パチョーリの『スンマ』で説かれた損益計算システムが口別損益計算であるとする根拠として，第一に，「蓋し，パシオロに於ては，商品勘定の取扱方法は明らかに口別（損益）計算方法を反映し，商品の種別に従って多数の商品勘定を設け，……賣却濟の都度平素常に開設されてゐる損益勘定へ賣買損益を振替へ，或は營業費を可及的に商品口別に細分割當つる方法をとり，家事費其他割當に値しない小支拂のみを營業費其他の勘定に」記帳しているからであり，第二に，「期間損益計算の形式的徴表である，元帳諸勘定の定期的締切の事實にも當面しない」からであるとされた[5]。

　パチョーリの『スンマ』第32章「元帳の平均」では，「元帳に記入の余白が無くなったか，または年度が変わったために，新しい元帳を設ける場合に，旧元帳から新しい元帳に移記することに注意しなければならない。そして，年度の変る毎に新たに元帳を設けることは，最も著名な地方における慣習であって，大商人は毎年，ことに新しい年度の始めにこの慣習に拠っている[6]」と述べ，さらに第29章では，「しかし毎年帳簿を締切ることは常によいことであるが，他の人と組になっているひとの場合には特にそうである。諺に『計算を度々すれば，友情がつづく』といっている[7]」と述べ，年度ごとの締切を説明している。この点に関して，故木村和三郎教授は，「併し，これを以てパシオロに於て又，パシオロの時代に於て期間損益計算の制度成立せりと斷定するは

---

　4）木村和三郎「パシオロ時代における損益計算制度」『會計』第35巻第5号，昭和9年11月，27頁。（この論文は，木村和三郎『科学としての会計学（下）』有斐閣，昭和47年，第1章に再録されている）。
　5）同上論文，27頁。
　6）片岡義雄『前掲書』233頁。
　7）同上書，224-5頁。

誤りである。蓋し，第一に元帳の締切又は繰越と決算とは概念的に全く異なった二つの事柄であり，……前者は帳簿に行ふ記帳技術であり，後者は損益の決定といふ會計上の計算職能であるからである[8)]」と述べ，たとえ年度ごとに帳簿の締切を行っていたとしても，そのことをもって直ちに年度決算が行われていたとはいえないと，主張された。あくまでもパチョーリの損益計算システムは，口別損益計算の段階に過ぎなかったとされたのである。

「第二に口別（損益）計算制度なりやを制定すべき徴表としては商品勘定が存在する。如何なる商品勘定を設けて，如何なる締切をなしたるか，商品名を以てせる特殊商品勘定を設けたるか，包括的なる一般商品勘定なるか，又その締切の時は何時であるか，賣却濟のときか又は定期的であるか，等は損益計算制度の如何を窺ふに有力なる手段である[9)]」と指摘されたにもかかわらず，『スンマ』における商品勘定が取扱商品の荷口別ないし航海（旅行）別に設けられているのを最大の根拠に，パチョーリの説く損益計算システムは，口別損益計算であったと主張された。

まさしくこの点こそが，商品勘定の形態と帳簿締切の時期という異なった二つの基軸によって損益計算の発展過程を分類し，その後のわが国における損益計算発展史の研究にさまざまな混乱を引き起こした主たる原因であったということができる。すなわち，かのシュマーレンバッハ（1873-1955）が，いわゆる動態論下における期間損益計算の意義ないしは特質を強調するため，全体損益計算との対比において用いた概念である「パルティー・レッヒヌンク」（Partierechnung[10)]）に口別損益計算という邦訳をつけたその時から，その後の混乱が大きく方向づけられたといえよう。従来までのわが国の損益計算発展史における通説によれば，口別損益計算制度から期間損益計算制度への発展は，いわゆる口別商品勘定が一般商品勘定へと転換していくプロセスと一致して理解され，期間損益計算成立のメルクマールに一般商品勘定の生成があげられて

---

8) 木村和三郎「前掲論文」28-9頁。
9) 同上論文，29-30頁。
10) SCHMALENBACH, E., *Dynamicshe Bilanz*, 7 Aufl., Leipzig, 1939, S.60.

いた根拠も，ここに求めることができる。

　さらに，「第三に期間損益計算制度の制定の徴表として重要なるは期末棚卸又は期末財産目録の存否である。……パシオロに於ては開業財産目録に關し論述せられてゐることは既によく知られた且明白な事實である。……併し期末財産目録につきては積極的に論述せられてゐるを見ない。又，元帳締切又は帳簿更新に際して財産目録を作成すべきこと，或は棚卸表作成の上勘定を締切るべきことにつきては全くその暗示すら見出すことができない[11]」とされる。口別損益計算制度のもとでは，企業の損益計算は，取扱商品が売却済みになって初めて行われたため，売残商品の発生する余地はない。しかし，期間損益計算制度のもとでは，いうまでもなく，会計期間を人為的に区切って企業損益を計算するため，必然的に，期末棚卸商品の評価が要求される。期末棚卸商品の評価なくして期間損益の計算はできない。

　ここでいう「期末棚卸又は期末財産目録の存否である」という文言は，まさしくこの期末棚卸商品の評価の有無を指している。しかし，「パシオロに於ては開業財産目録に關し論述せられてゐることは既によく知られた且明白な事實である。(第二章及第三章) 併し期末財産目録につきては積極的に論述せられてゐるを見ない[12]」とし，パチョーリの損益計算は，未だ口別損益計算であったとされている。単なる帳簿締切のための結算と企業損益を確定するための決算とは明確に区別しなければならないとされる故木村和三郎教授の指摘は，極めて明解であり，かつ重要であるといえる。しかし，だからといって，この論点から直ちに，パチョーリの損益計算システムが口別損益計算であったと結論するには，いくつかの問題点が残されているように思われる。この点については後述する。

## 3　故山下勝治教授の見解

　これに呼応して，故山下勝治教授は，昭和25年10月に『損益計算論』を刊行

---

11) 木村和三郎「前掲論文」30頁。
12) 同上論文，30頁。

し，その第3章「パチオリ簿記に於ける損益計算制度」において，故木村和三郎教授と同様，「パチオリ簿記に於ける損益計算が口別損益計算の方法を採るものであり，従って，當時の損益計算制度が口別損益計算方法にあったことは，吾々の以上の考察により疑の存しないところである[13]」と結論づけられた。

故山下勝治教授は，この口別損益計算の特徴を形態的特徴と実質的特徴との二つに分け，形態的特徴として次の2点をあげている。すなわち，元帳商品勘定が商品の種類別，取引別もしくは旅行別に設けられ，特殊商品勘定もしくは特殊旅行勘定の形をとっている。口別商品勘定が定期的に締め切られることなく，したがって損益勘定が取引の集合損益勘定の形態をとらない。これら2点の結果として，「その口別商品勘定の締切は，口別商品の賣買完了の都度，その完了した口別商品勘定についてのみ一々締切手續が採られ，以って，その賣買の完了した口別の賣買損益のみが一々損益勘定に移されるので，この損益勘定に記入される金額は，個々の口別商品の賣買完了から生じた損失若くは利益であり，一部分販賣の商品から生じてゐる損益の如きは全く考慮されない[14]」ことになる。さらに，その結果として，期末棚卸制度—期末貸借對照表制度がみられないことも指摘されている。

その上で，故山下勝治教授は，口別商品勘定の実質的特徴を，「販賣完了の口別商品賣買から招來する純粋の口別商業取引利潤の確定に存するといふことは，實は，その取引利潤は現實に實現せる純粋取引利潤の計算に存してゐると言ふことは注意を要する。即ち，口別損益計算の下に於いては，賣買の完了した口についてのみ，その都度損益計算が行はれるので，そこには，商品賣買損益計算のための棚卸制度をもつことなく，従って，棚卸評價から來る評價損益乃至未實現損益の如きはその發生する餘地が全く存しないからである。そして，期間的損益計算の考え方の如きも未だ成立してゐないので，口別損益計算は専ら収入，支出に基いて行はれる原始的な損益計算的立場に立つ。従って，

---

13) 山下勝治『損益計算論』泉文堂，昭和25年，64頁。
14) 同上書，72頁。

期間的損益計算に條件づけられて招来する計算技術上の損費,収益の限定と言ふが如き考え方は,勿論その芽生へさへみることが出來ない。今日の意味に於ける貸借対照表と言ふが如き概念も亦勿論成立する餘地も存してゐない[15]」ところに求められ,かのパチョーリの説く損益計算システムは,まぎれもなく,口別損益計算であったと結論づけられた。

この点については,単に損益計算制度の発展過程の分析に関する問題だけに止まらず,費用・収益の認識基準に関する問題をも包括してくる。しかし,故山下勝治教授がここで論じられているように,パチョーリ時代の損益計算が収支計算を機軸にして行われ,費用・収益の対応計算にもとづく損益計算が未だ成立してはいなかったとする歴史的事実は,少なくとも現在までの研究では,存在しない。すなわち,費用・収益の認識基準は,複式簿記の発生当初から,現金主義ではなく発生主義によって行われていたのである。このことは,13世紀末のファロルフィ商会サロン支店の元帳（1299-1300）にみられる未使用食料費の経費からの控除,前払地代の計上等といった経理実務がすでに行われていたという歴史的事実を見るだけでも明らかである[16]。時として,研究者の間でも,費用・収益の認識基準が現金主義から発生主義に発展して行ったと誤解している人が見受けられるが,それは,誤りである。われわれは,費用・収益の認識基準が現金主義から発生主義へと発展したという歴史的事実を現存する当時の商人達の会計実務の中に見出すことはできないのである。

歴史は,単純なものから複雑なものを生み出すことは少なく,総じて複雑なものをより単純化させる方向で進化していく。単式簿記から複式簿記に発展したのではなく,複式簿記が単式簿記を生じさせたのである。

## 4 白井佐敏教授と故黒澤清教授の見解

故木村和三郎教授の影響下で,白井佐敏教授は,昭和36年に『複式簿記の史的考察』（森山書店）を公表され,その第2章「口別損益計算と複式簿記」で,

---

15) 同上書,82-3頁。
16) 泉谷勝美『複式簿記生成史論』森山書店,1980年,112頁。

パチョーリの『スンマ』で説かれている損益計算システムが「しばしば指摘されて或いはすでに定説となっているとも考えられるであろうように，損益計算の方法としては，そのままに必ずしも現代的な『期間損益計算』を意味するものではなく，それとは全く別の，いわゆる『口別損益計算』の範疇に属するものであるということについては，例えば，後に見るであろう次の諸点，すなわち彼の決算手続の説明において棚卸手続のそれが全く見当たらないということ，かくしてまた，口別商品諸勘定残高の損益勘定への振替に基づく締切が説明されているその対極において，新元帳に繰越さるべき諸勘定と同列に，或いはそれらと全く同一の手続において，商品勘定残高の繰越と締切が考えられているという点からしても，容易に推測されうるところであろう[17]」と述べ，パチョーリの損益計算システムは，明らかに口別損益計算の域を出るものではなかったとされている。

　これに対して，故黒澤清教授は，昭和9年に東洋出版社より『簿記原理』（会計学全集第1巻）を上梓し，そこで，中世末期ないしは近世初頭のイタリアにおける商業形態の特質は，いわゆる冒険商業（Venture）であり，そのような商業形態のもとでは，「商品勘定に於いても『賣買口(パルチー)』別に損益計算を行ふことができた。それと共に各口の利益を損益勘定に記入することによって，これが記帳も至極簡單明瞭であった。従って此の種の營業にとっては，決算財産目録も貸借対照表も必要がなかったのである。斯る損益計算の方法は，シュマーレンバッハによって口(クチ)別計算（Partierechnung）と云ふ名が興へられて居る。このパルチー・レヒヌング（口別計算）こそ，當時の商品勘定の特質であり，従って中世複式簿記の根本的特質をなすものであった[18]」と述べる一方で，「然し，パルチー・レヒヌング時代に於ても，年度決算の望ましきことは，既にパチオリ簿記書に説かれてゐたところである。彼はその第二十九章で云ってゐる。『然し，帳簿を毎年〆切ることは極めてよいことである。特に組合營業をなす者にとって然り。諺にも，頻繁なる勘定は長き友情を齊すと云って居

---

17) 白井佐敏『複式簿記の史的考察』森山書店，昭和36年， 7頁。
18) 黒沢清『簿記原理』昭和24年，森山書店，35頁。

る』と[19]」指摘し，パチョーリの『スンマ』では，すでに期間損益計算が思考されていたとされる。

『スンマ』の同一箇所を引用しながら，故木村和三郎教授と故黒澤清教授の解釈の相違は興味深い。しかし，パチョーリの損益計算システムが口別損益計算であったか期間損益計算であったかの結論は別にして，黒澤清教授がパチョーリの損益計算システムを期間損益計算と規定した根拠を，『スンマ』のこの説明文にのみ求められたとするならば，すでに見たように，必ずしも木村和三郎教授よりもより説得力のある論理的帰結であったとは思われない。

## 5 定説における『スンマ』の口別損益計算としての根拠と矛盾点

このように，わが国においては，損益計算システムの発展過程は，口別損益計算から期間損益計算への展開として捉えられ，そのほとんどの研究者によって，パチョーリのそれは口別損益計算と規定され，このような考え方が定説になっていたし，現在もまだ根強く残っている。したがって，その後の研究者は，ことパチョーリの説く損益計算システムが口別損益計算であったという点に関しては，ほとんど無批判的にこの考え方を受け入れてきたように思われる。それゆえ，いま一度原点に立ち戻り，白紙の状態で『スンマ』の記述を見たとき，それでもなお，パチョーリの説く損益計算システムが口別損益計算であったとのみ断定してしまうには，いくつかの矛盾点を抱えていると言わざるを得ないものと思われる。

すでに見てきたように，パチョーリの損益計算システムがいわゆる口別損益計算であったと規定した論者は，その根拠として，次の三つの要因をあげて説明するのが一般的であった。すなわち，①商品勘定が取扱商品の各荷口別ないしは航海（旅行）別に設けられている。②帳簿の定期的な締切が見られない。③期末棚卸商品の評価が見られない。

---

19) 同上書，38頁。

しかし，われわれがパチョーリの『スンマ』で述べられた損益計算システムが口別損益計算であったのかそうでなかったのかを検討するためには，それに先だって，口別損益計算という損益計算システムを今一度明確に概念規定する必要がある。なぜなら，一般に理解されてきたように，口別損益計算の最大の特徴を取扱商品の荷口別ないしは航海（旅行）別に設けられたいわゆる口別商品勘定にのみ求めるのであれば，商品勘定を取扱商品の荷口別ないしは航海（旅行）別に設けながらも期間を人為的に区切って企業の1年ごとの期間損益を計算することが可能であり，このような口別損益計算と期間損益計算とは，必ずしも互いに対立する概念ではなくなるからである。したがって，損益計算の発展シェーマを単純に口別損益計算から期間損益計算へと描くことができなくなる（ここでは，先駆的期間損益計算制度も期間を前提にするという意味で，口別損益計算制度に対立する概念として位置づけることにする）。筆者は，商品勘定を荷口別に設けながらも，1年ごとに帳簿を締切り，企業の期間損益を計算する方法を解説した多くの簿記書が18世紀のイギリスで数多く出版されたという事実をすでに明確に指摘している。

したがって，口別損益計算の特質をすでに第1章で述べたように概念規定し[20]，パチョーリの損益計算システムがこの規定に該当するか否かを通して，パチョーリの損益計算システムが口別損益計算であったか期間損益計算であったかを再検討していくことにする。

①口別損益計算とは，取扱商品の荷口別ないしは航海（旅行）別のいわゆる口別商品勘定を一つの計算単位として，それぞれの取扱商品・航海（旅行）ごとに，荷口別の損益を計算する。したがって，企業主の関心は，企業全体の総括損益にあるのではなく，取扱商品の荷口別損益にあった。

②勘定の締切は，各取扱商品の荷口別に設けられたいわゆる口別商品が売却済になった時点で行われる。そのため，一定時点で全ての勘定が同時に締切られ，企業全体の総括損益が算出されることはなく，帳簿の締切時期もまた，一

---

[20] この点については，拙著『損益計算史論』9–12頁を参照。

定期間ごとではなく，旧帳に余白がなくなりその残高を新帳に繰越す必要に迫られたとき，ないしは商人が死亡したとき等に限られていた。その結果，いわゆる口別商品勘定は，すべての商品が売却済みになった時点で初めて締切られ，荷口別の損益が計算されたため，売残商品の存在する余地はなく，したがってまた，期末棚卸商品の評価に関する問題も存在しない。

③帳簿記帳の主たる目的は，損益計算そのものよりもむしろ文書証拠としての役割に重点が置かれ，どちらかといえば，複式簿記の第一義的機能は，損益計算よりも管理計算すなわち財産保全計算にあった。

パチョーリの『スンマ』における商品勘定は，取扱商品の荷口別に設けられるいわゆる口別商品勘定である。しかし，このことをもってパチョーリの損益計算システムが口別損益計算であったと断定することはできない。なぜなら，先に述べたように，商品勘定は，それがいわゆる口別商品勘定として設定されたとしても，定期的か不定期的かを問わず，期間ごとに企業利益を計算することが可能であるからである。すでに期間損益計算制度が確立していた18世紀のイギリスで出版されたほとんどの簿記書で，商品勘定が荷口別に設けられていた事実のみから判断しても，いわゆる口別商品勘定が設けられていたからといって口別損益計算制度であったと断定できないのは，自明のことである[21]。

このことは同時に，いわゆる口別商品勘定が揚棄されることによって口別損益計算もまた揚棄されるという定説，すなわち期間損益計算のメルクマールとして一般商品勘定をあげる定説それ自体が矛盾を内包していることを意味していると言わざるをえない。一般商品勘定の使用と期間損益計算制度の確立との間には，時代的な関連性は別にして，論理的な関連性が存在しないのは言うまでもない。なぜなら，口別商品勘定というのは，商品勘定が取扱いの荷口別ないしは航海（旅行）別に設けられた勘定を指しているに過ぎないのに対して，口別損益計算制度というのは，そこでの商品勘定が単にいわゆる口別商品勘定

---

21) この点については，拙著『損益計算史論』第Ⅱ部「近代イギリス簿記法の展開」で分析した，A. マルコム，J. メイヤー，W. ウェストン，R. ハミルトン等の簿記書の記帳例示を参照されたい。

として設定されているだけにとどまらず，すでに述べたように，期間を人為的に区切って，その期間における企業全体の総括損益を求める計算システムが未だ成立していないとするところにあるからである。

　それが定期的であるか不定期的であるかは別にして，期間損益計算制度のもとでは，決算に際して，必ずや売残商品が発生する。したがって，期間損益計算制度が実施されていたか否かを判断するためには，期末棚卸商品が認識されていたかどうかが極めて重要になってくる。すなわち，売上収益に売上原価を対応させているか，単純に仕入原価を対応させているかである。パチョーリの『スンマ』では，結論的には，期末棚卸商品の評価は行われていない。このことは何を意味するのであろうか。定説の言うように，期間損益計算システムが未だ成立していなかったということなのであろうか。

　今日の複式簿記による厳密な損益計算を前提にすれば，売上収益に対応されるのは仕入原価ではなく売上原価であるのは言うまでもない。したがって，期末棚卸商品の評価がなされているということが，期間損益計算（非定期的損益計算としての先駆的期間損益計算を含む）成立のメルクマールになるという点に関しては，何の疑義もない。しかし，逆もまた絶対的に真であるかという点については，疑問が残る。なぜなら，制度的に適正な会計処理の方法であるか否かを別にすれば，もし売残商品が僅かであったりまた評価額が僅少の場合には，その期末棚卸商品を無視して，直接仕入総額を売上収益から控除して期間損益を算出したとしても，それほど大きな矛盾にはならないからである。いわば重要性の問題である。いわんや，15-16世紀頃までの商業形態では，仕入原価をできるだけ早く償却してしまう処理法の方が，売上原価を厳密に算定して損益と対応させる方法よりも，企業にとっては，より安全であったということができるかも知れない。一定の利益が確保されている状況のもとでは，売残商品を無視してしまった方がむしろ安全ないしは合理的であり，今日流の言い方をするならば，このような会計処理の方が，企業にとって好都合であり，かつより保守主義にもとづく会計処理に適合していたということもできよう。だとすれば，期末棚卸商品の評価がなされていないからというだけの理由で，口別

損益計算であったと断定することは,できない。

また,13世紀末から15世紀にかけて,当時のヴェネツィアにおける企業形態は,同時代のフィレンツェが血縁を超えた第三者と通常3-5年の契約にもとづく期間組合を中心にしていたのに対して,親子・兄弟による比較的小規模な家族組合が中心であった[22]。血縁を超えた他人によって構成される期間組合のもとでは,出資金に応じた利益の分配が当然のことながら要求される。この利益分配の現実的必要性が,複式簿記に厳密な損益計算を必然とさせてくる。しかし,血縁による親族によって構成された家族組合のもとでは,所得税が導入されるまでは,厳密な損益計算を要求する現実的根拠は存しない。パチョーリの『スンマ』が未だ口別損益計算の域を出るものではないとする根拠の一つとして,「そこで,わたくし達は,ヴェニスで採用されている方法を記述することにする[23]」という文言から,『スンマ』で説く簿記法がいわゆるヴェネツィア式簿記法であることは明白なため,フィレンツェの期間組合のように厳密な利益分配をする必要はなく,したがって厳密な期間損益を計算する必要性もなかったとするところに求めることができる。

## 6 パチョーリの帳簿締切の時点と目的

パチョーリの説く損益計算システムが口別損益計算制度であったのか期間損益計算制度であったのかが論議されるとき,『スンマ』第29章の「毎年帳簿を締切ることは常によいことであるが,他の人と組になっている人の場合には特にそうである。諺に『計算を度々すれば,友情がつづく』といっている。そこで,右と類似の場合においても,あなた方はすべてこのように取扱うのである[24]」という文言がしばしば引用される。この一文は,まさしくパチョーリが期間損益計算による損益計算システムを推奨し,かつ実際にそのシステムにもとづく計算構造を説明していたという解釈を自然にさせるものであろう。第

---

22) LANE, Frederic C., *Venice, A Maritime Republic,* Baltimore & London, 1973, p. 138.
23) 片岡義雄『前掲書』47頁。
24) 同上書,224-5頁。

29章「年次の変更方法」は、毎年帳簿を締切らない場合が生じたときにどのようにするかを説明した章である。かかる章をわざわざ設けたということは、通常の場合には、毎年帳簿を締切って企業の総括損益を計算したと理解するのがむしろ自然な解釈であろう。

　パチョーリが期間損益計算による方法を説明していたとする解釈にとって、一番問題になるのは、先ず最初に、帳簿締切の時期がいつであるのか、次いで、いかなる目的で帳簿を締切ったか、という2点にある。すなわち、定期的であるか否かは別にしても、企業全体の総括損益を計算する目的で期間に区切ってすべての勘定を締切ったのか、それとも各取扱商品の荷口別に設けられたいわゆる口別商品勘定を売却済みになった時点でのみ締切ったのかが問題になるのである。すなわち、企業全体の総括損益を計算したのか、あるいは取扱商品の荷口別ないしは航海（旅行）別のいわゆる口別損益のみを計算したのかが極めて重要になってくる。

　元帳の締切時期については、『スンマ』第32章「元帳の平均」で次のように述べている。「あなた方は以上述べたところをよく会得したことであろうから、今度は元帳に記入の余白が無くなったか、または年度が変わったために、新しい元帳を設ける場合に、旧元帳から新しい元帳に移記することに注意しなければならない[25]」と説明している。この章での文言が従来から問題になり、パチョーリが未だ期間損益計算制度に至っていなかったとする大きな理由の一つであった。帳簿締切が、決算のために行われたのか、あるいは単に帳簿に余白がなくなり新しい帳簿に繰越したり商人が死亡したときに行われたのかを区別することは、故木村和三郎教授の言われるように、重要なことである。

　しかし、この第32章だけをもって、パチョーリは、帳簿の締切時期を決算時ではなく、帳簿更新時ないしは商人の死亡時に行ったため、定期的な締切すなわち定期的な決算が見られなかったと断定するのには問題点がないわけではない。というのは、第32章「元帳の平均」ないしは第28章「元帳勘定の繰越方

---

25) 同上書、233頁。

第2章　パチョーリにおける損益計算システムの再吟味　　37

法」で述べられているのは[26]，帳簿をいつ締切るかではなく，単に帳簿の締切方法ないしは繰越方法を説明しているに過ぎず，このことをもって帳簿の締切，すなわち決算が定期的に行われたか否かの判断材料にするのは，論理的にも矛盾するからである。第28章では，「再び注意すべきは，元帳が一杯に記入され借方及び貸方の何れの側にも最早記入の余白のない場合には，直ちにこの勘定を他の総ての勘定の次の頁に繰越し，この繰越した勘定と他の勘定の最後のものとの間に空白の無いようにすることである。そうでないとその帳簿は偽りであることになる。勘定を繰越すには，私たちがさきに損益勘定の締切について述べたのと同様の方法でこれを行うのである[27]」と述べ，ここでの説明が，あくまでも勘定の繰越ないしは締切方法であり，勘定の締切時期ないしは目的ではないとの解釈もできる。なぜなら，いわゆる口別損益は，各荷口別商品勘定を締切ることによって算出されるが，企業全体の総括損益の決定，すなわち決算については，第27章「損失及び利益勘定」においてすでに述べられ，第28章は，それに準じて他の諸勘定の繰越ないしは締切について論じているにすぎないとの解釈も可能になるからである。

　第27章では，「このようにして，あなた方が利益を上げているか或いは損失を生じているか，またその金額は幾何であるかを，簡単かつ迅速に知ることができるのである。ちなみに，右の損益勘定は最後に資本金勘定に振替えてこれを締切る。この資本金勘定は常に元帳における最終の勘定であり，従って，他の総ての勘定を収受するところである……[28]」と説明しているが，各口別商品勘定の残高，すなわちいわゆる口別損益をいつの時点で損益勘定に振り替えるのか，あるいは損益勘定がいつの時点で締切られるのかについて，必ずしも明確ではない。しかし，故片岡義雄教授は，パチョーリの『スンマ』で述べられている簿記法が，「現今のように，各年度末に損益（期間または年度損益）を算出するのではなくて，各冒険商売の終了したとき，これに関連した諸勘定を

---

26) 同上書，220-1頁。
27) 同上書，220頁。
28) 同上書，218頁。

締切って，その残高を冒険売買損益勘定に振替えたのである。……それ故に，当時の簿記係は商品の定期（期末）棚卸を実施する必要がなかった。……要するに，パチョーリ当時の簿記法においては，集合損益勘定は各営業年度ごとに設けるのではなくて，各冒険商売の終了するごとにこれを設けた[29)]」と主張された。

また，第22章「諸種の費用の記入方法」で述べられている家事費，営業費あるいは給料といった各種の費用に関する諸勘定が期間ごとに損益勘定に振替えられ，定期的に締切られているか否かという点に関しても，『スンマ』の説明文からのみでは，必ずしも明瞭なわけではない。

いずれにせよ，『スンマ』第32章の説明は，帳簿の繰越方法の説明であり，決して帳簿の締切方法すなわち決算についての説明ではないということもできる。パチョーリの思考する損益計算システムが，口別損益計算制度であったのかそれとも期間損益計算制度であったのかについて意見の分かれるところである。

## 7 『スンマ』での試算表作成の時期

パチョーリの説く損益計算システムが，口別損益計算を思考していたとのみ断定できないとする最大の要因が，『スンマ』第14章「仕訳帳から元帳への移記方法」，第34章「旧元帳の締切。借方および貸方の総計」および第36章「元帳記入規則の概要」において，試算表の作成についての説明が見出せることである。いうまでもなく，試算表の第一義的な役割は，企業損益を確定するに先立ち，それを算出するもとになる元帳勘定に記帳された取引金額に誤りがないかどうかを検証するところに求められる。

第14章では「元帳におけるすべての項目は常に互いに連絡し，貸方記入を伴わない借方記入はなく，反対に，同額の借方記入を有しない貸方記入は決してありえない。そして，このことが，元帳締切の際に作成される試算表の原理を

---

29) 同上書，293-4頁。

なすのである³⁰⁾」と述べているが，重要なのは，いつ・何のために行われるかである。換言すれば，試算表が何のために作成されたかである。パチョーリが口別損益計算であったとする定説論者の考えによれば，もちろん，元帳の締切は決算のためではなく，帳簿を更新するためであり，したがってまた，試算表作成の目的は，同じく元帳諸勘定記入の正否の検証といえども，正確な損益計算ではなく，正確な繰越記帳を行うためであったということになる。

　第34章「旧元帳勘定の締切。借方及び貸方の総計」では「如何にして旧元帳にある総ての勘定を締切るか，その方法及び理由。さらに，借方及び貸方の総計並びに試算表について」詳細な説明がなされている。そこで，「このようにして，あなた方が十字架号元帳（旧元帳—渡辺注）からＡ号元帳（新元帳—渡辺注）に繰越そうと思うところの総ての勘定を締切るのである。すなわち，現金・資本金・商品・什器・家屋・債務者・債権者・官吏・仲立人及び重量検定吏等がこれであって，これ等のものとは往々にして長期にわたって取引をする慣習がある。然し，あなた方が前記のＡ号元帳に繰越そうと思わない勘定，言い換えればあなた方が内密にして，何人にも示す義務のない諸勘定例えば，営業費・家事費・収入及び支出・総ての臨時費・借地料・家賃・貢税・小作料及びその他の類似の項目等々は，同一の十字架号元帳における損益勘定—剰余金及び不足金勘定・利益及び損害勘定等あなた方の好む儘の名称—をもって締切る。……右の損益勘定によって損失または利益の金額が明らかになったら，次にはこの勘定を締切って資本金に振替えるのである³¹⁾」と述べている。

　すなわち，旧元帳の各勘定口座が締切られ，今日のいわゆる英米式締切法により，仕訳帳への記帳を行うことなく，それらの諸勘定の借方と貸方の各合計額が新帳の勘定に繰越されることになる。したがって，各荷口別に設けられたいわゆる口別商品勘定は，ここではその残高計算すなわち口別商品売却損益が計算されることなく，借方・貸方の各合計額が新帳に繰越される。すなわち，荷口別の商品売却損益が計算されているわけではないのである。しかし，その

---

30) 同上書，93頁。
31) 同上書，246-7頁。

他の費用は，損益勘定に転記され，最終的には資本金勘定に振り替えられる。これは一体何を意味しているのであろうか。

『スンマ』第34章では，「以上の帳簿の残高の正確であることを明らかにするために，あなた方は他の一つの突合せ方法を試みることが出来る。すなわち，先ず十字架元帳にある各借方項目の合計を一枚の紙片の左側に記載し，各貸方項目の合計をその右側に記載し，次いで，借方の各合計をさらに綜合して借方合計の締高すなわち総計を算出する。同様に貸方の各合計を綜合して貸方合計の締高すなわち総計を算出する。そして，前者を借方総計と呼び，後者を貸方総計と称する。……この二つの総計が互いに等しい時は，……言い換えれば借方総計が貸方総計に等しい時は，この元帳は……正確に記帳されかつ締切られたものと結論される32)」と述べられている。すなわち，合計試算表の作成である。今日，試算表は，決算すなわち単なる帳簿の締切ではなく企業全体の総括損益を確定するに先だって，元帳諸勘定に記録された数値の正否を検証するために作成されるものである。しかし，第34章でのパチョーリの説明は，帳簿の繰越にともなう誤謬の回避のために試算表を作成することになる。必ずしも，決算が前提になっている訳ではない。

『スンマ』第36章でもまた，「元帳が全部記入ずみとなり，……新しい元帳に繰越そうとする場合には……旧元帳の試算表を作成して，その正しいかどうか，及び貸借が平衡するかどうかを調べた後に，すべての債権者（貸方項目―渡辺注）及び債務者（借方項目―渡辺注）を試算表の順に新しい元帳に移記し，そのおのおのに対して，別個の勘定口座を設け，かつ，各口座に対して幾分の余白を残して置くのである33)」と述べ，新帳への繰越にあたり，勘定記帳の正否を検証するために試算表を作成している。決算にあたって作成されたものではないのである。したがって，損益計算システムが異なる状態の下では，今日のように，試算表が作成されていたからといって直ちに，必ず決算が行われていたと断定することはできないという解釈もできる。故木村和三郎教授の指

---

32) 同上書，248-9頁。
33) 同上書，269頁。

摘通り，技法的には等しく帳簿の締切が行われたとしても，企業の総括的な期間損益を決定する決算のための締切（決算）と帳簿に余白がなくなり新しい帳簿に勘定残高を繰越すための締切（結算）とは，明確に区別して考えなければならない。しかしながら，重要なことは，試算表は，残高勘定項目，すなわち資産，負債，期首資本だけでは，貸借は均衡しないということである。貸借の一致による検証には，当期の利益，すなわち損益勘定項目が欠かせないのはいうまでもないのである。

## 8 むすびにかえて
―パチョーリは口別損益計算か期間損益計算か―

　故片岡義雄教授の翻訳にもとづきパチョーリの『スンマ』を再吟味し，そこで説明された損益計算システムが果たして口別損益計算制度であったのかそれとも期間損益計算制度であったのかを先人達の業績を通じて再検討してきた。『スンマ』の各箇所では，従来からたびたび指摘されてきたように，口別損益計算と期間損益計算（先駆的期間損益計算を含む）が混在して説明されていたように思われる。

　パチョーリは，その『スンマ』のなかで，「わたくし達は，ヴェニスで採用されている方法を記述することにする。この方法はあらゆる方法のうち，確かに推奨すべきものである[34]」と述べ，ヴェネツィア式簿記法を中心に説明している。しかし，等しく13-15世紀のイタリアにおいても，ヴェネツィアとフィレンツェでは，前者が家族組合（ソキエタス）であり後者が期間組合（マグナ・ソキエタス）であったという組合形態の相違を反映して，そこにおける損益計算の形態もまた異にしていた。一定の期間に限定して，他人と組んで結成された期間組合においては，必ず一定の時点で，その獲得した企業全体の総括的な利益を組合員に分配する必要に迫られた。それに対して，血縁で結成されたヴェネツィアの家族組合では，所得税法がまだ登場する前の状況では，必ず

---

[34] 同上書，47頁。

しも厳密な利益計算の必要性は少なかったといえよう。すなわち，一般的にいうならば，パチョーリは，当時ヴェネツィアで行われていた簿記法，すなわちヴェネツィア式簿記法を機軸に据えて説明していることから判断すれば，口別損益計算であったと結論づけることができる。なぜなら，当時のヴェネツィアの家族組合では，未だ口別損益計算が中心であったからである。

　しかし，『スンマ』の説明のなかには，必ずしも，口別損益計算と断定できない箇所がいくつも散見している。すなわち，第27章「損失及び利益勘定」において，「他の総ての勘定の後に，損失及び利益勘定或いは地方によって，収益及び損害勘定，剰余金及び不足金勘定と称せられるところの勘定が設けられる。…あなた方の元帳にある総ての勘定の残高を，この勘定に振り替えなければならない。…ちなみに，右の損益勘定は最後に資本金勘定に振替えてこれを締切る[35]」と述べている点もその一つである。この説明では，元帳に設けられた各荷口別商品勘定が決算時点で締め切られ，いわゆる口別損益が計算された後で，それらの合計が最終的に集合損益勘定に振り替えられることになる。このことのみから判断すれば，『スンマ』では，決算時点で企業全体の総括的な期間損益が計算されていたと判断することも可能である。

　また，当然のことながら，ヴェネツィアの商人たちもしばしばフィレンツェに出かけ，取引を行い，多くの影響をフィレンツェの商人たちから，したがってフィレンツェ式簿記法から受けていたであろうことは，想像に難くない。当時のフィレンツェの商人達は，未だ定期的ではなかったが，組合員相互間での利益分配の必要性から，期間に区切って企業全体の総括損益を計算していたのである。パチョーリの『スンマ』が，口別損益計算制度であったのか期間損益計算制度であったのかについて，必ずしもどちらか一方に特定できない根拠が，この辺りにあるのであろうか。

---

35) 同上書，217-8頁。

# 第3章 ストックからフロー，
そしてキャッシュ・フローへ


## 1　は　じ　め　に

　複式簿記は，一つの取引を単に借方と貸方の二つに分けて分類する計算システムであるという理由からだけではなく，その最も重要な機能である損益計算を二面的に捉えていくところにもその複式の複式たる根拠が存するものと思われる。この複式簿記による企業損益の計算方法には，一般に，ストックの側面からの計算とフローの側面からの計算の二つがある。

　いうまでもなく，今日の企業会計は，期間損益計算を前提とした損益計算システムを採用している。会計期間を通常1年という人為的な期間に区分し，その1年間の期間損益を計算し，ディスクローズしているのである。この1年間の期間損益を計算する方法に，期首と期末の資産・負債の増減すなわち純資本の増減を比較することによって企業損益を時点計算する方法と，1年間の費用・収益の総額を比較することによってその時線計算する方法との二つがある。前者が，2時点間の資産・負債・資本の在高，すなわちストックの側面からそれらの増減比較計算によって企業損益を算出する方法であるのに対して，後者は，2時点間の費用・収益の変動，すなわちフローの側面からそれらの総計比較計算によって企業損益を計算する方法である。本章では，ストックの側面からの損益計算とフローの側面からの損益計算の実態を明らかにすると同時に，両者が，歴史的にどのような関係を保ちながら損益計算機能を果たしてきたか，および19世紀半ばにイギリスで登場する比較貸借対照表を生み出した背

景を検討して行くことにする[1)]。

## 2 ストックによる損益計算の本質

　会計を支える計算構造としての複式簿記は，取引という経済行為を会計固有の言語で記録し，その記録にもとづいて会計固有の方法によって損益を計算し，その1年間の成果を会計固有の道具を用いて報告するプロセスである。最初の記録行為は「仕訳」と呼ばれ，取引を借方と貸方の二つに分類することによって実現される。第2の計算行為は「勘定記入」と呼ばれ，仕訳されたそれぞれの項目を一つの計算単位としての勘定に転記することによって行われる。第3の報告行為は「ディスクロージャー」と呼ばれ，財務諸表とりわけ貸借対照表や損益計算書さらにはキャッシュ・フロー計算書を帳簿とは別の紙葉に作成し，それらを開示することによって行われる。これらの行為は，基本的には損益計算を遂行するために行われる。企業の損益計算ならびに開示行為の最も合理的な方法として認知されている。

　しかし，これらの一連の会計行為ないしはプロセスは，会計固有の専門知識によって行われるため，常識では十分に理解し，処理しうる範囲を超えている。そのために，簿記・会計は，初学者にとって極めて難解な学問領域になっている。例えば，「君から借りていた10,000円，とりあえず返しておくよ」という日常用語は，

　　　（借方）借入金　10,000　　　（貸方）現　金　10,000

という会計用語によって仕訳される。しかし，この仕訳を見て取引が推定できるのは，したがって日常用語に置換（翻訳）できるのは，簿記・会計の知識を習得した者に限定される。社会科学は，本来われわれの生活に密着したものである。それにもかかわらず，簿記・会計が難しい，ないしはとっつきにくいと言われるのは，その極度の専門性に起因しているのである。ゲーテをして「複

---

1) 企業損益の計算方法には，ストックとフローによる計算方法の他，一般には，財産法と損益法の二つがあると言われてきた。この点については，拙稿「利益計算システムの変遷」『大阪経大論集』第46巻第1号，1995年1月，119-20頁，を参照されたい。

第3章　ストックからフロー，そしてキャッシュ・フローへ　　　45

式簿記というものがどんなに商人に利益を与えるか知っているかい！。これこそ人間精神のもっとも立派な発明の一つだ，これはあらゆる優良な主人が自分の家政に持ち込むべきものだ[2]」といわしめたこの余りにも洗練された，それゆえにこそ難解な記録計算システムは，ストックとフローの2面的な計算構造によって支えられている。歴史的には，両者は，時としてどちらか一方により重点を置きながら，相互補完的に展開し，今日に至っている。

　周知のように，複式簿記は，13世紀の初頭イタリア北方諸都市で発生した。その当時の第一義的な役割は，損益計算ではなく，債権・債務の備忘録ないしは諍(いさかい)が生じたときの文書証拠あるいは公正証書にあった。複式簿記に損益計算機能が明確に認識されるに至ったのは，14世紀の半ば近くになってからのことである。換言すれば，損益計算システムとしての複式簿記は，14世紀前半に完成したことになる。それまでは，企業損益は，複式簿記によらない他の方法によって求めていた。当時のフィレンツェの商人達は，継続的な帳簿記録にもとづく記録計算によって利益の測定を行うまでには至っていなかったため，組合員相互間での利益分配にあたっては，複式簿記による継続的な記録計算以外の方法によらざるを得なかったのである。すなわち，当時の商人達は，主として財産の実地棚卸にもとづく一種の棚卸目録，すなわちビランチオ（機能的には今日の利益処分計算書と財産目録の二つの役割を同時に果たしていた，いわば利益処分結合財産目録ともいえる財務表）を複式簿記の計算構造には組み込まれない，帳簿とは別の紙葉に作成し，これにもとづいて利益分配を行った。

　この実地棚卸を前提にしたビランチオによる損益計算こそストックの側面からの損益計算の原点である。14世紀の半ばに複式簿記が完成するまでは，したがって損益勘定と資本金勘定が結合し「勘定間の閉ざされた体系的組織」が完成するに至るまでは，帳簿記録によって企業損益を算出することが出来なかった。そのため，組合員相互間での利益分配を行うためには，集合損益勘定や決算残高勘定に代わる「なにか」が必要とされたのである。これがビランチオで

---

　2) ゲーテ作，小宮豊隆訳『ヴィルヘルム・マイステルの徒弟時代（上）』岩波文庫，1997年（第24刷），50-1頁。

ある。後に，集合損益勘定で損益計算が可能になると，ビランチオの中から損益計算機能や利益分配機能が後退し，残高計算機能だけが残される。その結果，資産・負債・資本の残高計算機能は決算残高勘定が継承し，ビランチオは，14世紀後半以降，企業における損益計算という主要な役割を，漸次，損益勘定ないしは残高勘定に譲り渡すことになる。すなわち，実地棚卸による損益計算に代わって帳簿記録による損益計算が企業損益確定の中心に位置してくる。その時に，複式簿記が完成するのである。換言すると，時価評価による損益計算から原価評価による損益計算が行われるに至った時に，複式簿記が完成したのである。複式簿記は，生まれながらに取得原価であり，取得原価の持つ証拠性ないしは検証可能性を立脚基盤に生成したことを忘れてはならない。

ビランチオの実例として，われわれは，14世紀前半に作成されたアルベルティ商会の会計帳簿（1304-1332）やダティーニ商会アビーニョン支店の第１期会計帳簿（1367-1368）を挙げることができる[3]。次の表（図表１）は，1367年のダティーニ商会アビーニョン支店の第１期のビランチオを集約したものである。

このビランチオは，主として実地棚卸によって作成されるが，言うまでもなく債権・債務を実地棚卸によって求めるわけにはいかない。継続的な記録が前提になるのは当然のことであり，したがって，純粋に実地棚卸だけによって作

[図表１] ダティーニ商会アビーニョン支店の第１期のビランチオ

| | | | | | | | | |
|---|---|---|---|---|---|---|---|---|
| 商品・備品 | 3,141 | 23 | 4 | 負債・資本 | 7,838 | 18 | 9 |
| 債　権 | 6,518 | 23 | 4 | 稼得利益 | 1,822 | 3 | 11 |
| 合　計 | 9,660 | 22 | 8 | 合　計 | 9,660 | 22 | 8 |
| | | | | フランチェスカ：利益の1/2 | 911 | | 2 |
| | | | | トーロ：利益の1/2 | 911 | | 2 |

（泉谷勝美『スンマへの径』森山書店，1997年，291頁より筆者が編集して作成）

---

3）泉谷勝美『スンマへの径』森山書店，1997年，267-297頁。

成されるビランチオは存在しないのである。論理的には、ビランチオは、複式簿記の発生以前から存在していても矛盾はないが、一部帳簿記録を利用して作成されることになるため、何らかの意味で簿記による記録とは無関係に、したがって、現実的には複式簿記の発生と無関係に登場することはできなかったといえよう。

ビランチオは13世紀の前半に主としてフィレンツェで出現し、14世紀の半ば以降はその実質的な役割である利益分配機能を複式簿記による損益勘定に譲り渡し、自らの損益計算機能に終焉を告げることになる。以後、ビランチオは、そのストックの側面からの損益計算を決算残高勘定に譲り渡し、損益計算の役割を放棄し、財産目録（ないしは棚卸目録）として生き残ることになる。

## 3　フローによる損益計算の本質

14世紀の前半までは、（集合）損益勘定の残高によって利益分配を行う会計実務は、まだ存在していない。なぜなら、すでに見てきたように、複式簿記生成期においては、損益勘定は営業会計において必ずしも常に設定されていたわけではなく、またたとえ設定されたとしても、帳簿の締切時点において、他の全ての諸勘定の締切と同時に、必ず損益勘定を閉め切ったという会計実務が一般的であったと言うことが出来ないからである。

厳密に見ていくと、複式簿記の生成当初から完成までに至る損益勘定の発展過程は、次のような5段階に分類することができる。すなわち、第1段階：アルベルティー（Alberti）商会の第1回組合の秘密帳（1302-29）等のように損益勘定が当初から設定されていなかった記帳例[4]、第2段階：ペルッチ（Peruzzi）商会の帳簿（1292-93, 1308-36, 1335-43）やフィニイ（Fini）兄弟商会の帳簿（1296-1305）等のように、損益勘定は設けられているが単に各費用・収益が転記されているだけで、損益勘定の借方・貸方の総計が計算されていなかった記帳例[5]、第3段階：デル・ベーネ（Del Bene）商会の帳簿（1318-24）や

---

4) MARTINELLI, Alvalo, *The Origination and Evolution of Double Entry Bookkeeping to 1440*, Part 1, Michigan & London, 1974, p. 427, p. 431.

アルベルティー (Alberti) 商会の第2回組合における秘密帳 (1333-43) 等のように，損益勘定を締切って損益を計算しようとしたが，ビランチオ上の利益と大幅に食い違い，最終的には損益勘定を締め切らずに放置した記帳例[6]，第4段階：コボーニ (Covoni) 商会の帳簿 (1336-40) 等のように，損益勘定を締切って，そこで計算された損益をビランチオ上の損益と照合したが，その差額を調整するまでにはいたっていなかった記帳例[7]，第5段階：コルビッチ (Corbizzi) 商会の帳簿 (1332-37) やダティーニ (Datini) 商会バルセロナ支店の帳簿 (1366-1407) 等のように，一方ではビランチオにもとづいて企業損益を求め，他方では損益勘定を締切って損益を求め，両者の損益を照合し，ビランチオ上で損益勘定の利益を修正して，最終的な損益を算出した記帳例[8]，等のように様々な形態が存在した。厳密には，第5段階に至って始めて，複式簿記が完成したといえる。すなわち，ここに至って，勘定間の閉ざされた体系的組織が出来上がったのである。

このように損益勘定の発展過程を見てくると，企業の損益計算は，複式簿記の発生当初から損益勘定が担っていた訳ではないことが明確に認識できる。論理的には，複式簿記の完成後に始めて，損益勘定で利益計算が可能になる。なぜなら，複式簿記は，勘定間の閉ざされた体系的組織が出来上がって始めて複式簿記といえるからであり，このことはすなわち，トートロジーのように聞こえるかも知れないが，損益勘定で企業損益が算出されて始めて複式簿記が完成したということができるのである。

13世紀初頭，イタリア北方諸都市において，債権・債務の備忘録およびそれらの決済にともなって諍が生じたときの文書証拠としての役割を担って歴史の舞台に登場した複式簿記は，やがて14世紀の半ばに至り，フィレンツェを中心

---

5) 泉谷勝美『複式簿記生成史論』森山書店，1983年，171, 201頁。
6) MARTINELLI, A, *Op. Cit.,* pp. 431-2.
7) 泉谷勝美『複式簿記生成史論』118頁。
8) De ROOVER, Reymond, "The Development of Accounting Prior to Luca Pacioli According to The Account-books of Medieval Merchants", LITTLETON, A. C. & YAMEY, B. S. eds., *Studies in the History of Accounting,* Illinois, 1956, p. 142-3.

とした期間組合の出現による組合員相互間での利益分配の現実的必要性という時代の要求に応え，自らの主要な機能を，管理（財産保全）計算から価値（損益）計算へと昇華させていったのである。

前述の第3段階までにおける損益勘定では，そこで企業損益を算定することができないため，現実の利益分配は，損益勘定によって行うことができず，他の手段によって行わざるを得なかったのである。継続的な記録計算以外の方法で損益計算を行うために考案され，そして作成されたのが，まさしくビランチオなのである。また，第4段階では，損益勘定上の利益とビランチオ上の利益との間に，まだ相当の隔たりがあったため，組合員達は，最終的には，単に紙の上で算出された損益勘定上の利益よりも実際の棚卸しによって求められた現実に確認できるビランチオ上の利益を優先させたのである。

しかしながら，第5段階以降の損益勘定に課せられた主要な役割は，ビランチオによっていわば結果の側面から実地棚卸を中心に具体的に計算した企業損益を，原因の側面から抽象的に計算された損益によって検証することにあった。ビランチオによって求められた利益により，自己の取り分として受け取った額が果たして適正な額であるのか否かを検証するために，日々の取引を継続的に記録した帳簿記録にもとづいて，損益勘定によって企業利益を算出し，相互に突き合わせるという実務が採られるに至った。いわばアカウンタビリティの遂行のために，損益勘定が作成されたのである。損益勘定は，まさしくビランチオの証明手段として機能していたといえる。

このビランチオが実地棚卸により帳簿記録とはある意味では無関係に作成されたという事実を別にすれば，資産・負債・資本による財産の増減比較計算によって企業損益の計算が可能であるという点において，（決算）残高勘定とその構成要素を同じくしている。厳密には，（決算）残高勘定は，損益計算機能を果たしているわけではないが，ストックの側面からの計算という点では，ビランチオと同種の範疇に属するものと言えよう。したがって，損益勘定がビランチオの証明手段として機能していたのであれば，（決算）残高勘定と損益勘定との基本的な関係は，ビランチオと損益勘定との関係と同様で「あった」な

いしは現在でも「ある」と考えることができる。換言すれば，フローの側面からの損益計算は，ストックの側面からの損益計算の証明手段として認識されていたということができる。このことは，17世紀冒頭にライデンで上梓されたシーマン・ステフィン（Simon STEVEN：1548-1620）の簿記書『数学的回想録』（*Wisconstighe Ghedachtnissen,* Leyden, 1605）における「状態表」と「損益表」についての説明を見れば明らかである。

彼は，帳簿の締切手続の説明に先立ち，第9章「状態表の作成あるいは残高表について」のなかで，次のように述べている。「商人のなかには，損益がその年に生じたかどうか，毎年吟味することを習慣としている者もいる。彼らは，これを残高表あるいは状態表の作成と名づけている。人はまた，それを資本の計算とも呼んでいる[9]」と述べ，こうして求められた期末の正味財産と期首の正味財産とを比較して企業の総括的な期間損益を算出している。この状態表で求められた損益が正しいか否かを検証するために，同じく第9章の中で「状態表の証明」（Staet Proef）という項目を設け，次のように述べている。すなわち，「しかし今，上記のことが正確であるか否かを調べるために，次のようなことがその証明に役立つであろう。すなわち，資本を増減させるあらゆる項目（費用と収益─渡辺注）の残高を加える。これらの項目は，元のものに属していなかったために，状態表の作成にあたってそこに記入されなかった項目の残高である。そしてこれは，1600年1月0日以降これらの帳簿にもたらされた損益である。もし帳簿を締め切るならば，（次の10章でなされるように）その金額は，損益勘定に表示され，それによってまた，987リーヴル・5スー・5ドニエの利益が見出されるに違いない[10]」と。

すなわち，18世紀頃までの損益計算の基本思考は，ストックの側面からの損益計算が中心であり，フローの側面からの損益計算は，ストックによって算出

---

9) STEVIN, Simon, *Vierde Stvck Der Wisconstighe Ghedachtnissen Vande Weeghconst,* Leyden, 1605, "Schvltbovck in Bovkhovding", pp. 34-6. 岸 悦三『会計生成史』同文舘，昭和50年，138頁。なお，シーマン・ステフィンの二つの計算表の役割については，拙著『決算会計史論』森山書店，1993年，pp. 42-6，を参照されたい。

10) STEVIN, Simon, *Op. Cit.,* p. 35. 岸 悦三『前掲書』139頁。

された企業損益のあくまでも証明手段にすぎず，その意味では副次的な損益計算方法であったということができる。

## 4　ストックからフローへ

　18世紀後半から19世紀の前半にかけてのイギリスにおける損益計算システムの主流は，一部の巨大な会社形態を除き，一年ごとに帳簿を締め切り，残高勘定と損益勘定によって企業の期間損益を認識し，測定する方法によっていた。しかも，複式簿記発生当初のイタリアからビランチオ重視による利益分配思考が伝統的に継承され，費用・収益の対応によるいわば原因の側面からの抽象的な損益計算よりも，いわば結果の側面からの具体的な損益計算の方が信頼に足るとする傾向は，少なくとも，18世紀の半ば頃まで続いたものと思われる。

　これらのストック中心の損益計算思考に大きな転換を要求したのは，次の二つの要因が影響したものと思われる。すなわち，一つは，18世紀の後半から19世紀にかけて，アメリカとの海外貿易が盛んになり，委託販売・受託販売あるいは代理商取引が拡大してきたことに起因している[11]。代理商のもとでの利益発生の中心は，手数料収入であった。このような状況のもとでは，正味財産の比較による財産法的損益計算は，あまり意味を持たなくなる。ここに至って，会計実務における商人達の実践感覚は，従来までのストック中心の損益計算思考からフロー中心の損益計算思考へとその焦点を移行せざるを得なくなったのである。

　今一つの要因は，運河会社や鉄道会社あるいは製鉄会社や石炭会社の出現により，巨額の資本を調達する必要性が強調されるに至ったことである。すなわち，どれだけ多くの株主達からどれだけ多くの投資を引き出すことができるかが極めて重要になった。そのためには，何よりも先ず，自社に投資することがいかに有利であるか，次いで，自社に投資することがいかに安全であるかを広く知らしめる必要に迫られた。すなわち，投資を決定するにあたり，投資家た

---

11) 拙著『前掲書』第6章を参照されたい。

ちがその判断材料としたのは，企業がストックとしての財産をどれだけ所有しているかではなく，1年間でどれだけの利益をあげることができるか，すなわちフローの側面からの利益がいくらあるかが最も重要な投資誘因になった。端的にいえば，投資に見合う高配当を受け取るだけの期間利益が，とりわけ高配当に耐えうるだけの収益力があるかどうである。この将来株主の企業収益力に対する関心が，従来のストック中心の損益計算思考をフロー中心の損益計算思考に転換させた最大の要因であろう。いわば，将来キャッシュ・フロー計算により強い関心が移ったということであろうか。

このようにして，イギリスにおける株式会社の利益計算システムは，複式簿記の生成以降，長く支配してきたストック中心の損益思考をフロー中心の損益思考へと大きく転換させるに至ったのである。

なお，ストックの側面からの損益計算がフローの側面からの損益計算に移行した簿記処理上の具体的な論拠の一つとして，18世紀頃までにしばしば見られた決算残高勘定における勘定記帳の内容を上げることが出来る。すなわち，1718年のマギーの簿記書『簿記の原理』では，その取引例示における元帳の決算残高勘定では，

　　　［借方］諸口勘定　31,922　5　5　　　［貸方］諸口勘定　31,922　5　5

となっており[12]，1731年のマルコム『簿記または商人の勘定についての論述』も簿記書も第2取引例示の決算残高勘定も，

　　　［借方］諸口勘定　2,984　17　11½　　　［貸方］諸口勘定　2,984　17　11½

となっている[13]。

また，1777年のハミルトンの『商業入門』では，

　　　［借方］諸口勘定　757　12　3　　　［貸方］諸口勘定　229　3　2
　　　　　　　　　　　　　　　　　　　　　　　資本金　　528　9　1

となり，借方・貸方とも「諸口」になっているが，資本金勘定の期末残高が表

---

12) MACGHIE, Alexander, *The principles of Book-keeping Explain'd,* Edinburgh, 1718, Ledger No. 1, fol. 12.
13) MALCOLM, Alexander, *A Treatise of Book-keeping, London,* 1731, Ledger No. 2, fol. 9.

示され[14]，期首資本金と比較することにより，期間損益の算出が可能になっている点で，マギー，マルコムとは異なっている。

このように，18世紀にイギリスで出版された多くの簿記書の決算残高勘定を見てくると，貸借対照表や損益計算書がまだ登場してくる以前の段階では，論理的には，ストックの側面からの損益計算は，決算残高勘定が中心になるにもかかわらず，［借方：諸口　貸方：諸口］という仕訳の下では，現実にはそこでの損益計算は不可能と言わざるをえない。期間損益は，損益勘定で求められていたのである。複式簿記の生成以来永きにわたって支配してきた，現実に存在するものを優先する損益計算思考が，帳簿記録にもとづく抽象的な損益計算思考に徐々に移行してきたと言うことができる。損益勘定が損益計算の中心に位置づけられてきた。それに伴い，残高勘定は，その主要な役割を，財政状態の表示や損益計算を行う決算勘定から各勘定を締め切るための単なる結算勘定に逆戻りしたと言えるかもしれない。

このような一般的な動向に対して，1736年のメイヤーの第1の簿記書『組織的簿記』およびその増補改訂版ともいえる1773年の第2の簿記書『現代簿記』の例示は，従来通りの方法で記帳された数少ない記帳例である。すなわち，そこでの決算残高勘定は，借方・貸方の双方とも，相手勘定科目がすべて記載され，［借方：諸口　貸方：諸口］という記帳は見られない[15]。

## 5　利益の中身の分析としての資金計算書

従来のストック重視の損益計算思考は，19世紀前半以降，アメリカ貿易に従事した代理商や巨大企業へと成長していく鉄道業ないしは製鉄業や石炭業を中心に，フローの側面からの損益計算へとその重点を移して行った[16]。とりわけ製鉄会社や鉄道会社を中心とした巨大企業では，設備投資のために莫大な資

---

14) HAMILTON, Robert, *An Introduction to Merchandise,* Edinburgh, 1777, pp. 316–7.
15) MAIR, John, *Book-keeping Methodz'd,* Edinburgh, 1736, pp. 158–9, and MAIR, John, *Book-keeping Moderniz'd,* Edinburgh, 1773, pp. 242–3, pp. 308–9.
16) この点については，第8章「ディスクロージャー機能の形成とその背景」で詳しく述べているので参照されたい。

本が要求された。この投下資本を確保するためには、自己資本によるかあるいは他人資本によるかのいずれかであるのは言うまでもない。さらに、自己資本による場合は、企業内の余剰資金によるか、新株を発行するかのいずれかである。当時のイギリスにおける巨大企業では、企業の拡大戦略のための設備投資を実現して行く過程で、一つの極めて興味深い会計上の試みがなされた。この所産が今日の資金計算書の原点になって行く。

　1759年9月19日に8人の仲間とともに、総額4,000ポンドの出資額で、トーマス・ルイスにより組合として設立されたダウライス製鉄会社（Dowlais Iron Company）の1863年7月18日付けの手紙には、上述の推論を裏付ける次のような文面（図表1）が残されている。すなわち、1860年3月に30,882ポンドにものぼっていた利益は、1861年に8,832ポンド、翌1862年には僅か3,059ポンドに急速に落ち込んでいる。しかし、その2年後の1863年には、利益が36,572ポンドに回復し、その翌年から、業績は順調に伸び、かつ好転している[17]。この手紙は、業績が回復した時に、経営者に送付されたものである[18]。そこでは、1862年と1863年の資産と負債が比較され、1期間の期間利益が算出されている。すなわち、比較貸借対照表を作成することにより、期間損益を算出すると同時に、その「利益がどこに行ったのか」を追跡しようとしているのがわかる。なお、この手紙の詳細は、第10章「ダウライス製鉄会社の資金計算書」で再録しているのでそちらを参照されたい。

　ダウライス製鉄会社の財務表から明らかにされたように、19世紀に入り、急速に拡大していった巨大な製鉄会社は、一方では、増資によって新たな設備投資資金を獲得すると同時に、他方では、利益を増大させその余剰資金でそれをまかなおうとした。しかし、現実には、かなりの額の利益が獲得されたにもかかわらず、実際に投資を行おうとした時、その資金が不足していることに気がついた。その結果、「いったい利益とは何であるのか、その利益はどこに行っ

---

17) この点については、第10章「ダウリス製鉄会社の資金計算書」182頁の「図表1」を参照されたい。
18) Glamorgan Record Office, D/DG, E3 (ii), pp. 1-7.

第3章　ストックからフロー，そしてキャッシュ・フローへ

[図表1]　ダウライス本社のG. T. クラークに宛てた手紙

> ダウライス製鉄工場
> 1863年7月18日
>
> 拝啓
> 　私は，ここに1863年3月31日末における貸借対照表をお送りします。ここ7年間のダウライスの製鉄の原価は，年々徐々に減じ，1863年に再び減少してきています。（中略）
> 　〔その結果〕あなたは，1863年の石炭と製鉄に関する事業で，…30,000ポンドを支払った後，総額36,572ポンド9シリング3ペンスの利益を得ることができるでしょう。（中略）
> 　帳簿が本年度のこの好結果を示していますので，その利益がどこにあるのか，現金の残額がどこにあるのか，あるいはそれがどのようにして生じたのかということが当然のことながらたずねられることでしょう。このことは，次のように説明されます。
>
> | 1862年（£78,519.19.6, ガーディフ・ヤード）と比較した1863年の | | |
> |---|---:|---:|
> | 諸資産の増加 | | £81,814. 6. 1 |
> | 資産の減少分の控除 | 38,354. 4.7 | |
> | （£27,542.7.10, 工場在庫の減少） | | |
> | 負債の増加分の控除 | 6,887.12. 3 | 45,241.16.10 |
> | 1863年の利益 | | £36,572. 9. 3 |
>
> 資産の増加の大部分は，カーディフ・ヤードでの製鉄の多くの在庫の増加が原因です。
> （中略）
> 　私は，上記の結果をW. レイト氏に報告すると同時に，彼が深刻な減少に対して〔何らの対策の〕必要性を感じていないということを申しそえておきます。この利益の問題に関して，私はどの合計額が利益と呼ばれるかを決めることが必要と話したかも知れません。そして，その額は，1863年と1864年の間の所得税の還付のために課税査定者に返還されるに違いありません。

(Glamorgan Record Office, D/DG, E3 (ii), pp. 1-7.)
　＊1ロング・トン＝2,240ポンド＝1,016.05kg

てしまったのか」，という素朴な疑問が生じ，利益の中身，すなわち「利益の質」を知ろうとする要求が生じてきた。この要求に応えるために作成されたのがまさしく比較貸借対照表である。これまでのフローの側面からの損益計算だけでは，新たな設備投資のためのサポート・システムとしては明らかに一定の限界があることが認識されたのである。新たな設備投資を行うためには，単にフローの側面からの損益計算だけではなく，投資可能資金を計算できるもう一つの側面からの損益計算，すなわちキャッシュ・フローの側面からの損益計算

が要求されるに至ったものと思われる。この具体的な所産が比較貸借対照表であり，これが資金計算書の原点になったのは，周知のとおりである。資金計算書を生み出した最も直接的な要因は，何よりも先ず，投資可能資金の総額を知るために，利益の中身ないしは利益の行き先，すなわち「利益の質」を見て行こうとする経営者の強い要望があったからに他ならない[19]。

さらに付け加えていうならば，株主から資本を調達するためには，なによりも先ず，当該企業への投資がいかに有利であるかを証明する必要があった。そのためには，単にフローの側面からの損益計算をより重視するだけにとどまらず，例えフローの側面から利益が算出されたとしても，その利益に相当する実際の配当資金，すなわち，現金ないしはその同等物による裏付けが保証されているか否かが極めて重要になってくる。株主の最大の関心事は，紙の上での配当可能利益がいくらあるかではなく，実際に現金で配当を受け取ることができるかどうかである。すなわち，19世紀前半頃の大部分の株主が資金計算書に関心を寄せた最大の理由は，フローによる損益計算で求められた企業利益が，現実に，現金で裏付けされているか否かの保証を求めたからであろう。このような現在株主や将来株主の要求に応えて，経営者たちも，ストック計算からフロー計算へ，そしてやがてはキャッシュ・フロー計算へと，漸次，その関心を移行させて行ったのである。

## 6　お わ り に

複式簿記は，13世紀初頭，イタリアの北方諸都市を中心に発生した。その発生当初の役割は，債権・債務の備忘録およびその決済にともなう文書証拠ないしは公正証書にあった。

当時のヴェネツィアは，個人ないしはせいぜい血縁を柱にした家族組合が中心であったため，厳密な損益計算は必要なく，帳簿記録は，貸し借りをめぐっ

---

[19) 利益の質という考え方については，鎌田信夫『資金会計の理論と制度の研究』白桃書房，1995年，15-6頁，および佐藤倫正「利質分析と資金計算書」『企業会計』Vol. 47 No. 12, 1995年12月を参照。

## 第3章 ストックからフロー,そしてキャッシュ・フローへ

て諍が生じた時の証拠書類として重要な役割を果たしていた。しかし,同じイタリアでも,当時のフィレンツェでは,血縁を超えた第三者と,3-5年の契約で結成する期間組合が出現してくる。この期間組合のもとでは,当然のことながら,利益を分配する必要に迫られた。しかし,この時点ではまだ,計算技術の拙劣さや度量衡の複雑さ等さまざまな要因によって,複式簿記による記録のみから,企業利益を算出することはできなかった。そのため,商人たちの間で,複式簿記に代わる損益計算手段が要求され,その要求に応えるために登場したのが,主として実地棚卸にもとづいて作成された資産・負債・資本の一覧表であるビランチオである。

いうまでもなく,そこでの損益計算は,期首と期末の正味財産を比較して利益を計算するいわゆる財産法的損益計算すなわちストックの側面からの損益計算であった。しかし,この実地棚卸にもとづいてストックの側面から算出された企業損益が本当に正しいかどうかが,組合員相互間で問題になってきた。そのため,ビランチオ上の利益の正しさを証明するために用いられたのが,継続的な記録計算によって求めることのできる集合損益勘定上の利益であった。しかし当初においては,両者による利益にはかなりの隔たりがあり,商人たちは,帳簿上で計算された抽象的な損益よりも,実際に棚卸によって算出された具体的な損益の方により多くの信頼を置いていた。いわば,継続記録による費用収益対応計算を前提にしたフローの側面からの損益計算は,むしろ副次的なものにすぎず,損益計算の中心は,実地棚卸による財産増減計算を前提にしたストックの側面からの具体的な損益計算にあった。このような損益計算におけるストック中心思考は,帳簿記録によって損益計算が可能になった後も,永きにわたって,商人たちの意識を支配し,このような傾向は,18世紀頃まで続くことになる。

17世紀から18世紀にかけて,企業形態の中心は,漸次,組合から会社へと移っていく。とりわけ19世紀を迎えると,株式会社は,鉄道業や製鉄業あるいは石炭業を中心に巨大化してくる。これらの巨大企業では,自企業への投資がいかに有利であるかを,将来株主に対して,広報する必要に迫られた。ディスク

ロージャーのために貸借対照表や損益計算書が作成されるのも，このような背景のもとである。ここに至って，ストックの側面からの損益計算は，その主役の座を，それまでは副次的に過ぎなかったフローの側面からの損益計算に明け渡すことになる。

　ダウライス製鉄会社の財務表から明らかにされたように，19世紀に入り，急速に拡大していった巨大な製鉄会社は，一方では，増資によって新たな設備投資資金を獲得すると同時に，他方では，利益を増大させその余剰資金でそれをまかなおうとした。しかし，現実には，かなりの額の利益が獲得されたにもかかわらず，実際の投資可能資金が不足している状態に陥った。その結果，いったい利益がどこに行ったのかという素朴な疑問が生じ，利益の行き先を知ろうとする要求が生じてきた。この要求がダウライスの比較貸借対照表を生み出した重要な現実的要因であったということができる。

　換言すれば，資金計算書の原初形態は，投資可能資金の総額を知るために，利益の行き先ないしは利益の中身，すなわち「利益の質」を見て行こうとする経営者の強い要望によって生じてきたということができるのである。資金計算書は，少しでも有利な資金運用を図ろうとする当時の株主たちとできるだけ多くの投資資金を調達しようとする企業経営者たちの利害が一致した結果の所産であったといえよう。その結果，フローの側面からの損益計算だけでなくキャッシュ・フローの側面からの損益計算にも関心を向けさせてきた。それが比較貸借対照表を生み出し，結果的には資金計算書を生成させて行った根源的な要因になったのである。なお，ダウライス製鉄会社の比較貸借対照表については，第10章で詳しく分析するので，ここでは，これ以上の論及は控えることにする。

　過去に南海泡末事件（1720）を経験した当時の株主達は，単にフローの側面からの損益計算により重点を置いただけにとどまらず，例えフローの側面から利益が算出されたとしても，その利益に相当する実際の配当資金，すなわち現金ないしはその同等物による裏付けが保証されているか否かという点に大きな関心を払うに至ったものと推測される。株主の最大の関心事は，紙の上での配

当可能利益がいくらあるかではなく，実際に現金で配当を受け取ることができるかどうかである。すなわち，19世紀前半イギリスの巨大な株式会社のなかで，資金計算書を生み出したもう一つの要因は，フローによる損益計算で求められた企業利益が，現実に，現金で裏付けされているか否かの保証を求めた株主達の現実的な要求に応えるためでもあったからであろう。

## 第4章 インピン簿記書における
## 売残商品の評価方法

### 1 は じ め に

決算時点で売残商品を認識し,売上原価を算定して期間損益を計算する決算手続を明確に説いた最初の簿記書は,オランダの商人ヤン・インピン (Jan YMPYN Christoffels:1485?-1540) によって著された[1]。すでに先行研究によって明らかにされているように[2],インピンの簿記書『新しい手引き』(Nieuwe Instructie) は,彼の死後,未亡人 (Anna Swinters) の手によって1543年にアントワープで,先ずフラマン(オランダ)語 (Flemish) 版として出版された。同年,フランス語版 (Nouuelle Instruction) も上梓された。英語版 (A notable and very excellente woorke) は,4年後の1547年に出版されている。ただし,英語版のタイトル頁および冒頭の「読者へ」からは,本書の原著者名,英訳者名,印

---

1) ジャン・インピンの正式名は,Jan YMPENSといわれているが,当時,アントワープの同一教区に同姓同名者がいたため,彼と区別するために,クリストファーの息子 (Christoffelssone=Christoffel's son) のジャン・インピンと言う意味で,Jan YMPENS Christoffelsと呼ばれていた (De ROOVER, Raymond, "Something New About Jan Ympyn Christoffels, The author of the first treatise on bookkeeping, of which a French version was published in 1543, and an English version in 1547", *The Accountant,* Vol. 97, No. 3284, 13 November, 1937, pp. 657.)。
2) FUGO, J. Row, "History of Book-keeping", in BROWN, Richard, *A History of Accounting and Accountants,* London, 1905, pp. 127-30., GEIJSBEEK, John, *Ancient Double-Entry Bookkeeping,* Denber, 1914, p. 113., KATS, P., "The 'Nouuelle Instructon' of Jehan Ympyn Christophle-Ⅰ", *The Accountant,* Vol. 72, No. 2750, 20 August, 1927, pp. 261-9., "The 'Nouuelle Instruction' of Jehan Ympyn Christophle-Ⅱ", *The Accountant,* Vol. 72, No. 2751, 27 August, 1927, pp. 287-96, and De ROOVER, Raymond, "Op. Cit.". pp. 657-8.

刷者名，印刷場所等について，何も知ることはできないが，後の研究によって，本書がインピン簿記書の英訳版であることが明らかになった[3]。

本章では，主としてインピン簿記書の記帳例示を中心に，元帳勘定内で取扱い商品の荷口別に設けられたいわゆる口別商品が，決算時点で売れ残ったとき，その評価基準を何で行っていたかについて詳細に分析し，複式簿記による年次損益計算がその後イギリスに定着していくプロセスにおいて，当時の商人たちが，如何なる方法で棚卸商品の評価を行い，商品の払出単価の計算を如何なる方法で行ったか，またその背景には如何なる思考があったのかについて検討して行くことにする。

## 2 インピン簿記書と記帳例示における荷口別商品勘定

インピンの簿記書は，すでに述べたように，1543年彼の死後未亡人の手によって，先ずフラマン（オランダ）語版としてアントワープで出版され，同年フランス語版が上梓された。ドゥ・ルーヴァ（Raymond de ROOVER）の先行研究によると，フラマン語版は，現在アントワープの公立図書館とロンドンのICAEWに，またフランス語版は，イギリスのブリティッシュ・ミュージアムとバークレーのカルフォルニア大学の図書館にそれぞれ1冊づつ現存していると言われている[4]。本書は，第1部の複式簿記の理論的説明・解説手引き（f. 20）と第2部の財産目録，仕訳帳（f. 11），元帳索引，元帳（f. 23），新元帳索引，新元帳（f. 9）から成っている。1547年に出版された英語版は，1893年に始めて発見され，現在ロシア共和国のモスコーにただ1冊現存することが確認されている。しかし，この英語版には，もともと翻訳されなかったのか，途中で損壊してしまったのかその理由は明らかにされていないが，全体の5分の4を超える記帳例示が欠落している。

今日の1年ごとに帳簿を締切り，1年ごとの企業損益を計算する期間損益計

---

3) 小島男佐夫「イムピンとその簿記書」小島男佐夫編著，*Ympyn A Notable and very Excellente Woorke,* 1547, 大学堂書店（復刻版），1975年，41頁。

4) De ROOVER, Raymond, "Op. Cit.", p. 657.

算(年次損益計算)を明確に説いたのは,このインピンの簿記書『新しい手引き』が最初である[5]。期間損益計算成立史の観点からは,このインピン簿記書が持つ史料的意義は,きわめて大きいと言わざるをえない。いうまでもなく,営業年度を一定の期間に区切って企業損益を計算する損益計算システムのもとでは,期末における売残商品の評価が,必然的に要求される。この売残商品を期末に評価し,仕入原価ではなく売上原価と売上収益を対応させ,厳密に期間収益を発生主義的に算出する方法を簿記書の上で明確に説いたのは,インピンが最初である。

そこにおける記帳例示は,1542年12月28日付けの財産目録から始まり,1543年8月31日の決算で終わっている。この取引は,同年9月1日から始まる新帳に引き継がれている。元帳には,合計14個の商品勘定が設けられ,そのうち決算時点で売れ残ったのは,合計7種類の商品である。すなわち,宝石(Ghesteente),イギリス産オスタード(Inghelse ousetten),カージー織ラシャ(Cariseyen),フランダース産ラシャ(Vlaemsche lakenen),灰色のフレーズ(Ghewreven grauwe),うね織のタフタ(Tafta met coorden),オランダ産リネン(Hollants lywaat),である。各荷口別に設けられた商品勘定の期末残高は,決算時点で売残商品勘定に転記され,いわゆる口別商品勘定ごとの損益が算出されている。

これら7種類の商品は,①期首の繰越商品だけで,期中の仕入がない,②期首の繰越商品が存在し,それ以外にも期中に1度の仕入がある,③期首の繰越商品はなく,期中に1度の仕入がある,④期首の繰越商品はなく,期中に3度の仕入がある,の4種のパターンに分けることができる。①の例として宝石勘定とカージー織ラシャ,②の例としてイギリス産オスタード,③の例として灰色のフレーズ,うね織のタフタ,オランダ産リネン,④の例としてフランダース産ラシャ,が上げられる。以下,それぞれの売残商品についてさらに詳細に検討して行くことにする。

---

5) 拙著『損益計算史論』森山書店,1983年,第2章参照。

## 3 期首の繰越商品のみで期中仕入のない事例の評価方法

### ① 宝石勘定（カルタ3）

宝石勘定は，1542年12月28日付けの開始仕訳，すなわち74リーヴル16スーの期首の繰越商品ないしは元入商品をもって記帳が開始され，次のような仕訳がなされている。

　　　　［借方］宝　　石　74. 16. 0.　　　［貸方］資　　本　74. 16. 0

期首商品は，2種類8個のダイヤモンド（先の尖ったもの3個とフラットなもの5個），3個のルビーと1個のトルコ石が総額74リーヴル16スーで評価されている。この勘定は，期中に仕入はなく，期中の3月27日，5月30日，8月17日の3度にわたって全てのダイヤモンドとトルコ石，それに2個のルビーが売却され，8月31日付けで売れ残った1個のルビーを総額4リーヴル13スー4ドニエで売残商品勘定に転記している。

財産目録によれば，期首棚卸の3個のルビーの総額は，14リーヴルとなっている[6]。したがって，ルビー1個あたりの単価は，4リーヴル13スー4ドニエとなり，売残商品勘定に転記されている価額と一致している。すなわち，宝石の売残商品の評価は，取得原価で行われていることになる。いうまでもなく，宝石は，それぞれの商品によって質量とも大きく異なり，各商品の取得原価は，個別に計算せざるをえない。したがって，払出し単価も，個別法によって計算されるため，売残商品の評価もまた，原価であるか時価であるかを問わず，個別に評価されることになる。

### ② カージー織ラシャ（カルタ5）

この勘定は，1542年12月28日付けの開始仕訳，すなわち次のような仕訳から

---

6） YMPYN, Jan Christoffels, *Nieuwe Instructie,* Antwerps, 1543, Inuentaris. 先に引用したカッツの抄訳では（KATS, P., "The 'Nouuelle Instructon' of Jehan Ympyn Christophle-I", Op. Cit., p. 265），売残ったルビーは，2個になっているが，これは誤りで，原本では3個になっている。

始まっている。

　　　［借方］カージー織ラシャ　118. 16. 0.　　　［貸方］資　　本　118. 16. 0.
　すなわち，カージー織ラシャ勘定は，総額118リーヴル16スーの期首棚卸商品をもって開始されている。宝石勘定と同様に期中の仕入はなく，期首の棚卸商品72梱，総額118リーヴル16スー（したがって1梱当たりの単価＝1リーヴル13スー）が期中の3月19日と5月19日の2度にわたってそれぞれ40梱を72リーヴル，30梱を53リーヴル5スーで売却され，8月31日付けで売れ残った2梱が総額3リーヴル6スー（したがって1梱当たりの単価＝1リーヴル13スー）で売残商品勘定に転記されている。1542年12月28日付けの期首棚卸商品も1543年8月31日付けの期末棚卸商品もどちらもその単価は，1リーヴル13スーであり，カージー織ラシャの売残商品については，明かに取得原価で評価され，払出単価の計算は，先入先出法で行われているのが分かる[7]。

## 4　期首の繰越商品と1度の期中仕入がある事例の評価方法

### ③　イギリス産オスタード（カルタ4）

　結論から先にいえば，インピンが説明している七つの売残商品の期末棚卸評価のうち，このイギリス産オスタードが，唯一，取得原価で評価されていない商品であった。
　この勘定は，1542年12月28日付けの開始仕訳，すなわち次のような仕訳で始まっている。

　　　［借方］イギリス産オスタード　108. 16. 0.　　　［貸方］資　　本　108. 16. 0.
　この期首棚卸商品は，32梱，1梱あたり17クローネン（1クローネン＝4スー）で総額が108リーヴル16スーとなっている。したがって，1梱当たりの単価は，3リーヴル8スーである。
　他方，期中に1回，1543年1月3日に総額25リーヴル4スーの商品を現金で

---

7）*Ibid.*, Ledger, fol. 5.

購入している。その時の仕入は，6梱，1梱あたり21クローネンで総額が25リーヴル4スーとなっている。したがって，1梱当たりの単価は，4リーヴル4スーとなる。すなわち，イギリス産オスタード勘定の借方には，期首棚卸商品1梱当たりの単価＝3リーヴル8スーと期中の仕入原価1梱当たりの単価＝4リーヴル4スーの二つの単価があることになる。

　売却は，4月6日に7梱を総額25リーヴル18スー（単価：3リーヴル14スー），5月24日に12梱を総額45リーヴル（単価：3リーヴル15スー），6月18日に9梱を総額33リーヴル15スー（単価：3リーヴル15スー），8月21日に6梱を総額28リーヴル10スー（単価：4リーヴル15スー）の価格で，合計4回にわたってなされている。

　それに対して，期末の売残商品4梱は，総額17リーヴルで売残商品勘定に振り替えられている[8]。半分の2梱が単価3リーヴル15スーで，この評価額は，5月24日ないしは6月18日の売却時価と等しく，残り半分の2梱の単価4リーヴル15スーは，8月21日の売却時価に等しい価格である。この二つの単価は，いずれも期首棚卸商品の原初価格でもなく，期中に仕入れた仕入原価でもない。すなわち，期末卸卸商品の評価額は，取得原価ではなく直近に売却した二つの時点の売却時価で評価していることになる。他の六つの売残商品の期末評価を取得原価で行っているのに対して，イギリス産オスタードだけを，何故，売却時価で評価したのか，あるいはしなければならなかったのか，しかもある1時点の一つ時価ではなく異なる2時点での二つ時価で評価したのか，この点については，大きな疑問が残る。ただし，後者の二つの異なる売却時価で評価したのは，恐らく，売れ残った商品がそれぞれ別の日にちに異なる単価で仕入れたため，それと個別に対応させて，それぞれの仕入れたと商品を売却した時の価格で評価したのではないかと推測される。払出商品の払出単価の計算にあたっては，基本的な考え方としては，仕入れた商品と払出した商品を個別に対応させるのが基本であり，したがって，期末棚卸商品の評価もまた個別に対応

8) *Ibid.*, Ledger, fol. 4.

させて，その価格を決定するというが，ごく一般的な考え方ではなかろうか。

いうまでもなく，期末棚卸商品を売却時価で評価することは，期末棚卸商品に対して評価益を出すことになる。このような会計処理法が，当時の会計実務として一般的な方法であったか否か，また評価益を計上することが当時の企業にとってどのような意味を持つものであったのかは，必ずしも明らかではない。

しかし，インピンからは200年近くも時代は下るが，1731年にロンドンで出版されたリチャード・ヘイズ（Richard HAYES）の『現代簿記』（*Modern Book-keeping : or, The Italian Methods improved*）では，期末に売残商品を売却時価で評価する方法が説かれている。しかも，彼は，そこで「商人たちは，通常，彼らの帳簿を締切るに際し，手持ち商品をその時点で売却可能な市場価格で評価するのが一般的である。しかし，幾人かの商人たちは，そのようにしていない[9]」と述べている。筆者は，この期末棚卸の評価益の本質をみなし売却による「利益の先取り」ないしは「期待利益」と見なした[10]。だとすれば，インピンの説くイギリス産オスタード勘定での売残商品に対する評価方法が，必ずしも一般的な会計実務であったか否かは別にして，当時の商人たちの取引に対する，したがってそれによって獲得できるであろう期待利益に対する思いが伝わってくるようである。

なお，後で述べるフランダース産ラシャ勘定では，期中の仕入によって複数の仕入単価が生じた場合の商品の払出しの単価計算は，先入先出法が採られ，したがって期末棚卸商品の評価額は，最終の仕入原価すなわち取得原価で算出されていることになる。

---

9) HAYES, Richard, *Modern Book-keeping : or, The Italian Methods improved,* London, 1731, p. 78-9.
10) この点については，第5章「16-18世紀イギリス簿記書にみる売残商品の評価方法」93-5頁を参照されたい。

## 5 期首の繰越商品がなく1度の期中仕入のみがある事例の評価方法

### ④ 灰色のフレーズ（カルタ10）

　この勘定は，フランダース産ラシャ勘定と同様，期首の棚卸商品はなく，2月3日に1度だけ，1梱当たりの単価を18スー6ドニエで合計48梱，総額44リーヴル8スーで仕入れている。4月18日と6月14日に2度，それぞれ23梱を23リーヴル，18梱を18リーヴル18スーで売却し，期末に売れ残った7梱を，8月31日付けで，総額6リーヴル9スー6ドニエで売残商品勘定に転記している。したがって，その評価額は，1梱当たりの単価が，18スー6ドニエとなり，この評価額は，まさしく2月3日の評価額と一致する[11]。すなわち，灰色のフレーズもまた取得原価で評価されているのである。

### ⑤ うね織のタフタ（カルタ16）

　この勘定は，灰色のフレーズ勘定と同様，期首の棚卸商品はなく，6月20日に1度だけ，1エル[12]当たりの単価20スタイヴァー[13]で合計543エルを総額90リーヴル10スーで仕入れている。6月3日に一度450エルを総額90リーヴルで売却し，期末の8月31日に1エル当たり単価20スタイヴァーで合計93エルを総額15リーヴル30スーで売残商品勘定に転記している。この振替価格は，購入単価に等しく，うね織のタフタの期末棚卸商品は，取得原価で評価されているのはいうまでもない。

　ただし，6月20日の仕入総額90リーヴル10スーは，543エルを1エル当たり20スタイヴィーで仕入れた総額であり，記帳例示では，売残商品の総数が93エルとなっているため，取得原価は，1エル当たり3スー・4ドニエとなる。したがって，売残商品の期末総額は，15リーヴル10スー（@3s. 4d.×93＝3,720d.）

---

11) *Ibid.*, Ledger, fol. 10. この点に関しては，第5章の図表2（86頁）を参照されたい。
12) エル（ell）は，昔の尺度単位で，イギリスでは1エル＝45インチである。
13) スタイヴァー（stuiver）は，イギリスのペニーと同じで，1スタイヴァー＝1ペニー＝当時では240分の1ポンド，現在では100分の1ポンドをさす。

とならなければならない。しかし，記帳例示では15リーヴル30スーとなっている。恐らく計算上のミスかミスプリントであろう。ついでながら，貸方の総額が，543エル；305リーヴル30スーとなっているのは，105リーヴル30スーのミスと思われる。

### ⑥ オランダ産リネン（カルタ21）

この勘定には，期首棚卸商品はなく，期中の8月25日に1エル当たり10スタイヴァーで購入したイギリス産生地44梱とのバーター取引によって記帳が始まっている。バーターによって取得したオランダ産リネンは，110梱で総額が229リーヴル18スーである[14]。

バーター取引が行われた同日の8月25日に，それに要した引取費1スー6ドニエと仲介手数料1リーヴル13スー4ドニエが支払われている。

期中で販売がなされなかったため，交換価格229リーヴル18スー，引取費1スー6ドニエと仲介手数料1リーヴル13スー4ドニエの合計額231リーヴル12スー10ドニエが売残商品勘定に繰り越されている。しがって，いうまでもなくオランダ産リネンの売残商品も取得原価で評価されているのがわかる。

## 6 期首の繰越商品がなく3度の期中仕入がある事例の評価方法

### ⑦ フランダース産ラシャ（カルタ8）

フランダース産ラシャ勘定には，期首の棚卸商品はなく，期中に3度の仕入がなされている。先ず最初に1月8日，単価5リーヴル14スーで合計12梱，総額68リーヴル8スーで仕入れ，次いで2月26日に単価5リーヴル16スーで合計2梱，総額11リーヴル12スーで仕入れ，最後に3月24日に36梱を総額196リーヴル4スー（したがって単価は，約5リーヴル9スー）で仕入れている。3回の仕入の合計は50梱となり総額は，275リーヴル24スーとなっている。

---

[14] このイギリス産生地の購入価格は229リーヴル18スーであったが，単価が14スタイヴァーで550エル，したがって総額320リーヴル16スーの8ドニエしていたオランダ産リネンと物々交換している。

3度の売上を経て最終的に売れ残った商品は，8月31日付けで，13梱総額70リーヴル17スーを売残商品勘定に振り替えている。したがって，期末棚卸商品の評価額は，単価が5リーヴル9スーになる。この評価額は，3月24日の最終仕入単価である。すなわち，フランダース産ラシャに対する払出単価の計算にあたっては，先入先出法（FIFO）が採用されていたことが分かる。このことは，インピンの簿記書が，期間損益計算システムによる方法を最初に明示した簿記書であり，したがって売残商品（期末棚卸商品）の評価問題を最初に提示したインピンの簿記書で先入先出法が採られていたことを考慮すれば，複式簿記における棚卸商品の払出単価計算には，その当初から先入先出法がごく一般的に行われていたということができるのではなかろうか。先に仕入れた物からから先に払い出して行くというのが，ごく自然の物の流れであろう。その自然の流れにしたがって，当時の商人たちが商品の払出計算を先入先出法で処理し，したがってまた，当時の簿記書での説明も先入先出法でなされたのは，ある意味では，必然の帰結のように思われる。

　その問題は別にしても，フランダース産ラシャの売残商品に対する評価が，取得原価で行われていたのは，明らかである[15]。

　時代は少し下るが，1605年から1608年にかけてインピンと同じくオランダ（インピンはアントワープ，ステフィンはライデン）で出版されたシーマン・ステフィン[16]（Simon STEVIN：1548-1620）の『数学的回想録』（*Wisconstighe*

---

[15] *Ibid.*, Ledger, fol. 8.
[16] 筆者は，今までSimon Stevinの呼び方を，「シモン・スティーヴン」としてきた。また，わが国の先行研究によれば，「ジモン・ステヴィン」，「シモン・ステヴィン」，「ジモン・ステヒン」，「シモン・ステヒン」，「シモン・ステフィン」，「シモン・スティーヴン」，「サイモン・スティーヴン」等々，様々な呼び方がされてきた。本来，異なる母音を持つ異国の言語を日本語に置き換えること自体に問題が残されるのかもしれない。しかし，筆者は，可能な限り自国語に置き換えるのが外国語にもとづく研究に従事している者にとっては重要であると考えているため，あえてカタカナで表わすことにしている。そんなおり，2000年7月19-21日にマドリッドのカルロスⅢ世大学で開催された第8回会計史世界会議で主として中世末期ないし近世初頭の古典簿記書の研究を専攻しているオランダの簿記史家Anne J. van der-Helm教授と話をする機会があった。筆者の耳に聞こえた氏が実際に発音した音ならびに紙に示してくれた発音記号から，また実際に筆者の発音を氏に確認したところによれば，「シーマン・ステフィン」が氏の発音ともっとも近く聞えたため，以下，このように表示することに

第4章　インピン簿記書における売残商品の評価方法

*Ghedachtnissen*) では，丁子，ナッツ，胡椒，生姜の4種類の商品が取扱われ，そのうち丁子と生姜は，全てが売却済みになり[17]，ナッツと胡椒が期末に売れ残っている。したがって，ナッツ勘定と胡椒勘定では，期末の売残商品が，残高勘定に振り替えられているが，その時の振替価格は，インピン同様，最終時点で仕入れた価格で評価され，その額が（決算）残高勘定に振り替えられている。すなわち，ナッツ勘定では，1600年1月0日の日付けで期首の棚卸商品が記帳され（単価9スー），3月28日，5月30日，7月28日の3度に渡って仕入がなされている。それぞれの単価は，8スー，8スー，7スーである。12月31日に売れ残った期末の棚卸商品が，単価7スーで残高勘定に振り替えられている[18]。すなわち，売残商品の評価は，7月28日の最終仕入の商品単価ですなわち取得原価で評価している。したがって，商品の払出単価の計算は，先入先出法で行っていることになる。

　同様に見ていくと，胡椒勘定では，1600年1月0日の日付けで期首の棚卸商品758重量リーヴルを総額94リーヴル15スーで記帳され，8月4日に120重量リーヴルを総額20リーヴルで購入している。4月4日には，期首商品全てをそっくり113リーヴル14スーで売却し，期末には，8月4日に仕入れた商品が全額売れ残り，それをそのまま残高勘定に振り替えている[19]。すなわち，胡椒もまた，最終仕入の商品単価ですなわち取得原価で評価され，商品の払出単価の計算は，先入先出法で行われている。

## 7　お　わ　り　に

　インピンの簿記書を中心に，当時のオランダにおける売残商品の評価基準が取得原価と時価のいずれで行われていたかを分析してきた。分析の結果明らか

---

する。
17) STEVIN, Simon, *Vierde Stvck der Wisconstighe Ghedachtnissen, Vorstelicke Bovckhovding op de Italiaensche wyse in Domeine en Finance,* Leyden, 1608, fol. 4-5, 8-9. 岸　悦三『会計生成史』同文舘，1975年，130-3頁。
18) *Ibid.,* fol. 6-7.
19) *Ibid.,* fol. 6-7.

になったように，インピンの売残商品に対する評価基準は，一つの例外を除き，取得原価であった。また，各商品の払出計算は，原則として先入先出法で行われ，宝石に関しては，個別法で行われている。すなわち，期間損益計算システムが生成した当初から，商品の払出計算は，個別法ないしは先入先出法で行われていた。後入先出法や移動平均法が先入先出法の代替法として登場してくるのは，ずっと後になってからのことである。すでに先行研究によって明らかにされているが，後入先出法に類似した基礎有高法は，19世紀後半以降のイギリスないしは1890年代のアメリカで使用され，この方法は，1940年代以降になって後入先出法にその姿を変えて行く。すなわち，厳密な意味での後入先出法が登場してくるのは，20世紀前半のことである[20]。

13世紀始めにイタリアで発生した複式簿記は，主として実地棚卸によって作成された利益分配のための財務表，すなわちビランチオ（利益処分結合財産目録）で算出された利益を証明する手段として，遅くとも14世紀半ばまでには完成された。証明手段としての複式簿記にとって原初記録がもっとも重視されたのは，いうまでもない。その意味で，複式簿記は，完成当初から，取得原価をその存立基盤としていたのである。時価評価のみに依存して期首と期末の正味財産を実地棚卸によって求め，2時点間の企業損益を時価計算する手法であれば，極論すれば，記録にもとづく損益計算，したがって複式簿記は，不要となる。企業会計における認識・測定を支える計算構造が複式簿記であるとすれ

---

20) 高寺貞男「後入先出法前史—取替会計から基礎在高法へ」高寺貞男，醍醐聰共著『大企業会計史の研究』同文舘，昭和54年，67-82頁。なお，今日では，一般的には，短期で回転する棚卸商品の評価が問題になることは少ないが，当時においては，資産管理（財産保全）の観点から，期末棚卸商品の評価額の変動は，商人たちにとって大きな関心事であったものと思われる。パチョーリの『スンマ』では，財産目録の開始に当たって，「商人は次のような方法によって，財産目録を切々と作成しなければならない。…［記帳に当たっては］常に比較的高価であって，かつ紛失し易いものからはじめなければならない。これに属するものには現金・宝石及び銀等がある。その故は，家屋・土地・湖沼…等のような不動産は，動産等と異なって，これを失う虞れがないからである」と述べている（片岡義雄『増訂パチョーリ「簿記論」の研究〔第2版〕』森山書店，1967年，50頁）。複式簿記の発生から減価償却発生前夜までの500年以上に亘り，一般的には，固定資産の管理は，それほど重視されていなかったものと思われる。

ば，会計の存立基盤もまた取得原価であるといえよう。もちろん，今日の会計評価問題は，従来までの取得原価にもとづく評価方法に様々な角度からほころびが生じ始め，その問題点を修正ないしは転換させなければならない社会的要請が大きくなってきたために生じてきたものである。近年の有価証券とりわけ金融派生商品に関する問題等が引き金になり，取得原価から時価による評価替への転換が登場してきたのもまた，まぎれもない現実である。

　しかし，そのことと，複式簿記が本来的に担ってきた役割とは，幾分区別して考慮しなければならない。企業損益の計算システムが，いわゆる口別損益計算（非期間損益計算）あるいは先駆的期間損益計算（非定期的損益計算）から今日の期間損益計算（定期的損益計算＝年次損益計算）へと進化していくプロセスで，インピンが最初に期間損益計算の方法を明確に説いたのは，極めて大きな意義がある。それと同時に，企業利益を算出するにあたり，商品の払出計算を先入先出法で説明し，そこで期末棚卸商品の評価を取得原価で計算したのもまた，決して偶然的なものではない。

　損益計算ないしは利益分配機能をビランチオから集合損益勘定が勝ち取った当初の複式簿記の第一義的な機能は，証明手段であった。証明手段として機能するためには，取引時点での原初記録が重要になる。その意味で，本来的に，複式簿記は，取得原価を基礎とするものであったことを忘れてはならない。したがって，期間計算による損益計算システムを明確に説いたインピンが売残商品の評価を取得原価で行ったのは，ある意味では，当然の帰結であったといえよう。

# 第5章 16-18世紀イギリス簿記書にみる 売残商品の評価方法

## 1 は じ め に

　20世紀の後半を迎えたようとしたアメリカにおいて，伝統的に採用されてきた取得原価による評価方法がペイトン・リトルトンの『会社会計基準序説』(Paton, W. A. and LITTLETON, A. C, *An Introduction to Corporate Accounting Standards,* AAA, 1940) によって理論的に整備されたのは，良く知られているところである。しかしながら，近年，相次ぐ金融破綻に端を発した経済的混乱は，様々な会計的評価の矛盾を露呈する中で，複式簿記がその発生以来800年近くにわたり基盤にしてきた取得原価による評価基準を時価によるそれへとシフトさせてしまった。

　時価による評価を基準にして損益計算システムを明確に説いた最初の論者を特定の人に帰するには問題が残る。しかし，一般的には，かつてスウィーニー (H. W. Sweeney) が伝統的に継承されてきた名目資本維持への考え方に異論を唱えたり，エドワーズ，ベル (E. O. Edeards and P. W. Bell) によって提唱された資産の時価以下による評価基準等は，取得原価から時価への転換期のさきがけになる理論整備の主張であった言うことができよう。その後，GDPに占める割合が圧倒的に産業資本から金融資本へと推移する中で，さまざまな金融派生商品等の登場に伴い，一方では，取引概念の拡大に関する諸問題すなわち会計上の認識の問題がクローズアップされてきた。それと同時に，もう一方では，決算時点でのそれらの評価をどのようにするか，すなわち会計上の測定に

関する問題が大きく取り上げられるに至った。

　その結果，わが国においても，いわゆる新会計基準の登場によって，会計が長きにわたって採用してきた取得原価にもとづく評価基準が時価にもとづくそれへと移行したのである。しかし，取得原価の根源的な存立根拠は，元来，情報価値それ自体ではなく，財務諸表等を通じて開示される文字情報や計数情報が有する正当性ないしは信頼性を証明する証拠性にあった。これこそが，単なる実地棚卸による損益計算を組織的・体系的な帳簿記録，すなわち複式簿記による損益計算へと進化させた要因なのである。

　本章では，16-18世紀のイギリスの小売業や卸売業において，企業損益の算出にあたり最も重要な要素である商品売買，とりわけ期間損益計算のもとでは売上原価の計算にとって極めて重要な売残商品の認識，すなわち期末棚卸商品の評価方法がどのように変遷してきたかを当時のイギリスの文献分析を中心に検討していくことにする。

## 2　ビランチオにおける棚卸評価基準

　13世紀始めの発生当初の複式簿記の第一義的な役割は，企業の期間損益を計算することではなく，債権・債務の備忘録であり，諍いが生じたときの文書証拠としての役割を果たすことにあった。ヴェネツィアを中心とした家族組合では，必ずしも，今日のように一定期間ごとに，厳密に企業の総括的な期間損益を計算し，その利益を家族間で分配するそれほど大きな必要性は，存在しなかった。それに対して，当時のフィレンツェでは，同族を超えた第三者同士が，3年ないしは5年の期間に区切って組合を結成した。そこでは，当然のことながら，組合員相互間で利益を分配する必要性が生じてきた。そのため，当初は必ずしも1年毎ではなかったが，会計期間を人為的に区切って，その期間に獲得した利益を計算し，それを組合員相互で分配することが要求された。

　しかし，複式簿記が完成するのは14世紀の後半に至ってからのことであるため，当時においては未だ帳簿記録によって，したがって複式簿記によって企業損益を計算することはできなかった。当時の帳簿では，むしろ［集合］損益勘

定が設けられない場合が多く，帳簿上で企業損益を計算することは出来なかった。いわば複式簿記にもとづく計算システムによってのみ，企業損益を求めることが出来なかったのである。したがって，帳簿記録を前提にした損益法的損益計算にもとづかない，換言すれば複式簿記によらない方法で企業損益を計算しなければならなかった。それと同時に，当時のヴェネツィアの商人たちは，企業全体の総括損益に関心があったわけではなく，取扱い商品の荷口別損益に関心があり，そのいわゆる口別損益は，それぞれの荷口別勘定が売却済になった時点で始めて計算された。今日のように，企業全体の総括的な損益を，定期的であるか否かを問わず，期間に区切って求めるという方法は採っていなかったのである。これが，いわゆる口別損益計算システムである。

このような口別損益計算システムのもとでは，企業全体の総括的期間損益を計算するという会計実務は，まだ形成されていない。また，そのような現実的必要性もなかったのである。なぜなら，生計を共にする血縁を中心にした大家族制度で営まれていた家族組合のもとでは，血縁を超えた第三者と組んで行う期間組合とは異なり，利益分配のための厳密な損益計算は，必ずしも，それほど強く要求されたわけではなかったからである。

同じくイタリアにおいても，ヴェネツィアの家族組合とは異なり，当時のフィレンツェの期間組合では，幾分その形態を異にしていた。他人と組んだ期間組合の場合は，当然のことながら，組合員相互間で利益を分配しなければならない。その利益分配の現実的必要性から，実地棚卸を中心に作成されたビランチオと呼ばれる利益処分計算書と財産目録が結合したいわば利益処分結合財産目録とでもいえる財務表が作成され，それによって企業利益を計算し，分配した。なぜなら，14世紀の半ば頃までは，帳簿記録にもとづく損益勘定上で，企業損益を算出するまでに，複式簿記は，まだ完成されるに至っていなかったからである。

ビランチオの代表的な一例として，われわれは，1367年9月末に作成されたダティーニ商会アヴィーニョン支店の財務表を挙げることができる[1]。このビランチオこそ，帳簿記録によって企業損益を算出できるまでに至っていない状

況下では，企業損益を計算し，組合員相互間で利益を分配するための，最良の計算手段であった。換言すれば，このビランチオこそ複式簿記のもとでの損益勘定に代わる損益計算手段として，極めて重要な財産一覧表であった。

いうまでもなく，ビランチオにおける評価基準は，財産の実地棚卸を基軸として行われたため，継続的記録によってしか求めることのできない債権・債務を除いては全て時価であった。複式簿記の完成以前における財産の評価方法は，帳簿記録を前提にしない以上，時価による以外になかったのである。歴史的には，時価は取得原価に先行するといえよう。このビランチオは，複式簿記による継続的な帳簿記録によって，損益勘定で企業損益が算出されるに至るとその損益計算機能としての役割を終え，14世紀半ば以降では，漸次，単なる企業財産の実際有高を示す財産目録へと転化して行くことになる。

## 3 初期における売残商品勘定の評価方法

売残商品を認識し，売上収益と仕入原価ではなく売上原価を対応させて期間損益を算出する方法を明確に説いた最初の簿記書は，1543年アントワープで，彼の死後未亡人の手によって出版されたインピン（Christofells Jan Ympyn）の簿記書『新しい手引き』（*Nieuwe Instructie*[2]）である。フランス語版の取引例示は，1542年12月28日から1543年8月31日までの約8ヶ月間の取引が掲げられ，1542年12月28日付けの棚卸目録（Inuentaire）からその例示が始まっている。決算，すなわち各勘定を締め切り損益を確定する作業は，8月31日付けで行われている。売残商品（Remanance de biens）勘定（図表1）は，以下の通りであ

---

1) De ROOVER, Raymond, "The Development of Accounting Prior to Luca Pacioli According to The Account-books of Medieval Merchants", in LITTLETON, A. C. and YAMEY, B. S. eds., *Studies in the History of Accounting,* London, 1956, pp.142-3. 拙著『損益計算史論』森山書店，1983年，32-6頁。なお，財産目録と今日の利益処分計算書が結合した，当時のフィレンツェの商人を中心に作成されたビランチオに関しては，泉谷勝美『スンマへの径』森山書店，1997年，第10章に詳しい。

2) 本書は先ず1543年にオランダ語版（*Nieuwe Instructie*）として出版され，同年直ちにフランス語版（*Nouuelle Instruction*）も上梓された。全体の5分の4を超える記帳例示が欠落した英語版（*A notable and very excellente woorke*）がロンドンで出版されたのは，1547年になってからのことである。

第 5 章　16–18世紀イギリス簿記書にみる売残商品の評価方法

[図表 1]　インピンの売残商品勘定

|  |  |
|---|---|
| 10)　M. D. XL III<br>売残商品，8月31日，この帳簿の締切に際し，売れ残ったルビー<br>　　　　　　L4. 13. 4 . . aC 3　L・iiij. xiij. iiij<br>31　同上，売れ残ったイギリス産オスタード4梱<br>　　　　　　L17 . . .aC 4　L・xvij.<br>31　同上，売れ残ったカージー織ラシャ2梱に対し，<br>　　　　　　L3. 6. —. . aC 5　L・iij. vi.<br>31　同上，売れ残ったフランダース産ラシャ13梱，<br>　　　　　　L70. 17. —. . aC 8　L・lxx. xvij.—<br>31　同上，売れ残った灰色のフレーズ，7梱<br>　　　　　　L6. 9. 6　. . aC10　L・vi. ix. vi<br>31　同上，売れ残ったうね織のタフタ93エルに対し20パターズ<br>　　　　　　L. 15. 3. . . aC16　L・xv. iij.—<br>31　同上，売れ残ったオランダ産リネン110梱に対し<br>　　　　　　L231. 12. 10 . . aC21　L・ccxxxi. xij. X | M. D. XL III　（10<br>売残商品，9月2日，現帳簿を締切るために生じた勘定に対して，<br>　　　　　　L349. 1. 8 . . aC23　L・cccxlix. i. viij |

(Christofells Jan Ympyn, *Nouuelle Instruction,* Antwerpen, 1543, grant liure, for. 21)

る。

　当期の売残商品，すなわち宝石，イギリス産オスタード，フランダース産ラシャ，グレーのフライズ，うね織のタフタ，オランダ産リネンの各勘定の期末残高の合計額349リーヴル・1スー・8ドニエが［決算］残高勘定に振替えられている。例えば，灰色のフレーズ勘定を見ると，1543年2月3日付けでトーマス・グレンフェルト商会から単価18スー6ドニエの灰色のフレーズを48梱，合計44リーヴル8スーで掛買いしている[3]。売残商品勘定における売残商品の期末残高は，7梱で総額6リーヴル9スー6ドニエとなっている。すなわち，1梱当たり単価は，18スー6ドニエになる。この単価は，まさしく1543年2月3日時点の取得原価と同額である。インピンは，売残商品の計上に際し，取得

---

3 ) YMPYN, Christofells Jan, *Nouuelle Instruction,* Antwerpen, 1543, grant liure fol. 10 & Iournal.

[図表2] インピンの灰色のフレーズ勘定

| 10) M. D. XL III | M. D. XL III (10 |
|---|---|
| 灰色のフレーズ，2月3日，トマ・グランフェールから1梱s18.6で48梱購入 | 灰色のフレーズ，4月18日，ジル・ドゥ・アンクールに23梱を掛けて売却， |
| L44.8.— ..aC11 L・xliiij. viij.— | £23・— ..aC11.L・xxiij.—.— |
| 8月31日，ここでの利益に対し，損益勘定へ | 6月14日，カンタン・ドゥ・アントゥラケに1梱s21で18梱売却， |
| L3. 19. 6 ..aC22 L・iij. xix. vi | L18.18. —.. aC16. L・xviij. xviij.— |
| 48梱 48. 7. 6. — | 8月31日，売却商品7梱， |
|  | L6.9.6— aC21. L・vi. ix. vi |
|  | 48梱 48. 7. 6. — |

(Christofells Jan Ympyn, *op.cit.*, grant liure, fol.10)

原価で評価している。

したがって，期末に設けられた［集合］損益勘定（図表3）には，売残商品に関する評価損益勘定が計上されていないのは，いうまでもない。

このように，期末に売残商品を認識し，売上収益に仕入原価ではなく売上原価を対応させて，正確な1年毎の期間損益の算定手続きを明確に解説した最初の簿記書は，インピンの『新しい手引き』であり，そこでは，その評価の基準は，取得原価によっていたことが明白になった。

イギリス人の手による最初の簿記書『勘定記帳の方法とその様式』（*The maner and fourme how to kepe a perfecte reconyng*）が1553年ジェームス・ピール（James Peele）によって出版されたが，そこでピールは，インピン同様，期末に売残商品を明確に認識している[4]。彼は，第6章「余白(ルーム)がなくなりもはやなにも記帳できなくなった時，各勘定項目を新しい勘定に転記するための方法」において，「余白(ルーム)がなくなり新勘定ないしはそのフォリオに多くの商品に関する勘定を転記あるいは移記することについて説明する時，あなた方は，先ず始めに，それぞれの［荷口別商品］勘定の残高を集計し，すなわち，当然のこと

---

4) PEELE, James, *The Manner and Fourme how to kepe a perfecte reconyng*, London, 1553, The Quaterne or greate booke of accomptes, fol. 15. ピールの第1の簿記書については，小島男佐夫『英国簿記発達史』森山書店，1971年，第5章に詳しい。

第5章　16-18世紀イギリス簿記書にみる売残商品の評価方法

**［図表３］　インピンの損益勘定**

| 10）　M. D. XL Ⅲ | M. D. XL Ⅲ　（10 |
|---|---|
| 損益，8月31日，この勘定と帳簿の締切に際し，ここで生じた家計費<br>　　　　L31. 3. 4　　..aC 8　L・xxxi. iij. iiij | 損益，8月31日，宝石で得た利益<br>　　　　L45. 4. 4　..aC 3 L・xlv. iiij. iiij |
| 31　同上，この帳簿の締切に際し，ここで生じた商業経費<br>　　　　L1. 4. 3・1/2　..ac9　L・i. iiij. iij・1／2 | 31　同上，イギリス産ラシャで得た利益<br>　　　　L39. 15. 8...aC 4　L・xxxix. xv. viij |
| 31　同上，マルク・アンソニー・フィレッティー，短期支払い<br>　　　　　　..aC 15 L・―.―. J | 31　同上，イギリス産オスタード<br>　　　　L16. 3. ―　..aC 4　L・xvi. iij. ― |
| 31　同上，この残高に対し，私ニコラス・フォレスティンに属する資本，この勘定を締め切るために転記<br>　　　　L154. 14. 1　..aC 2 L・cliiij. xiiij. j | 31　同上，カージ織ラシャで得た利益<br>　　　　L9. 15. ―　..aC 5　L・ix. xv. ― |
| | 31　同上，ブリゲットの利益<br>　　　　s18　..aC 5　L・―. vxiij. ― |
| | 31　同上，フランダース産ラシャで得た利益<br>　　　　L10. 4. 6　..aC 8　L・x. iiii. vi |
| 　　合計　L187. 1. 9・1/2 | 31　同上，ヴェニスへの航海で得た利益<br>　　　　L13. 5. 7　..aC 8　L・xiij v. vii |
| | 31　同上，灰色のフレイズで得た利益<br>　　　　L3. 19. 6. ..aC10　L・iij xix. vi |
| | 31　同上，生糸で得た利益<br>　　　　L8. ―　..aC12　L・viij. ― |
| | 31　同上，ゼノア産ビロードで得た利益<br>　　　　L14. 13. 4　..aC13　L・xiiij. xiii. iiii |
| | 31　同上，フルージュ産サテンで得た利益<br>　　　　L2. 9. 10・2/1　..ac14　L・ij. ix. X・1/2 |
| | 31　同上，うね織のタフタで得た利益<br>　　　　L14. 13. ―　..aC16　L・xiiij. xiii. ― |
| | 31　同上，サテン，絹，ダマスコ織物で得た利益<br>　　　　L8. ―. ―　..aC18　L・viij. ―. ― |
| | 　　合計　L187. 1. 9・1/2 |

(Christofells Jan Ympyn, *Op.cit.*, grant liure, fol.22)

ながら，借方側から合計し，その［売残商品の］残高を［特定の荷口別商品勘定の］貸方に記帳する。そして，その［売残商品の］残高を直ちに新帳の借方に記帳し，新しく［設けられた荷口別商品勘定］の商品の頭にRという文字を付しておく。次に，［もう一度当該荷口別商品勘定の］旧勘定に戻り，［売残商品の］残高と貸方側にあるそれ以外の商品の総額を算出する。そして，その総額から借方の総計を引けば残額が利益であり，その残高を借方側の下に書き，

［それと同時に］損益勘定の貸方に転記する。そして，Rという文字を，そこに生じた売残［商品］として記帳する。そして最後に，あなたが［締切］作業を始めた商品勘定に戻り，貸借が一致した勘定の各側にその総計を記帳しなさい。そうすれば，それによって，真に［すべての勘定の繰越ないしは締切作業が］終了したことを示している[5]」と説明している。

　期間損益計算の生成期において特徴的に見られた，旧帳に余白がなくなり，旧帳から新帳へ繰り越す時に行われた締切，すなわち結算と企業の期間損益を確定するために行われた締切，すなわち決算との未分離ないしは混濁の状況が，インピンやステフィンと同様，ピールにおいても未だ明確に見出せるところである[6]。元来，帳簿繰越のための締切は，単に新帳に旧帳の残高を繰り越すために行われるもので，そこで売残商品を測定し商品売却益を計算するのとは，まったく次元の異なるはずのものである。それにもかかわらず，商品売却益を求めているのは，ますます結算と決算との区分が曖昧になってきている証左であろう。すなわち，いわゆる口別損益計算から期間損益計算へと損益計算システムが進化していく過渡的な状況下での元帳締切手続きの混乱期であったと見なすことが出来るのである。

　いずれにせよ，ピールは，第6章で商品売却損益の算出の仕方を説明しているが，重要なことは，売残商品の期末の評価にあたって，それを取得原価で行っていたのかあるいは時価で行っていたのかという点にある。このことは，例えば，取引例示のフランス産ワイン勘定を見てみるならば，すぐに明らかになる。取引例示では，フランス産ワインを1553年5月25日に1トン当たり8ポンドで合計14トンを総額112ポンドで購入している。翌年の1554年3月24日の勘定締切時点で，売残商品2トンを総額16ポンドを貸方に記帳し売上原価を算定している。すなわち，その売残商品の評価額は，1トン当たり8ポンドであり，この価格はまさしく取得原価である（図表4参照[7]）。ピールが売残商品の

---

　5) *Ibid.*, B iii.
　6) この点については，拙著『前掲書』第2，3章を参照。
　7) PEELE, James, *Op.Cit.*, The Quaterne or greate booke of accomptes, fol. 15.

第5章　16-18世紀イギリス簿記書にみる売残商品の評価方法　　　83

[図表4]　ピールのフランス産ワイン勘定

| | | 1553 | | | | | 1553 | | | |
|---|---|---|---|---|---|---|---|---|---|---|
| 21 | 5 25 | 借方フランス産ワイン，貸方資本金，14トンに対し，単価8ポンド，総額112ポンド | | | | 68 | 9 17 | 貸方フランス産ワイン，借方ジェームス・トムキンス，10トンに対し，単価9ポンド，総額90ポンド | 10 | 090 00 00 |
| | | | 2 | 112 00 00 | | | 1554 | | | |
| | 1554 3 24 | 7トンの売上に対し損益勘定に18ポンド | | | | | 93 3 7 | 借方トーマス・フランシス，2トンに対し，単価12ポンド | 7 | 024 00 00 |
| | | 合計　130ポンド | 11 | 018 00 00 | | | 24 | 2トンの売残商品，残高勘定，単価8ポンド，総額16ポンド | 15 | 016 00 00 |
| | | | | | | | | 合計　130ポンド | | |

(James Peele, *The maner and fourme how to kepe a perfecte*, London, 1553, The Quaterne or greate booke of accomptes, fol.6.)

評価に当たり，取得原価で行っていたのは明らかである。

　ピールに遅れること14年，［代理］商人ないしは記帳係として当時アントワープに長らく在住していたロンドンの一市民であったジョン・ウェディントン（John Weddington）は，『簡単なる手引き』（*A Breffe Instruction, and Manner, howe to kepe, merchantes bokes of accomptes*）を1567年にアントワープで出版した[8]。

　ウェディントンの商品勘定は，インピンやピールと同様，18世紀全般に至るまで広く一般に用いられていた取り扱い商品の荷口別に設定されるいわゆる口別商品勘定である。ただし，それほど重要でない副次的な商品については，雑商品勘定（Merchandize of diuers sortis[9]）で一括記帳されている。ウェディン

---

8) YAMEY, B. S., EDEY, H. C. and THOMSON, H. W., *Accounting in England and Scotland : 1543-1800*, London, 1963, p. 163.
9) WEDDINGTON, John, *A breffe instruction, and manner, howe to kepe, marchantes bokes, of accomptes,* Antwarp, 1567, The Great Boke or Ledger sygnyd with A fol. 16. この雑商品勘定が，一般商品勘定の萌芽になった（拙著『前掲書』第4章参照）。ウェディントンの簿記書については，小島男佐夫『前掲書』第6章に詳しい。

トンは、インピンとは異なり、売残商品勘定は設けていないが、[決算]残高勘定の借方に、フェスティアン織勘定と胡椒勘定の期末残高が、それぞれの勘定から決算残高勘定に直接振り替えられている[10]。例えば、フェスティアン織勘定では、9月25日にトーマス・レイン商会から購入したフェスティアン織260ポンドが、11月27日の決算日までにまったく販売されず、すべての商品が取得価格のままで、すなわち260ポンドで次期に繰り越されて[11]、ウェディントンも、インピンやピールと同様、損益勘定に評価損益を計上していない。彼の売残商品に対する評価基準が、取得原価であったこともまた明白である。

1605年から1608年にかけてブルージュで出版されたシーマン・ステフィン（Simon Stevin）の『数学的回想録』（*Vierde Stvck Der Wisconstighe Ghedachtnissen*）あるいは、スティフィンの影響を大きく受け1635年にロンドンで出版されたリチャード・ダフォーン（Richard Dafforne）の『商人の鏡』（*The Merchant Mirror*）でも、売残商品の評価基準は、取得原価である。

## 4　取得原価評価の普及

18世紀のイギリスとりわけスコットランドでは、数多くの優れた簿記書が相次いで上梓された。ジョン・メイヤー（John MAIR）やロバート・ハミルトン（Robert HAMILTON）の簿記書は、当時を代表する簿記書である。

メイヤーは、1736年にエディンバラで出版された彼の第1の簿記書『組織的簿記』（*Bookkeeping Methodiz'd*）の中で、取扱商品の各荷口別に設けられたいわゆる口別商品勘定の記帳に当たり、「借方に［仕入れた商品の］取得原価と［それにかかった］諸費用を記帳しなさい。そして、貸方にはその商品の売上すなわち売却［額］を記帳しなさい。そうすることによって、以下のような三つの場合が生じてくる。1．商品がすべて売却されたとき、借方と貸方の差額が売上を通してなされた損益である。そして、その差額が、［当該商品勘定の］借方に記帳され［ると同時に］、損益勘定に利益として転記され［ることによ

---

10) WEDDINGTON, John, *Op. Cit.*, The Great Boke or Ledger sygnyd with A fol. 43.
11) *Ibid.*, fol. 29.

って，貸借が］バランスするのである……。2．商品が何一つ売却されなかったとき，その勘定を締切って，総額を残高勘定の借方に［転記して］締切る……。3．商品の一部のみが売却され，数量欄に不一致が生じたときには，二重のバランスが要求される。第一に，売残商品の残高を［商品］勘定の貸方に，取得価額で記帳しなければならない。そして欄内の［数量を］等しくさせる。この後で，売上によって生じた利益ないしは損失を，［当該商品勘定の］借方または貸方［の摘要欄］に損益と［書いて］記帳する。そして，［摘要］欄の右端［の数量］を合わせ，勘定を締切る。注1．もし，商品の種類や［購入］価格が異なるときは，それらは区別されるべきであり，［それらの異なった種類や価格の商品が］元帳に転記されるときは，異なった番号を［付し］別々の［摘要］欄内に［転］記される。勘定締切の際には，そうした注意が，売残商品のようなものについて述べるときやそれらの商品にそれ自身の価額を付すときに，払われなければならない。注2．商人たちは，いつでも，どんな商品を手元に持っているのかを，倉庫［の中］を［いちいち］点検し商品自体の重さを量ったり数量を数えたりする煩わしさなしに，［元帳の］勘定欄の比較だけで知りたいと思っている。注3．もし，商品の不足や超過，すなわちその重量や数量に過不足があれば，すべての商品が売却済になる時，摘要欄［の数量］が一致しないことが生じるであろう。この場合，［数量の］不足している摘要欄に，なぜその数量が付け加えられるかという理由とともに，その「数量の］前に不足あるいは超過という言葉を書き，もう一方と等しくさせるために同数を追加させることによって，均衡(バランス)とか一致(イクオリティ)が，修復されなければならない[12]」。

いささか長い引用になったが，メイヤーのこの説明による限りでは，彼は，少なくとも，期末棚卸商品の評価基準として取得原価基準に準拠していたのは明白である。

1765年にダブリンで出版されたダウリング（Daniel Dowling）の簿記書『イ

---

12) MAIR, John, *Bookkeeping Methodiz'd,* Edinburgh, 1736, pp. 76-7.

タリア式簿記の完全体系』(*A Compleat System of Italian Book-keeping*) 第3部の商品勘定の締切方法で,「[[商品勘定の]借方は,[購入]原価と[その付帯]費用を示し,貸方は,売上を示している。1．もし全商品が売れ残ったならば,借方の総額にあたる残高を勘定の貸方に記帳しなさい。2．もし全商品が売却されたならば,利益ないしは損失として損益勘定の借方ないしは貸方に記帳しなさい。3．一部が売却され一部が売れ残ったならば,まず始めに,売残商品原価の残高を,それにかかった値段(すなわち取得原価—渡邊注)で評価し (valuing it at the Rate it stands you in),その勘定の貸方に記帳し,次いで,その後で損益[勘定]に利益等として締切りなさい。4．もし売残商品の価格を計算するのに際し[何らかの]トラブルが生じるならば,あるいは,もしあなたが旧帳と同じ状態で新帳に勘定を設けたいと思うならば,あなたは,その勘定を二重のバランスで締切りなさい。すなわち,貸方の総計に対しその残高を借方に記帳し,借方の総計に対しその残高を貸方に記帳する[13)]」。

この説明文から明らかなように,期末棚卸商品に対する彼の評価基準は,取

[図表5] ダウリングのホップ勘定

| | | ホップ,借方 | | | | | ホップ,貸方 | | | |
|---|---|---|---|---|---|---|---|---|---|---|
| 4 | 25 | 諸口,ホェール商会から受取る | | | 4 | 25 | 現金,リューク・フロイドに売却 | 7 | 1 | 42 00 00 |
| | | 損益,この勘定で獲得 | 70 | 356 17 9 | | 28 | 諸口,ジョン・ハートに売却 | $10\frac{1}{2}$ | 3 | 63 00 00 |
| | | | 8 | 30 13 7h | | | 手形,ブライアン・コナーに売却 | | | |
| | | | | 387 11 4h | 5 | 4 | | $10\frac{1}{2}$ | 3 | 65 12 06 |
| | | | | | | 12 | 手形,ジョン・ジョンストンに売却 | 7 | 3 | 38 10 00 |
| | | | | | | | 残高,売残り | 35 | 9 | 178 08 10h |
| | | | | | | | | 70 | | 387 11 4h |

(Daniel Dowling, *A Compleat System of Italian Book-keeping,* Dublin, 1765, Ledger of Domestic Proper Accounts, No.1, fol.7.)

---

13) DOWLING, Daniel, *A Compleat System of Italian Book-keeping,* Dublin, 1765, p. 33.

得原価である。図表5で示すように，取り扱いの荷口別に設けられたホップ勘定では，4月25日に20梱，重量正味70Cを356ポンド17シリング9ペンスで仕入れているが，元帳締切日の6月30日付けの売残商品の評価額は，重量正味35Cを178ポンド8シリング10ペンスで評価している。すなわち，仕入の半数が売れ残り，仕入値の半額で評価している。まさしく，取得原価で評価しているのである。

## 5　時価評価の登場

18世紀のイギリスで出版された簿記書の中で，売残商品の評価基準に取得原価ではなく時価を基準にした評価方法を提唱した数少ない簿記書として，1731年にロンドンで出版されたリチャード・ヘイズ（Richard Hayes）の『現代簿記』（*Modern Book-keeping : or, The Italian Method improved*）および1741年に同じくロンドンで出版された同書の増補版といえる『ジェントルマンの完全な簿記係』（*The Gentleman's complete book-keeper*）を挙げることができる。

元帳諸勘定の締切に関しては，第7章「元帳における一つのフォリオからもう一つのフォリオへの勘定の繰越について[14]」，第8章「元帳を閉じることなく勘定を締切る方法[15]」，第9章「転記ミスについて，すなわち元帳の同一場所での修正方法の提示について[16]」，第10章「2冊の帳簿の相互検証方法の提示[17]」，第11章「新帳簿を開始するための元帳締切方法の提示[18]」，第12章「旧元帳から新元帳への勘定の繰越方法の提示[19]」，の合計五つの章にわたって説明している。

その第8章「元帳を閉じることなく勘定を締切る方法」では，「さて，あなた方は，元帳にはいろんな種類の勘定が含まれているということを承知してお

---

14) HAYES, Richard, *Modern Book-keeping : or, The Italian Method improved,* London, 1731, pp. 75-6. and *The Gentleman's Complete Book-keeper,* London, 1741, pp. 75-6.
15) *Ibid.*, pp. 77-83.
16) *Ibid.*, pp. 84-6.
17) *Ibid.*, p. 87.
18) *Ibid.*, pp. 88-91.
19) *Ibid.*, p. 92.

くべきである。そして，勘定の締切にあたっては，さまざまな種類や方法が，行われている。そして，先ず始めに，それがもし商品勘定であり，そして全てが売れ残ったときには，その売れ残った全ての商品に対し，勘定上の借方残高は，現在の市場価格かあるいは取得原価（the Price they cost you）で評価する。第2に，商品の一部だけが売却されたときは，その勘定上の借方残高は，売れないままで残った商品の価値を取得原価か現在の市場価格のどちらかで［評価する］。注．商人たちは，通常，彼らの帳簿を締切るに際し，手持ち商品をその時点で売却可能な市場価格で評価するのが一般的である。しかし，幾人かの商人は，そのようにしていない[20]」と述べている。ヘイズのこの説明を読む限り，当時の商人たちは，売残商品を時価で評価するのが一般的であったと理解することが出来る。ただし，彼のいう「現在の市場価格」が売　価を指しているのか，再調達原価なのかは，文中の説明からだけでは，必ずしも明らかではないが，われわれは，その注書きよって，現在の市場価格が締切時点における「売却可能な市場価格」（the Market Price they go on at, at the Time of their balancing）すなわち売価であることを知ることができる。ヘイズの簿記書では，これらの売残商品を期末に売却可能な市場価格で時価評価した具体的な商品勘定の例示がないため，そこで発生する評価損をどのように処理したのかについて確認することは出来ない。

　すでに述べたように，18世紀を代表するメイヤーの簿記書を始め同時代に上梓されたほとんどの簿記書では，売残商品の評価基準は，取得原価であった。それに対して，ヘイズの簿記書では，当時の商人たちが手持ち商品の評価を，通常，売却可能な市場価格，すなわち売却時価で評価するのが一般的であるとの説明をなしている。果たして，この相違をどのように理解するのが妥当であろうか。

　ヘイズのこの説明は，第8章「元帳を閉じることなく勘定を締切る方法」の

---

20) *Ibid.*, pp. 78-9. この点については，YAMEY, B. S., EDEY, H. C. and THOMSON, H. W., *Op. Cit.*, p. 116, および，高寺貞男『利益会計システムの進化』昭和堂，1999年，95-7頁を参照。

中でなされている。その冒頭で，「あなた方が元帳を閉じることなく勘定を締切りたいときには，元帳と同じ様式で作成された，必要なだけの新しい紙を用意しなさい。次に，前述の紙に損益に関する勘定を開きなさい[21]」と述べ，この新しい紙に設けた損益に関する勘定に元帳の損益勘定から転記し，資本勘定と損益勘定の締切りは後に回し，現金を始めとして取扱商品の荷口別に設けられた特定商品に関する勘定等の締切方法を説明している。いわゆる決算，すなわち分配可能な期間損益の算出についての論述は，第11章になる。したがって，第8章での論述は，正規の決算による締切手続きではなく，決算に先立って，現時点での利益の概算を算出するための締切手続きを説明したものと思われる。元帳上で正式の締切手続を施す前に，すなわち本決算に先立ち，今期の現時点までの期間損益を概算するために，いわば決算の運算ないしは仮決算のために勘定を締切ったのものと思われる。このような決算運算手続は，実際に利用した運算のための計算様式は異なるが，18世紀のイギリスの簿記書で広く説かれた方法であり，今日の精算表の機能を果たすと同時にその萌芽をなすものといえる[22]。

いずれにせよ，期末の売残商品を売却時価で評価するということは，それによって生ずる取得原価と売却時価との差額の本質が，評価益ではなく，「期待利益」ないしは高寺貞男教授のいう「みなし売却[23]」，すなわちある意味では「利益の先取り」であると解することができる。それは同時に，売残商品をどのように位置付けて行くのか，すなわち，古くて新しい在庫管理の問題にリンクしている。

## 6 もう一つの時価評価

メイヤーの簿記書と並び18世紀のイギリスを代表する簿記書ロバート・ハミルトン（Robert HAMILTON）の『商業入門』（*An Introduction to Merchandise,*

---

21) *Ibid.*, pp. 77-8.
22) 拙著『決算会計史論』森山書店，1993年，41-69頁。
23) 高寺貞男『前掲書』95-7頁。

[図表6] ハミルトンのクローバーの種勘定

| 1774 | | クローバーの種, | 借方 lb | Fo | | 1774 | | クローバーの種, | 貸方 lb | Fo | | | |
|---|---|---|---|---|---|---|---|---|---|---|---|---|---|
| 3 | 12 | 諸口, J.取得原価及び経費 | 1200 | | 29 17 — | 3 | 17 | 諸口, J | 400 | | 12 | — | — |
| 4 | 30 | 損益, 利益に対し | | 7 | 5 — 1 | 3 | 21 | 諸口, J | 330 | | 10 | 3 | 9 |
| | | | | | | 4 | 2 | 現金, 単価7 3/4 | | 1 | 5 | 3 | 4 |
| | | | | | | | 30 | 残高勘定, 単価6d. 不足分 | 300 0 | 7 | 7 | 10 | — |
| | | | 1200 | | 34 17 1 | | | | 1200 | | 34 | 17 | 1 |

(Robert HAMILTON, *A Introduction to Merchandise*, Edinburgh, 1788, 2nd ed., pp. 314-5.)

Edinburgh, 1777)では，簿記に関する論述は，第4部「イタリア式簿記[24]」と第5部「実用簿記[25]」に見られる。第2部の伝統的なイタリア式簿記すなわち複式簿記に関する取引例示では，売残商品の評価は，取得原価で行われている。例えば，クローバーの種勘定（図表6）では，3月12日に1,200重量ポンドを29ポンド17シリングで仕入れ，期末の4月30日付けで売残商品300重量ポンドを単価6ペンス総額7ポンド10シリングで評価している。仕入値は，1重量ポンド当たりの単価は，6.08ペンスであり，単価計算の割り算に伴う計算上の端数処理を考慮すれば，売残商品の評価額単価6ペンスは，取得原価の単価と一致していると見なすことができる。すなわち，ハミルトンは，複式簿記の基本的な手続を説明している第4部「イタリア式簿記」の取引例示では，売残商品の評価に当たり，取得原価で測定していたといえよう。

なお，図表6の貸方の数量差異として摘要欄に書かれている10重量ポンドの棚卸差損は，金額欄に記帳されていない点から判断すれば，最終的には，棚卸差損として別立て控除するのではなく，自動的に売上原価に算入して処理されていたことがわかる。当時の簿記書では，このような方法で説明するのが一般

---

24) HAMILTON, Robert, *A Introduction to Merchandise*, Edinburgh, 1788, 2nd ed., pp. 265-466.
25) *Ibid.*, pp. 467-95.

第5章　16-18世紀イギリス簿記書にみる売残商品の評価方法　　　91

的であった。

　しかし，本文中の説明では，「［元帳の］締切前に，可能な限り多くの人名勘定を処理するのが適当である。すなわち，すべての未払金と小額の費用を明らかにし，出来るだけ速やかに商品の正確な手持ち有高を出し，その時点の時　価（カレントプライス），すなわちその所有主が現在購入したいと思っている価格（ヴァリュー）にしたがって各商品に適正な価格を付けるのが好ましい[26]」と述べ，時価で評価するのが適当である旨の解説をしている。すなわち，売残商品の期末評価に当たり，取引例示では，取得原価によって評価する方法で説明しているが，複式簿記の一般法則の本文中の説明では，時　価（カレントプライス）で評価する方法を説明しているのである。しかも，本文中の説明による限り，ハミルトンの時　価（カレントプライス）は，先に述べたように，ヘイズが売却時価で評価しているのに対し，再調達原価で評価するとしている。同じ時価で評価するとしても，売却時価と再調達原価では，それが意味するところには，大きな相違があることに留意しなければならない。ヘイズに見られる売残商品を売却時価で評価するというのは，すでに述べたように，「期待利益」ないしは「みなし売却」，すなわちある意味では「利益の先取り」を意味しているのに対して，ハミルトンのいう再調達原価による評価は，いわば仕入原価の早期認識，すなわち翌期における仕入原価を当期の決算期時点で早期に認識すること，すなわちある意味では「費用の先取り」を意味していると解釈できるのである。

　第5部「実用簿記」の取引例示では，例えばポートワイン勘定（図表7）を見れば，1772年4月6日付けでハートリー商会から20パイプのポートワインを単価32ポンド12シリング，総額652ポンドで掛買いしている[27]。このポートワインが期末に売れ残り，12月31日の決算日にその期末有高2大樽を単価34ポンドおよび13ダースを単価15シリング，総額77ポンド15シリングで決算残高勘定

---

26) *Ibid.*, p. 285.
27) *Ibid.*, p. 380. ここでいうパイプとは，ぶどう酒用の大樽のことで，通常，イギリスでは，105ガロン入っている。
28) *Ibid.*, pp. 446-7 の決算残高勘定を参照。

[図表7] ハミルトンのポートワイン勘定

| 1772 | | ポートワイン, | 借方 | | | 1772 | | ポートワイン, | 貸方 | | | | | |
|---|---|---|---|---|---|---|---|---|---|---|---|---|---|---|
| | | | p. | D. | B. | | | | p. | D. | B. | | | |
| 4 | 6 | J.ハートレイ，単価 L32：12s 4カ月の掛け | 20 | — | — | 652 — — | 4 | 10 | J.アルモンド，単価 L34：12s 2大樽 | 5 2 | — — | — — | 173 | 5 | — |
| | 22 | 現金, 諸費用とコルク栓,112ダース3瓶入り2大樽 | 112 | 3 | 12 3 9 | | | 22 | 諸口, J | — | 87 | — | 67 | 14 | 6 |
| | | | | | | 5 | 22 | 現金，単価 L.35 | 2 | — | — | 70 | — | — |
| | | | | | | | 25 | 現金，単価 | | | | | | |
| | | | | | | 7 | 16 | L.34 現金，単価 | 5 | — | — | 170 | — | — |
| 12 | 31 | 損益, 利益に対して | — | — | — | 38 14 9 | 8 | 7 | L.34：10s 単価15s. 4d. 現金，単価 | 2 | 12 | — | 76 | 4 | — |
| | | | | | | | | L.34 残高勘定, | 2 | — | — | 68 | — | — |
| | | | | | | | 25 | 単価L.34 単価15s. | 2 | 13 | — | 77 | 15 | — |
| | | | | | | 12 | 31 | 破損 | | | 3 | | | |
| | | | 20 | 112 | 3 | 702 18 6 | | | | 20 | 112 | 3 | 702 | 18 | 6 |

(Robert Hamilton, *A Introduction to Merchandise,* Edinburgh, 1788, 2nd ed.,pp. 430-1.)

に振り替えている[28]。仕入単価は，32ポンド12シリングであるのに対して，売却価格は，単価34-35ポンドであることからすれば，取得原価ではなく時価で評価しているのは明らかである。

すなわち，期末の売残商品の評価は，取得原価で評価されているわけではない。本文中の説明では，この点についての明快な説明は見られないが，当該商品の販売単価等から判断すると，恐らく時価，すなわち第4部の説明から判断すれば，再調達原価で評価されたものと推測される。ただし，期末の売残商品に対する評価損益勘定は，設けられていない。したがって，期末棚卸商品の評価損益は，その原価性の有無に関わらず，自動的に，売上原価に算入されることになる。18世紀の後半から末葉にかけて，売残商品の時価評価に関する会計

処理法が登場してくるのである。

　なお，売残商品ではないが固定資産の時価評価に関しては，18世紀のイギリスを代表するメイヤーの『組織的簿記』を始めハミルトン，マルコム，ダウリング，ゴードン等の簿記書の中にもその事例が散見される。売残商品の時価評価は，必ずしも一般的ではなかったが，資産の期末における評価替は，減価償却が登場する以前においては，むしろ当然の会計処理法であったということができる。

## 7　お　わ　り　に

　複式簿記は，13世紀の始めに債権債務の備忘録ないしは諍い(いさか)が生じたときの文書証拠としての役割を第1義的な機能として登場し，遅くとも14世紀の半ばまでには，損益計算機能を顕現化させ，完成の域にまで至らしめたのである。当時のフィレンツェでは，期間組合における組合員相互間での利益分配の現実的必要性から，主として実地棚卸によって作成されたビランチオにもとづいて，必ずしも一定期間ごとではなかったが，期間を区切って利益の分配が行われた。その際，ビランチオ上の利益を証明する必要性に迫られ，それまでは主に記録手段として用いられていた複式簿記は，自らの損益計算機能を顕現化させて行った。複式簿記に損益計算機能を顕現化させた直接的な要因は，ビランチオの証明手段としての役割が担わされた結果であった。

　ビランチオの証明手段として完成した複式簿記は，帳簿記録にもとづき［集合］損益勘定において企業の損益計算を行った。いわば損益法的損益計算によって企業利益を計算したのである。その意味では，記録計算を第1義としているため，取得原価を基準にしているのはいうまでもない。しかし，それは同時に，購入時点での時価でもある。したがって，資産評価を取得原価で行うか時価でするのかという問題は，期首と期末といった期間のずれとその両期間での価格のずれの二つのずれを前提に，2時点間の期間比較により損益計算を行う際に始めて生じてくる問題である。

　損益勘定で企業損益を計算する行為は，財産法的に算出された損益を複式簿

記による継続記録で証明することである。売残商品を始めて認識し売上収益と売上原価を対応させ，期間損益計算を推奨したインピンを始めピール，ウェディントン等16-18世紀のイギリスで出版されたほとんどの簿記書では，売残商品の期末評価は，取得原価で行われるのが一般的であった。あえて言うならば，取得原価で売残商品を評価するというのは，売上原価の算出に際して仕入額から期末棚卸額を同額で控除するのであるから，結果的には売残商品に相当する額の仕入が存在しなかったとする考え方であるということもできる。それ故にこそ，発生主義会計のもとでは，期末棚卸商品は，利益の構成項目になる。この点は，現実の企業経営にとっては，極めて重要な問題である。

　複式簿記によって損益法的に企業損益を計算するには，その原始記録である取得原価で行うのが，ごく普通の考え方である。この考えが，18世紀のイギリスを代表するメイヤーを始め多くの簿記書に継承されて行くことになる。すなわち，複式簿記による資産評価は，元来，取得原価で行われるのが当然なのである。

　それに対して，棚卸商品の期末評価を時価で行う背景には，仕入れた商品が総て売却されるとする考え方がその根底に存在していたのではなかろうか。だとすれば，ヘイズがいわば決算の運算ないしは仮決算で期末棚卸商品を時価評価したのは，ある特定の時点での現実の価値計算，すなわち現時点でどれだけの利益を獲得することができるのかを知るための損益計算であり，売残商品がもし総て売却されればという期待を込めて，それを時価で評価したものと解釈することができる。このことは，ある意味では，当然の帰結であったのではなかろうか。ヘイズが期末棚卸商品を売却時価で評価し，それによって計上された取得原価と時価との差額が意味するところの本質は，評価益ではなく，「期待利益」ないしは「みなし売却」，すなわちある意味では「利益の先取り」と解することができる。それに対してハミルトンの時価評価手続が意味するところのものは，翌期における仕入損益を当期の決算期時点で早期に認識することを意味しているのである。いわば「費用の先取り」的な考え方である。

　流動資産であるか固定資産であるかを問わず，資産評価に関する問題が議論

の舞台に登場するのは，多かれ少なかれ物価変動が，企業利益に少なからざる影響を及ぼすに至った時ということができる。18世紀の末，とりわけ80年代頃までのイギリスの物価は，極めて安定していたといわれている[29]。しかしながら，フランス革命（1789-99）からナポレオン戦争（1803-1815）にかけて，両者の影響により，イギリスにおいては，とりわけ1790年代頃から1820年頃にかけて，生産財，消費財ともに，急激な上昇を見ている[30]。もしそうだとすれば，売残商品の時価評価の問題が論議され，しかもそれが，現実の会計処理法に影響を及ぼすのは，18世紀末から19世紀にかけてと考えるのが一般的であろう。ヘイズやハミルトンに見られる時価評価は，例えヘイズの「商人たちは，通常，彼らの帳簿を締切るに際し，手持ち商品をその時点で売却可能な市場価格で評価するのが一般的である」という記述があるにしても，このような当時の経済的背景を勘案すれば，それが売却時価であるか再調達原価であるかを問わず，時価による評価方法が，必ずしも当時の一般的な方法であったと断定するには慎重を要するのではなかろうか。

なぜなら，一つには，ヘイズの締切の説明は，正式の決算時ではなく，それに先立って行われた決算の運算，ないしは仮決算のための締切であり，二つには，当時においては，時価による売残商品の評価を説明している簿記書は，むしろ例外的であったという現実に依拠せざるを得ないからである。

いずれにせよ，この2期間の価格差のずれの問題は，その期間の企業努力の結果としての損益計算とは，本来，次元の異なる問題である。したがって，18世紀にイギリスで出版された多くの簿記書では，売残商品に関しては，期末における数量の減耗に関する論究は多く見られるが，評価損に関する論究は，あまり見られないのが実状であった。

---

29) 松井　透『世界市場の形成』岩波書店，1991年，294頁。
30) 松井　透教授の研究によれば，1701年の物価を100とすれば，1710年代後半から1750年代頃までは，むしろデフレ気味であり，概して1770年頃までは，ほぼ100の範囲で推移していた。物価が上昇に転じるのは，1770年代後半からであり，18世紀末の物価は，おおよそ，生産財が140，消費財に至っては180程度にも上昇していることになる（『同上書』295頁）。

# 第6章 16-18世紀イギリス簿記書にみる
　　　 固定資産の評価方法

## 1 は じ め に

　A. C. リトルトンによれば,「今世紀に至る前までは,評価に関する問題が無かったわけではないが,ほとんど目だつほどのことは無かった」。なぜなら,「20世紀に入る前までは,固定資産［に関して］は一般にすくなくとも,……使用財産の評価ならびに勘定記入は,棚卸資産としてとり扱うのが普通であった[1]」からということになる。事実18世紀までの家畜や備品あるいは建物,船といった資産勘定は,商品と同じように混合勘定として取り扱われるのがほとんどであった。リトルトンは,一般的には,固定資産が純化された資産勘定として処理される方法が登場してくるのは,19世紀に入ってからであると捉えていた。しかし,それとは別に,イギリスにおいて固定資産の重要性が認識され,減価償却に関する会計処理法が具体的に勘定科目の中に登場してくるのは,産業革命以降,すなわち18世紀の後半とりわけ19世紀前半の運河,鉄道,製鉄,石炭等各企業が膨大な固定資産を必要とし,それに対する巨額の投資資金が要求されるに至ってからのことである。概して,「18世紀［まで］の［簿記書の］著者たちは,『固定資産(フィックスド・アセッツ)』という用語を用いていなかった[2]」というの

---

[1] 片野一郎訳『リトルトン会計発達史』同文舘,昭和48年(第16刷,初版昭和27年),239-41頁。LITTLETON, A. C., *Accounting Evolution to 1900,* New York, 1933, p. 151.
[2] MEPHAM, Michael, *Acccounting in Eghteenth Century Scotland,* New York & London, 1988, p. 216.

が今日までの一般的な解釈である。

第4章と第5章で，棚卸資産としての売残商品の時価評価に関する論述がいつ頃イギリスの簿記書の上に登場してきたかを分析したが，本章では，19世紀に入って固定資産に対する評価の問題が本格的になる以前，すなわち18世紀末頃までのイギリスの簿記書において，固定資産の評価がどのように行われていたかについて，当時を代表する簿記書の分析を中心に検討して行くことにする。

## 2　18世紀までの資産の評価方法

一般的には，企業利益ないしは報告利益の算出に当たり，固定資産の評価が重要な会計問題として登場してくるのは，産業革命以降とりわけ19世紀の前半以降のことである。しかし，すでにリトルトン（A. C. Littleton：1886-1974）によって指摘されているように，イギリスにおいては，16世紀の後半のジョン・メリス（Jhon MELLIS）の簿記書『勘定記帳の簡単な教示と方法』（*A Briefe Instruction and Manner hovv to keepe bookes of Accompts,* London, 1588）や17世紀後半のスティーヴン・モンテージ（Stephen Monteage）の簿記書『やさしい借方と貸方』（*Debtor and Creditor made Easie : or A Short Instruction for the attaining the Right Use of Accounts,* London, 1675）において，家畜や家具の評価に関する会計処理の記述を見出すことができる[3]。

メリスの簿記書が幻の書といわれるイギリス最初の簿記書ヒュー・オールド

---

3）片野一郎訳『前掲書』327-9頁。LITTLETON, A. C., *Op. Cit.,* p. 223-4. なお，リトルトンは，「初期の減価償却論を研究してみると，問題の見方に二通りあったことを知る。一つは，減価償却資産をあたかも個人営業における売残り商品のごとくに考察するものであり，他は，減価償却を株式会社の長期資産の維持に関連せしめて考察するものである。後者の見解は，19世紀における鉄道問題に関する研究および当時の多数の鉄道会社の報告書類中にはっきりとこれをみることができる。前者の減価償却観は，かなり永い年代を通観して，ごく少数の簿記書に散見される」（片野一郎訳『前掲書』327頁。LITTLETON, A. C., *Op. Cit.,* p. 223.）と述べ，減価償却思考が登場する初期の文献に，固定資産の評価減による会計処理法と今日における先見的な費用配分法としての減価償却の二つの側面からのアプローチががあったことを指摘している。

カースル (Hugh OLDCASTLE) の『有益なる論述』(*A Profitable Treatyce*, London, 1543) にもとづいて出版されたということは，すでに先行研究によって明らかにされている[4]。

メリスは，その記帳例示を開始するに当たり，第3章「正式な財産目録の形式と作成方法」で財産目録を提示し，そこで，1．宝石，指輪，2．食器，3．羽毛布団，ベッド，4．胡椒等の棚卸商品，5．家屋，土地，6．農場等，7．家畜，8．債権等の諸資産を上げて説明している[5]。

これらの期首資産で開始された取引例示は，期中の取引結果を受け，期末に残存する諸資産を決算残高勘定に振り替えている。例示によれば，肝油とフランス産赤ワインの二種の商品の売残と農場，建物(マンションハウス)，食器および備品(プレート)等が示されている。先ず，建物勘定の締切手続きがどのように例示されて説明されているかを見ることにする。

図表1に示されているメリスの建物勘定の例示においては，期首に財産目録にあったロンドンの住居280ポンドが帳簿締切時点に取得原価の280ポンドでそのまま決算残高勘定に振り替えられている。すなわち，固定資産の評価に当たっては，取得原価で行っていたということになる。ただし，このことからだけでは，期末における時価としての評価額が期首の取得原価と同じであったということもあるため，必ずしも時価で評価されていたと断定することはできない，との解釈も成り立つ。なぜなら，メリスは，固定資産を次期に繰り越すにあたり，決算残高勘定に振り替える価額を取得原価で評価するのか，時価で評価するのかに関して，われわれは，必ずしも，本文中で明確な説明を見出すことができないからである。そのため，固定資産の評価がいかなる評価基準で行

---

4) KATS, P., "Hugh Oldcastle and John Mellis-Ⅰ", *The Accountant,* Vol. 74 No. 2677, March, 1926, p. 483. なお，メリスの簿記書に関しては，KATS, P., "Hugh Oldcastle and John Mellis-Ⅱ", *The Accountant,* Vol. 74 No. 2682, May, 1926, pp. 641-8. およびオールドカースルとメリスの簿記書に関しては，小島男佐夫『英国簿記発達史』森山書店，昭和46年，第3章，8章を参照されたい。

5) MELLIS, Jhon, *A Briefe Instruction and Manner hovv to keepe bookes of Accompts,* London, 1588, The third Chapter, "The forme and maner of keeping a solempne Inventarie. (メリスの簿記書には通しページが付されていないため，説明されている章のタイトルを示した。)

[図表1] メリスの建物勘定

Fol. 4

| | | l. | s. | d. | | | | l. | s. | d. |
|---|---|---|---|---|---|---|---|---|---|---|
| 1587 8.08 | ロンドンのセント・クレメンス小路にある私の住居，現金で280ポンド，私のメモにある記帳によって，また財産目録のように，仕訳帳の第4番目に付加する，そして私は，フォリオ1にある既述の財産目録で示されているように，280ポンドと評価する，　総計 280-0-0 | R 280 | ― | ― | 1587 10.9 | 土地の貸方，私の建物280ポンド，この額は，この帳簿の残高勘定の借方に，　総計 280-0-0 | 19 | 280 | ― | ― |

(J. MELLIS, *A Briefe Instruction and Manner hovv to keepe bookes of Accompts*, London, 1588, The Leager A, fol. 4)

われていたかを判断する一つの傍証として，次に，期末棚卸商品の評価に際して時価による評価替えを考慮に入れていたかどうかを，図表2のフランス産赤ワイン勘定の例示の分析を通して，検討してみることにする。

メリスは，図表2から明らかなように，売残商品の払出計算は先入先出法にもとづき，評価に当たっては，取得原価で行っている。また，もう一つの商品勘定の記帳例示として，肝油勘定を挙げているが，そこでも，売残商品は，明らかに取得原価で評価されている。すなわち，肝油勘定の借方に，8月8日付けで期首繰越商品12トンを＠20ポンド，総額240ポンドを計上している。この商品を8月20日，9月18日，10月1日に，それぞれ4トン100ポンド，1トン28ポンド，3トン84ポンドで売却している。そして，10月9日の帳簿締切時に，貸方に売残商品を総額80ポンドで決算残高勘定に振り替えている。その結果52ポンドの利益が生じ，これを10月9日付けで集合損益勘定に振り替え，肝油勘定が締め切られている[6]。勘定例示では，決算残高勘定に振り替える売残

[図表2] メリスのフランス産赤ワイン勘定

Fol. 10

| 1587 | | | l. | s. | d. | 1587 | | | l. | s. | d. |
|---|---|---|---|---|---|---|---|---|---|---|---|
| 8.08 | クラレットワイン168ポンド，16トン(64大樽)前期繰越総額，トン当たり10ポンド10シリング | R | 168 | — | — | 9.20 | クラレットワイン総額70ポンド，5トン(20大樽)，トン当たり14ポンド総計をフランセス・ラークの借方に， | | 11 | 070 | |
| 10.1 | 総額84ポンド，7トン(18大樽)のクラレットワイン，トン当たり12ポンド，ホワイトチャペルのウィリアム・ストーンから受け取る，ウィリアム・ホールス勘定の支払いに対し，貸方に | 07 | *084 | | | 09 | 1トンを14ポンド10シリングでトーマス・リーに，総額を彼の勘定の借方に， | | 12 | 014 | 10 |
| 10.9 | R.売却によって総額21ポンド10シリング*の利益を得る，損益勘定の貸方に，総計 273-10-0 | 09 | *021 | 10 | | 10.9 | R.総額189ポンド，17トンの売残りに対して，10トンはトン当たり10ポンド10シリング，7トンはトン当たり12ポンドで，残高勘定の借方に，総計 273-10-0 | | 18 | 189 | |

(J. MELLIS, *A Briefe Instruction and Manner hovv to keepe bookes of Accompts*, London, 1588, The Leager A, fol. 10)

〔注〕 フランス産ワイン勘定の借方に付した＊印の金額は，原本の記帳ミスを含む誤った金額を修正した金額で示している。原著で誤っている元の金額は，10月1日の借方金額欄の84ポンドは21ポンドとなっており，10月9日の借方摘要欄の21ポンド10シリングは84ポンド10シリングに，同金額欄の21ポンド10シリングは84ポンド10シリングに誤記されている。

---

6) *Ibid.*, The Leager A, fol. 9. 肝油勘定の合計額は，例示では250ポンドなっているが，これは，292ポンドの計算間違いである。

商品量が記されていないが,期中での仕入がないため,期首有高(12トン)から払出総量(8トン)を引くと期末の売残数量(4トン)が計算でき,総額80ポンドを売残数量4トンで除すと,トン当たりの単価が20ポンドと計算される。そして,この評価額は,取得原価であることが分かる。このように,メリスが,その取引例示において,売残商品を取得原価で評価していたことは,明瞭である。もちろん,先にも述べたように,売残商品が取得原価で評価されていたからといって,固定資産も取得原価で評価されていたと断定することはできないが,取引例示ならびにその他の当時の状況等を加味して判断すると,メリスは,固定資産の次期への繰越に当たり,取得原価で評価する方法を説いていたと推論するのが妥当であろう。

1683年に『簡単な借方と貸方』(*Debitor and Creditor Made Easie*, London, 1675)を著したスティーヴン・モンテージ(Stephen MONTEAGE)は,資産の勘定として借地権付き農地,馬,牛,羊,船等の記帳例を示している(図表3-6)。

この借地権付き農地勘定は,1675年4月10日の期首の財産目録に300ポンドの借地権として開始記帳され,借方には農地の維持開耕に伴う肥料や種子,税金や地代を記帳し,貸方には農地の利用に伴って生じる乳製品や干草の売却収益を記帳している。なお,貸方には,この牧草で誕生した子牛16頭を子牛勘定

[図表3] モンテージの借地権付き農地勘定

| 1675 | | | *l.* | *s.* | *d.* | 1675 | | | *l.* | *s.* | *d.* |
|---|---|---|---|---|---|---|---|---|---|---|---|
| 4.10 | 資本金——借地権の価値 | 1 | 300 | — | — | 4.23 | 現金——チーズとバターの代金 | 2 | 22 | — | — |
| 20 | 現金——肥料6荷分 | 2 | 1 | 10 | — | 25 | 100荷の干草——@35*s.* | 15 | 175 | — | — |
| 21 | 現金——小麦の種子 | 2 | 24 | 3 | — | 5.3 | 16頭の子牛——@17*s.* 6*d.* | 11 | 14 | — | — |
| 24 | 現金——ベス・ホップスの賃金 | 2 | 2 | 10 | — | 1676 | | | | | |
| 28 | 現金——税金 | 2 | 1 | 10 | — | 4.9 | 残高——借地権の価値 | 40 | 280 | — | — |
| 5.1 | ジョン・ボートン卿——6ケ月分の地代 | 16 | 25 | — | — | | | | | | |
| 1676 | | | | | | | | | | | |
| 4.9 | 損益——利益 | 12 | 136 | 7 | — | | | | | | |
| | | | 491 | — | — | | | | 491 | — | — |

(S. MONTEAGE, *Debitor and Creditor Made Easie*, London, 2nd ed., 1682, fol. 4)

第6章　16-18世紀イギリス簿記書にみる固定資産の評価方法　　103

に14ポンドで振り替えている。農地は，期末における現在価値(プレゼントバリュー)の280ポンドで評価替えされて，決算残高勘定に振り替えられている。モンテージは，注書きで，「このリースは，資本金勘定で300ポンドで評価されていたが，1年経過した現在では，［取得原価から］評価を減じた方が適切である[7]」と述べ，決算にあたり，時価によって評価替えをするのが好ましいとし，そこで生じた評価減を集合損益勘定に振り替えている。

これらの取引例示から明らかになったように，16世紀のイギリスにおける簿記書では，資産評価の基準は，一般的に言って，取得原価で行われていたとい

[図表4]　モンテージの牛勘定

| 1675 | | 牛 | | *l.* | *s.* | *d.* | 1676 | | 牛 | | *l.* | *s.* | *d.* |
|---|---|---|---|---|---|---|---|---|---|---|---|---|---|
| 4. 10 | 資本金—20頭@4*l* | 20 | 1 | 80 | — | — | 4. 9 | 15頭の子牛— | | | | | |
| 5. 5 | 現金—購入 | | | | | — | | 10*s*. 6*d* | | 11 | 7 | 10 | — |
| | @5*l*. 11*s*. | 4 | 2 | 22 | 4 | — | | 残高—@4*l*. 5*s*. | 24 | 40 | 102 | — | — |
| 1676 | | | | | | — | | | | | | | |
| 4. 9 | 損益—利益 | | 12 | 7 | 6 | — | | | | | | | |
| | | 24 | | 109 | 10 | — | | | 24 | | 109 | 10 | — |

(S. MONTEAGE, *Debitor and Creditor Made Easie*, London, 2nd ed., 1682, fol. 5)

[図表5]　モンテージの子牛勘定

| 1675 | | 数 | | *l.* | *s.* | *d.* | 1675 | | 数 | | *l.* | *s.* | *d.* |
|---|---|---|---|---|---|---|---|---|---|---|---|---|---|
| 5. 3 | グランジ農場— | | | | | | 4. 23 | 現金—売却 | 3 | 2 | 4 | — | — |
| | @17*s*. 6*d*. | 16 | 4 | 14 | — | — | 5. 11 | 家計費 | 1 | 13 | 1 | — | — |
| 5 | 現金—購入 | 4 | 2 | 2 | — | — | 1676 | | | | | | |
| | 牛—増加 | 15 | 5 | 7 | 10 | — | 4. 9 | 残高—売残り | 31 | 40 | 31 | — | — |
| | 損益—利益 | — | 39 | 12 | 10 | — | | | | | | | |
| | | 35 | | 36 | — | — | | | 35 | | 36 | — | — |

(S. MONTEAGE, *Debitor and Creditor Made Easie*, London, 2nd ed., 1682, fol. 11)

---

7) MONTEAGE, Stephens., *Debtor and Creditor made Easie : or A Short Instruction for the attaiing the Right Use of Accounts,* London, 2nd ed., 1682, 'Here followeth the Balance of the whole Leidger', L2. モンティージの簿記書には，通しページが付されていないため，各項目毎のタイトルと分類記号を記した。

[図表6] モンテージのボナード航海向け船勘定

| 1675 | | | *l.* | *s.* | *d.* | 1675 | | | *l.* | *s.* | *d.* |
|---|---|---|---|---|---|---|---|---|---|---|---|
| 4. 10 | 資本金―総額の8分の1 | 1 | 250 | ― | ― | 11. 25 | ピーター・ビッグ―航海による利益の私の取分8分の1 | 21 | 75 | ― | ― |
| 11. 2 | 現金―プレミアムと保険 | 19 | 7 | 11 | 6 | 1676 | | | | | |
| 1676 | | | | | | 4. 9 | 残高―私の持分の価値 | 40 | 225 | ― | ― |
| 4. 9 | 損益―利益 | 39 | 42 | 8 | 6 | | | | | | |
| | | | 300 | ― | ― | | | | 300 | ― | ― |

(S. MONTEAGE, *Debitor and Creditor Made Easie*, London, 2nd ed., 1682, fol. 9)

うことができる。17世紀に入ると，一部に時価で評価する方法も現れてくるが，資産を原価によって評価する慣習は，概して，18世紀の半ば頃まで続くことになる。

### 3 マルコムにおける資産評価

先に述べたように，18世紀の簿記書でも，固定資産(フィックスドアセッツ)という用語そのものは，まだ用いられていないが[8]，船舶や建物に対する期末評価に関する説明は，多くの簿記書においてすでに見出せる。マルコム（Alexander MALCOLM）は，彼の簿記書『簿記あるいは商人の勘定に関する論述』(*A Treatise of Book-keeping, or Merchants Accounts,* London, 1731) の中で，「カースル通りの建物」勘定と「ブロード通りの建物」勘定の二つの固定資産勘定を例示している[9]。もちろん，マルコムは，固定資産という概念を用いているわけではないが，そこでは，当時の商人たちの間で時価によって固定資産を評価替えしていたことを窺わせる説明が見られる。

次頁に示した［図表7］から明らかなように，マルコムは，固定資産としての建物勘定を商品と同様に混合勘定として処理していたのが窺える。当時の簿

---

8) MEPHAM, Michael, *Op. Cit.,* p. 216.
9) MALCOLM, Alexander, *A Tratise of Book-keeping, or Merchants Accounts,* London, 1731, Leger Book No. 1, fol. 14.

第6章　16-18世紀イギリス簿記書にみる固定資産の評価方法

[図表7]　マルコムのカースル通りの建物勘定

| 1729 8.26 | ジョン・キャンベル 損益 | | 17 | *l.* 300 10 | *s.* 15 00 | *d.* 00 00 | 1729 8.26 10. 8 | ウィリアム・デビッド ソン …半年分の賃借料 残高 | | 17 | *l.* 10 300 | *s.* 00 15 | *d.* 00 00 |
|---|---|---|---|---|---|---|---|---|---|---|---|---|---|
| | | | | 310 | 15 | 00 | | | | | 310 | 15 | 00 |

(A. MALCOLM, *A Tratise of Book-keeping, or Merchants Accounts*, London, 1731, fol. 14)

[図表8]　マルコムのブロード通りの建物勘定

| 1729 8.29 | 損益 トーマス・リッチマン | 8 15 | *l.* 200 30 | *s.* 00 00 | *d.* 00 00 | 1729 10. 8 | 残高 | 17 | *l.* 230 | *s.* 00 | *d.* 00 |
|---|---|---|---|---|---|---|---|---|---|---|---|
| | | | 230 | 00 | 00 | | | | 230 | 00 | 00 |

(A. MALCOLM, *A Tratise of Book-keeping, or Merchants Accounts*, London, 1731, fol. 14)

記書では，このような処理法が一般的であり，減価償却という考え方が登場する19世紀前半までは，主として，このような処理法によって記帳されていた。カースル通りの建物勘定は，8月26日にジョン・キャンベル氏から300ポンドで購入し，聖マルティヌス祭の日に負っている年金の4分の1にあたる15シリングを支払い，建物勘定の借方に合計額300ポンド15シリングを記帳し，決算日にその総額をそのまま決算残高勘定に繰り越している。なお，この建物は，現在は，ウィリアム・デヴィッドソンの所有で，年間20ポンドを聖マルティヌス祭（11月11日）と精霊降臨祭（復活祭後の第7日曜日―5月の末頃）の2回に分けて，均等額の10ポンドづつを受け取る。締切にあたって評価減は，計上されず，取得原価をそのまま次期に繰り越している。建物勘定の借方の「損益10ポンド」の記帳は，この賃借料を指し，決算時に集合損益勘定に振り替えている。

ブロード通りの建物勘定は，1729年8月29日におじの死により遺産として受け取った建物200ポンドが借方に記帳され，それと同時に，おじウィリアムの

遺産を手にしたことによって義務が発生して支払った30ポンドが借方に記帳されている。この両者の総額320ポンドが相続財産の建物の評価額として決算残高勘定に振り替えられている。

　いずれにせよ，マルコムの説く建物勘定は，取得原価のままで次期に繰り越す方法を取っている。もちろん，だからといって，時価による評価替えを一切採用していなかっと断定することが出来ないのはいうまでもない。なぜなら，取得してから決算時点までには，まだ建物に評価減が見られなかったということもいえるからである。しかし，彼は，建物勘定と船勘定の本文中の説明で，「それらを取得原価（ファーストコスト）で評価しなさい。その額が貸方に記帳されると，修繕費等と受取家賃や受取運送料の差額から生じる貸借差額が損益になる。貸借の差額を出すと［それが］あなたに負う残高を示している。それによって，それらの資産の価値が決算ごとに徐々に少なくなり，最後にはゼロになってしまう。そして次に，新しい財産目録にあなたが適当と思う価額で再びそれを記帳しなさい。そして，時にはまた，あなたは，［次期に繰越される額が当初価格よりも減少しているために］損失を被っているように見える。そしてその額は，損益勘定に転記されなければならない。しかし，初めの方法が私には最善と思われる。たとえこれらの基本的な考え方を通じても，諸資産の真の価値を維持することは出来ないし，しかもそれらが［最終的に］処分されるまでは，私は，それらの諸資産を取得原価（ファーストコスト）で［評価］し続ける。あるいはまた，あなた方は，［その］時々のもう一つの価値で評価する［方法を］選択してもかまわない。あなた方は，それらを本当の価値と思っているように[10]」と述べ，決算時点での資産の評価にあたっては，原則として取得原価で行い，時価での評価もまた選択肢の一つに入れている。

　しかし，期末棚卸商品の評価は，後述のリチャード・ヘイズの簿記書に見られるように時価で評価するのではなく，取得原価で行っていた。

---

10) *Ibid.*, p. 90.

## 4 メイヤーにおける資産評価

18世紀を代表するジョン・メイヤー（Jhon MAIR：1702/3-1769）の簿記書『組織的簿記』（*Book-keeping Methodiz'd*, Edinburgh, 1736）では，棚卸商品，船，建物，その他の財産についての期末における資産評価の説明と記帳例示が示されている。

第1取引例示における船勘定は，借方に取得原価，修繕費等船の維持にかかった全ての費用が記入され，貸方に売却したり交換した時の価額，輸送費や賃貸料等のすべての収益が記帳される。

決算に際しての船，建物，あるいはその他の資産に関する勘定の締切方については，第3章「元帳の締切」で述べられている。貸方記帳に関して，①記帳が無い場合，②売却あるいは処分した額だけの場合，③輸送費や賃貸料だけの場合，の三つを想定して説明しているが[11]，締切にあたって次期に繰越すときの評価額を原価で行うのか時価でするのかに関しての説明は，見られない。しかし，以下の取引例示から判断すれば，決算残高勘定への期末の振替は，取得原価で行っていることが分かる[12]。

固定資産の評価に関する説明は，『組織的簿記』とその増補改訂版といえる1773年に出版された第2の簿記書『現代簿記』（*Book-keeping Moderniz'd*）では，少し異なっている。

[図表9] メイヤーの船 ブリタニナ号勘定

| 1736 | | | *l.* | *s.* | *d.* | 1736 | | | *l.* | *s.* | *d.* |
|---|---|---|---|---|---|---|---|---|---|---|---|
| 1. 1 | 資本金，4分の1 | 3 | 348 | 10 | 00 | 9. 1 | 現金，4分の1の輸送料 | 1 | 72 | 10 | 00 |
| | 損益，利益 | 9 | 72 | 10 | 00 | | 残高，4分の1 | 17 | 348 | 10 | 00 |
| | | | 421 | 00 | 00 | | | | 421 | 00 | 00 |

(J. MIAR, *Book-keeping Methodiz'd*, Edinburgh, 1736, pp. 126-7)

---

11) MAIR, John, *Book-keeping Methodiz'd*, Edinburgh, 1736, p. 79.
12) *Ibid.*, pp. 126-7.

すなわち，『組織的簿記』では，船，建物あるいはその他の資産の記帳と締切の説明で，「……第3，もし貸方側に運送費や賃貸料のみが記帳されている場合は，先ず最初に，船，建物等［の勘定］の借方に，その運送費や賃貸料に対して，『損益』として記帳する。そして，その後で『残高』として勘定を締め切る[13]」と述べている。

それに対して，『現代簿記』では，「……第3，もし貸方側に運送費や賃貸料のみが記帳されている場合は，先ず最初に，勘定の貸方側に船や建物の価額(バリュー)を記帳し，そしてその後で，『損益』として勘定を締め切る[14]」となっている。ここでいう「建物の価額(バリュー)」というのが，彼の文中での説明のみからでは，取得原価であるのか時価であるのか明瞭ではない。しかし，取引例示に見られるように，スループ船勘定[15]では，図表10から明らかなように，開始記帳にあたり，スループ船の総額の2分の1の持分470ポンドを借方記入し，期中に生じた費用・収益をそれぞれ記帳している。その間，2分の1の持分の半分（原価235ポンド）を260ポンドで売却し，12月31日の決算日に，取得原価235ポンドでそのまま次期に繰り越している。決算時の評価は，取得原価で行われている。フリート通りの建物も，同様に，取得原価で次期に繰り越している。

以上の説明から明らかなように，メイヤーは，記帳例示で示した固定資産の

[図表10]　メイヤーのスループ船　ユニティー号勘定

| 1793 | | | *l.* | *s.* | *d.* | 1793 | | | *l.* | *s.* | *d.* |
|---|---|---|---|---|---|---|---|---|---|---|---|
| 1. 1 | 資本金，バージニアへの輸送，私の持分2分の1 | 1 | 470 | — | — | 4. 5 | 現金，輸送代，2分の1 | 2 | 110 | — | — |
| 4.17 | 現金，修繕費 | 2 | 10 | 12 | 6 | 7 | 諸口，4分の1売却 | — | 260 | — | — |
| | 損益，利益 | 36 | 124 | 7 | 6 | | 残高，原始価格4分の1 | 35 | 235 | — | — |
| | | | 605 | — | — | | | | 605 | — | — |

(J. MIAR, *Book-keeping Moderniz'd*, Edinburgh, 1773, pp. 180-1)

---

13) *Ibid.,* pp. 79.
14) MAIR, John, *Book-keeping Moderniz'd,* Edinburgh, 1773, pp. 71-2.
15) スループ船というのは，当時一般に用いられていた比較的軽装備の1本マストの縦帆装船のこという。

第6章　16-18世紀イギリス簿記書にみる固定資産の評価方法

[図表11]　メイヤーのフリート通りの建物勘定

| 1793 | | | l. | s. | d. | 17931 | | | l. | s. | d. |
|---|---|---|---|---|---|---|---|---|---|---|---|
| 2.17 | 諸口，原始価格 | | — | 600 | — | — | 1.13 | 現金，聖マルテヌス祭までの家賃 | 20 | 25 | — | — |
| 5.26 | ロイヤルバンク，修理代 | 21 | 12 | 14 | 6 | | 残高，原始価格 | 35 | 600 | — | — |
| | 損益，利益 | 36 | 12 | 5 | 6 | | | | | | |
| | | | 625 | — | — | | | | 625 | — | — |

(J. MIAR, *Book-keeping Moderniz'd*, Edinburgh, 1773, pp. 198-9)

期末評価に当たっては，取得原価で行っていたと見なすのが妥当であろう。

## 5　ハミルトンにおける資産評価

18世紀のイギリスを代表するもう一人の著者ロバート・ハミルトン（Robert HAMILTON：1743-1829）が著した『商業入門』（*An Introduction to Merchandise,* Edinburgh, 1777）では，その第1取引例示で，エディンバラのローンマーケット通りにある建物と船ハザード号の4分の1の持分の二つ固定資産が説明されている。

帳簿の締切は，通常，年1回であるが[16]，ハミルトンは，締切に当たり「もし商品(グッズ)や他の資産(プロパティー)が全て［期末に］手元に残れば，残高表(バランスシート)[17]の借方に時価(プレゼントバリュー)で記帳する。そして，もしこの時価が取得原価(プライムコスト)と異なるときは，その差額は，損益勘定の適当な側に記帳される[18]」と述べている。すなわち，期末棚卸商品と固定資産については，時価で評価するよう説明している[19]。先のメイヤーと異なるところである。

---

16) HAMILTON, Robert, *An Introduction to Merchandise,* Edinburgh, 1788, 2nd ed., pp. 284.
17) ハミルトンは，元帳の締切に先立ち，締切を正確に行い利益の概算を算出するために，資産・負債・資本の残高を残高表に費用・収益の残高を損益表に振り替えている。すなわち，この二つの計算表は，様式は異なるが，今日の精算表の役割を果たしていた。この点については，拙著『決算会計史論』森山書店，1993年，第3章を参照されたい。
18) *Ibid.,* p. 285.
19) ハミルトンの『商業入門』（1777）における売残商品の評価については，前章5を参照されたい。

[図表12]　ハミルトンのローンマーケット通りの建物勘定

| 1774 | | | *l.* | *s.* | *d.* | 1774 | | | *l.* | *s.* | *d.* |
|---|---|---|---|---|---|---|---|---|---|---|---|
| 1. 1 | 資本金 | 1 | 300 | — | — | 4.30 | 残高勘定 | 7 | 300 | — | — |

(HAMILTON, R., *An Introduction to Merchandise*, Edinburgh, 1788, 2nd ed., pp. 306-7)

[図表13]　ハミルトンの船 ハザード号の持分勘定

| 1774 | | | *l.* | *s.* | *d.* | 1774 | | | *l.* | *s.* | *d.* |
|---|---|---|---|---|---|---|---|---|---|---|---|
| 3.25 | ウィリアム・エインズリー，4分の1の持分 | 7 | 150 | — | — | 4.25 | 現金，ロッテルダムへの航海での利益の取分 | 1 | 33 | — | — |
| 4.30 | 損益 | 1 | 23 | — | — | 30 | 残高勘定 | 7 | 140 | — | — |
| | | | 173 | — | — | | | | 173 | — | — |

(HAMILTON, R., *An Introduction to Merchandise*, Edinburgh, 1788, 2nd ed., pp. 314-5)

　ローンマーケット通りの建物は，取得原価でそのまま繰り越されているが，上記の本文説明から判断すると，これは，取得原価で評価したのではなく，開始記帳時点の価額と4ヵ月後の時価に変動が無かったと解釈すべきであろう。

　ハザード号の4分の1の持分は，取得時の3月25日では150ポンドであったが，4月30日では140ポンドになっていたので，決算時点の時価で評価している。すなわち，150ポンドの所得原価を時価の140ポンドに評価替えしているのである。10ポンドの評価損は，航海による利益の取分と相殺され，決算時に集合損益勘定に振り替えられている。

　第2取引例示では，固定資産として，デリジェンス号船とフリート通りの建物（図表14）の二つの勘定が例示されている。両者とも期中で売却して損失が出たため，期末に当たって決算残高勘定に振り替える会計処理がなされず，したがって，それらの期末における評価額が取得原価であったのか時価であったのかを判断することは，出来ない。フリート通りの建物は，6月8日に火災に遭い，7月6日に保険会社から保険金500ポンドを受け取り，7月8日に建物が建っていた場所(エリア)を200ポンドで売却した[20]。最終的には120ポンドの損失が生じ，その額を集合損益勘定に振り替えている。

[図表14] ハミルトンのロンドン，フリート通りの建物勘定

| 1772 | | | l. | s. | d. | 1772 | | | l. | s. | d. |
|---|---|---|---|---|---|---|---|---|---|---|---|
| 1. 1 | 資本金 | | 860 | — | — | 5.12 | 現金，半年分の家賃 | | 40 | — | — |
| | | | | | | 7. 6 | 現金，サンファイヤー保険事務所より | | 500 | — | — |
| | | | | | | 8 | 現金，場所 | | 200 | — | — |
| | | | | | | 12.31 | 損益，損失 | | 120 | — | — |
| | | | 860 | — | — | | | | 860 | — | — |

(HAMILTON, R., *An Introduction to Merchandise*, Edinburgh, 1788, 2nd ed., pp. 418)

## 6 評価減から減価償却へ

　以上見てきたように，企業損益の計算に大きな影響を与える資産の時価評価は，すでに17世紀後半から論ぜられてきた。しかし，その先駆的な形態はすでに18世紀末の簿記書において見出せるが，先験的費用配分法としての減価償却が中心的に論ぜられるのは，1820年代以降の鉄道会社においてである。13世紀初めに発生し遅くとも14世紀の前半までには完成した複式簿記は，損益計算システムや具体的な勘定科目などで異なる所は見られるが，今日の複式簿記の処理法とほとんど相違はない。中世ないしは近世初頭の簿記法と現代簿記との大きな相違は，損益計算システムの相違の他に，前者には，財務諸表が未だ作成されていなかったことと，減価償却という先験的な費用配分法が行われていなかったことの二つである。

　一口に資産評価といっても，短期間に販売に供される棚卸資産の場合は，長期間にわたって保有する固定資産と異なり，一般的には，その評価の問題が損益計算に大きな影響を及ぼすことは少ない。したがって，固定資産の占める割合が相対的に大きくなってきたときに，単にその資産の評価替えの問題にとどまらず，費用配分計算としての減価償却が会計問題として大きくクローズアッ

---

20) *Ibid.*, p. 356.

プされるに至った。時代的には，19世紀前半になってからのことと理解して大きな問題は無い。すなわち，減価償却の出現に関して，「今世紀に至る前までは，評価に関する問題が無かったわけではないが，ほとんど目だつほどのことは無かった。……［なぜなら］20世紀に入る前までは，固定資産［に関して］は一般にすくなくとも，……使用財産の評価ならびに勘定記入は，棚卸資産としてとり扱うのが普通であった[21]」からであるというリトルトンの指摘を待つまでもなく，減価償却による会計手続きが一般的になるまでの固定資産の評価は，通常取得原価で行われていた。しかし，一部においては，20世紀以前においてもすでに資産を時価評価する会計手続きの説明が散見される。しかも，18世紀までの家畜や備品あるいは建物，船といった資産勘定は，商品と同様，混合勘定として取り扱われるのが一般的であった。

　イギリスにおいて固定資産の重要性が認識され，その先験的費用配分法として減価償却による会計処理法が具体的に勘定科目の中に登場してくるのは，産業革命以降，すなわち18世紀の後半とりわけ19世紀前半の運河，鉄道，製鉄，石炭等各企業が膨大な固定資産を必要とし，それに対する巨額の投資資金が要求されるに至ってからのことである。しかし，すでに述べたように，「18世紀［まで］の［簿記書の］著者たちは，『固定資産(フィックスド・アセッツ)』という用語を用いていなかった[22]」というのが今日までの一般的な解釈である。

　高寺貞男教授によってすでに紹介されているポラードの分析によれば，当時の高い利潤率と相対的低固定資産構成比率の結果，産業革命期においてもその初期では，例え大企業においても，減価償却は，必ずしも一般的な方法ではなかった。しかし，すでに18世紀末におけるボールトン・ワット商会の帳簿では，取得原価に対して年5％の定率による減価償却が行われていたといわれている[23]。18世紀においては，減価償却が一般的に行われる事例は，まだ稀で

---

　21) 片野一郎訳『リトルトン会計発達史』同文舘，昭和48年（第16刷，初版昭和27年），239-41頁。LITTLETON, A. C., *Op. Cit.*, p. 151.
　22) MEPHAM, M., *Op. C. t.*, p.216.
　23) 高寺貞男『会計政策と簿記の展開』ミネルヴァ書房，1981年，401頁。YAMEY, Basil S. "Some Topics in the History of Financial Accounting in England 1500–

あった。本格的な減価償却の会計処理法を見出すのは、19世紀の鉄道会社においてである。

## 7 鉄道会社における減価償却

固定資産の価値が相対的に安価であった時は、減価償却といった高度な費用配分法によらなくても、購入時に総額を一括して費用処理するか現実に固定資産の価値の減少が認識された時点で、その減価分を計上すればそれで十分であった。先験的費用配分法としての減価償却が必要とされるのは、当然のことながら、固定資産の占める割合が大きくなり、かつ競争の激化によりコスト意識が重視されるに至ってからである。

減価償却の生成を論ずるとき、われわれは、先ず鉄道会社の会計処理を検討しなければならない。蒸気機関車は、1804年すでにリチャード・トレヴィシックによって発明されていたが、実際に営業用として運転されたのは、1814年にスティーヴンソン親子の手によるロコモーション号が最初である。その後、世界最初の鉄道会社ストックトン・ダーリントン鉄道（当初約27マイル）が1825年9月に開業し、世界最初の旅客輸送のリバプール・マンチェスター鉄道（約33マイル）も、運河会社との軋轢を超えて議会の承認（1826年4月）を得て一部開通したのは、承認後4年を経た1830年9月のことである。まさしく、鉄道狂時代の幕開けである。

鉄道会社における減価償却は、運賃決定の必要性から始まったが、それと同時に、資本の蓄積が不十分で南海泡沫事件の後遺症による株式会社の市民権の確保が未成熟の段階では、経営者たちは、いかにして資本を確保するかに腐心した。その結果、「初期における鉄道事業の会計課題は、主として車輌の維持・更新という財務政策に関心が注がれ……減価償却がその政策実現の方便として企業家の意識に反映したのである。すなわち減価償却は産業資本確立期（イギリスでは1920年代、アメリカでは1930年代といわれる）においては、資本集

---

1900", in Baxter and Davidson eds., *Studies in Accounting Theory*, Illinois, 1962, p. 34.

中の財務政策として登場[24]」したといわれている。

　リバプール・マンチェスター鉄道の技師ウォーカーは，機関車や車輛の作業実態を検討して，減価償却の必要を認めた報告書を作成した。ウォーカーが1829年に取締役会に提出した見積原価計算によれば，蒸気機関車の平均耐用期間は20年とされ，その取得原価から残存価値を現在価値で割引き，運賃の構成要素として均等配分している。そこでの償却比率は，先に説明した18世紀末におけるボールトン・ワット商会の場合，年間，取得減価の5％であったのに対して，機関車は15％，車輛は7.5％，平均して12.5％で減価償却が行われた。8年間で更新されたことになる[25]。

　この減価償却の必要性は十分に認識されていたが，その取り扱いは，取締役会の判断に任されていたいため，償却不足が深刻な問題になった。償却のための準備基金が設備投資資本の僅か0.4％にしか過ぎない状況が生じた。その結果，大株主から取締役たちに対して非難が集中し[26]，これらの要求が企業の財政状態や経営成績のディスクロージャーを加速させる要因になったのである。

## 8　お わ り に

　帳簿記録にもとづく損益計算がまだ行われていなかった時代では，したがって14世紀前半までにおいては，利益の分配は，ビランチオという今日の利益処分計算書が合体された一種の財産目録によって行われた。このビランチオで求められた企業の総括的な期間損益（必ずしも定期的ではないが）を帳簿という文書証拠によって証明するために機能したのが複式簿記である。発生当初，債権・債務の備忘録にすぎなかった帳簿記録は，ビランチオによって算出された利益分配額を記録という証拠性の高い手段によって証明するという実務からの要請にもとづいて，体系的な損益計算システム，すなわち複式簿記へと進化さ

---

24) 中村萬次『減価償却政策』中央経済社，1980年（第2刷，初版1960年）24頁。
25) 中村萬次『英米鉄道会計史研究』同文舘，1991年，162-3頁。
26) 同上書, p. 165。

## 第6章　16-18世紀イギリス簿記書にみる固定資産の評価方法　　115

せていったのである。

　継続的な記録による利益の分配計算の証明手段として機能した複式簿記がその立脚基盤を原始記録，すなわち取得原価においていたのは，必然の帰結である。会計およびその計算構造を支える複式簿記は，企業の総括的な期間損益を計算するにあたり，その生成当初から，不断に変動する市場価値に支配されることなく，また保管状況いかんによって大きく異なる実地棚卸のみを根拠にすることなく，損益計算を行ってきた。あくまでも信頼を重視し，証拠性の高い証明手段としての原始記録を第一に考え，企業損益を確定し，それにもとづいて利益の分配を行ってきた。商人たちは，悠久の歴史の中で，自らが培ってきた商取引における約束事を昇華させ，損益計算のための記録システムを創りあげた。これが複式簿記である。すなわち，会計は，生まれながらにして取得原価をその立脚基盤として発展してきた。

　本章では，その生成当初から取得原価をその立脚基盤として発展してきた複式簿記に，時価による資産評価の方法が，16-18世紀のイギリスの簿記書において，いつ頃登場し，どのように説明されていたかを検討してきた。

　18世紀中頃までの簿記書では，主として，資産評価は，取得原価を基準にして行われていた。しかし，1680年代から1730年代にかけて，当時の実務の影響を強く受け，固定資産の時価評価に関する説明がイギリス簿記書の中に登場してくる。ただし，固定資産（ヒックスド・アセッツ）という概念は，18世紀を通じてイギリスの簿記書に登場することは無い。当時の船や建物に代表される固定資産は，一般の商品と同様，混合勘定として処理されていた。固定資産の勘定が純粋の資産勘定として純化されるのは，リトルトンが指摘するように，19世紀前半のイギリスにおける鉄道業を中心にした減価償却の会計処理が登場してきてからのことである。

　なお，棚卸資産の時価評価が簿記書の上でも重視されるに至るのは，固定資産に関する時価評価の説明よりも半世紀以上も遅れる，リチャード・ヘイズ（Richard HAYES）の『現代簿記』（*Modern Book-keeping : or, The Italian Methods improve*）であり，そこでの時価は，売却可能な市場価格（the Market Price they then go at, at the Time of their balancing)，すなわち売却時価であった。それに対して，ハミルトンの簿記書で説明されている時価は，再調達原価（ないしは再調達時価）である[27]。

　いずれにせよ，資産管理の側面を別にすれば，時価と原価の評価差額が問題になるのは，棚卸資産よりも固定資産であり，したがって，簿記書の上でも，後者の時価問題が前者のそれに先行している。

---

[27] この点については，第5章「16-18世紀イギリス簿記書にみる売残商品の評価方法」の97頁を参照。

# 第7章　17-19世紀イギリスにおける会計の展開

## 1　は　じ　め　に

　13世紀初頭のイタリア北方諸都市で債権債務の備忘録として発生した複式簿記は，遅くとも14世紀前半までには，いわゆる勘定間の閉ざされた体系的組織を形成し，損益勘定によって企業損益を計算する極めて洗練された合理的なシステムを創り上げるに至った。ここに複式簿記は，完成の域を迎えるのである。言うまでもなく，中世末葉ないしは近世初頭のイタリアで複式簿記が完成したというのは，企業損益を計算する記帳システムが体系的かつ組織的に形成されたに過ぎず，今日の複式簿記の記帳システムと比較すれば多くの点で異なっているのは言うまでもない。

　本章では，13世紀初頭にイタリアで発生し14世紀の前半に完成した複式簿記が，その後経済社会の覇権の推移に伴い17世紀以降19世紀に至るまでの間，イギリスでどのように展開して行ったかを，それぞれの時代の一般的な特質と損益計算の進化のプロセスに焦点を当てて，追跡していくことにする。

## 2　17世紀イギリス簿記書の特徴

　17世紀のイギリスの幕開けは，東インド会社の設立と共に始まった。16世紀後半以降のいわゆる重商主義は，エリザベスⅠ世治世の末期から初期スチュアート治世のもとで，世界貿易や植民地の争奪をめぐるヨーロッパ列強間との世界市場獲得の時代であった。とりわけ，17世紀後半からは，3度におよぶオラ

ンダとの覇権争いに勝利し，イギリスの地位を揺るぎないものとすると同時に，来るべき産業革命へ展開して行くイギリスの黄金時代への助走期であった[1]。このイギリスの経済的覇権への初期段階でその経済発展の一翼を担って共に発展して行くのがイタリア式貸借記帳技法（Italian Method by Debitor and Creditor）としての複式簿記である。それまでは，イタリアあるいはオランダの後塵を拝していたイギリスは，重商主義政策にもとづく海外貿易を含めた国内製造業を中心とする産業振興政策を積極的に展開し，経済発展にとって欠かすことの出来ない複式簿記の導入，伝播が精力的に行われきたものといえる。一つの証左として17世紀に入って数多くの簿記書がイギリスで出版されたことは，すでに良く知られているところである。そのほとんどの簿記書は，パチョーリの『スンマ』（1494）で説かれた伝統的なイタリア式単一3帳簿制，すなわち日記帳，仕訳帳，元帳を主要簿とする記帳システムを継承し，複式簿記による記帳手続を解説したものであった。

　すでに多くの先行研究で明らかにされているように，イギリス人によりイギリスにおいて上梓された最初の簿記書は，1543年にヒュー・オールドカースル（Hugh OLDCASTLE：1510?-1543）によって出版された，かの幻の書と言われている『有益な論文』（*A Profitable Treatyce*）である[2]。英語で出版された第2の著書は，同年にアントワープで出版され，1547年に英訳されたインピン（Yan YMPYN Christofelles：1485?-1540）の英訳版『著名で非常に優れた著作』（*A Notable and very excellente Woorke*）である。前者は，現存を確認することが出来ず，後者は，イギリス以外の国で出版された簿記書の英訳版である。したがっ

---

1）16世紀の後半から始まったイギリス重商主義政策は，1776年のアメリカ独立宣言および1783年のその独立によって崩壊するまでの2世紀間のことを指している（大野真弓編，『イギリス史（新版）』（第4刷），山川出版社，1973年，485-511頁）。
2）KATS, P., "Hugh Oldcastle and John Mellis-Ⅰ", *The Accountant*, Vol. 74 No. 2677, 27 March, 1926, p. 483. なお，カッツの上述の論文Ⅰ（pp. 483-7）は，オールドカースルに関する論考であり，メリスに関する論及は，"Hugh Oldcastle and John Mellis-Ⅱ", *The Accountant*, Vol. 74 No. 2682, 1 May, 1926, p. 641-8, に掲載されている。メリスは，その序文において，彼の簿記書がオールドカースルに依拠して執筆されたと述べている（MELLIS, John, *A Briefe Instruction and hovv to keepe bookes of Accompts*, London, 1588, 'To the reader'）。

第7章　17-19世紀イギリスにおける会計の展開

て，厳密な意味での現存するイギリス人の手により出版された最初の簿記書は，1553年にロンドンで著されたジェームス・ピール（James PEELE：？-1585）の第1の簿記書『借方・貸方を理解するための方法と様式』（*The Maner and Fourme how to kepe a Perfect Reconyng*）ということになる。16世紀は，いわばイタリア式貸借記帳技法，すなわち複式簿記が主としてオランダ経由でイギリスに導入される時期である。

16世紀の導入期を経て17世紀を迎えると，多くの簿記書が相次いで出版される。17世紀最初にロンドンで出版された簿記書は，『会計史文献』によると[3]，1607年のジョン・ブラウン（John BROWNE）の簿記書が最初である。その他の著名な簿記書としては，W. コリンソン（1612），J. カーペンター（1632），R. ハドソン（1633），R. ダフォーン（1635），A. リセット（1660），T. ブラウン（1669），S. モンテージ（1675），E. ハットン（1695）等の簿記書が挙げられる。

これらイギリスで出版された多くの簿記書に共通して言えることは，イタリア式貸借記帳技法にいくつかの点で改良と創意工夫でが加えながらも，基本的にはイタリア式簿記による記帳方法をそのままの形で継承していることである。17世紀前半の簿記書では，多くの場合，さまざな取引を想定し，それらの想定された個々の取引に対して対話方式で仕訳を示したり，諸取引を類型化しその仕訳を一覧表で示す等，仕訳の方法，元帳への転記方法，損益勘定を締め切って期間損益を算出するため複式簿記の基本的な記帳システムを記帳例示によって分かり易く解説する方法がとられている。

17世紀のイギリスは，複式簿記が多くの簿記書の出版を通してイギリス国内に広く普及して行く時代でもある。すなわち，［日記帳→仕訳帳→元帳］という単一3帳簿制を基本に据え，16世紀に改良された特殊仕訳帳制を取り入れながら，損益計算が重視され，とりわけ正確な損益計算への志向が高まる時代であった。換言すれば，17世紀のイギリスは，複式簿記の完成以前から利益分配

---

3) ICAEW, *Historical Accounting Literature,* UK, 1975, p. 70.

の手段として用いられたビランチオ（利益処分結合財産目録）重視の損益計算ではなく，継続的な帳簿記録にもとづく損益勘定によって企業の期間損益を計算するシステムが確立していく助走期なのである。

　期間損益計算にとって最も重要な認識基準の歴史的な発展プロセスは，時として，現金主義から発生主義への進化として理解されることがある。しかし，これは，誤りである。複式簿記は，主として財産の実地棚卸によるビランチオで算出された企業の期間損益を帳簿という文書証拠によって証明するための手段として発生し，完成した継続記録システムである。ビランチオによる企業利益を継続的な帳簿記録によって証明するために作成されたのが損益勘定であり，損益勘定の出現により勘定間の閉ざされた体系的組織が形成され，複式簿記が完成するのである。すなわち，複式簿記は，その発生ないしは完成と同時に，現金主義ではなく発生主義によって費用，収益を認識して，企業の期間損益を算出していたのである。時価による資産評価は，ビランチオによって利益を算出しそれによって組合員相互間で分配を行っていた時代に一般に行われるに至った手法であり，複式簿記の完成以降は，取得原価による測定が一般的であったといえる。費用・収益の測定基準は，複式簿記の発生当初から時価による評価ではなく取得原価による評価が一般的であった。すなわち，歴史的には，複式簿記の評価基準は，その発生当初から取得原価に依拠し，決して時価によるものではなかったのである。

## 3　教科書用簿記書から実用簿記書へ―18世紀の転換―

### ①　理論簿記書の完成

　18世紀のイギリスでは，さらに多くの簿記書が相次いで出版された。それらのほとんどは，主として，当時のアカデミーやグラマー・スクールの教授用として著わされたもので，複式簿記の基本原理を簡明に秩序立てて説いた複式簿記の教科書ないしは理論簿記書とでもいえるものが中心であった。したがって，18世紀は，17世紀までに見られたイタリア式貸借記帳技法の普及・定着期を経て，いわばその完熟期に入った時代であるといえる。そのため，多くの点

で，パチョーリ以降の記帳技法を理論的に解説し，複式簿記の基本的な計算構造を分かり易く説いた理論書とでもいえる簿記書が主流であった。その端的な例は，パチョーリ以降途絶えていた試算表の作成が18世紀に入って，多くの簿記書で詳細にその作成法が説明され始めたことにある[4]。その典型的な例として，W. ウェストン（William WESTON）の『完全なる商人の会計係』(*The Complete Merchant's Clerk,* London, 1754) があげられる[5]。

これら18世紀イギリスにおける複式簿記完熟期の簿記書の頂点に立つものとして，われわれは，ジョン・メイヤー（John MAIR：1702, 3-1769）の『組織的簿記』(*Boo-keeping Methodiz'd* , Edinburgh, 1736) やロバート・ハミルトン (Robert HAMILTON：1743-1829) の『商業入門』(*An Introduction to Merchandise,* Edinburgh, 1777) をあげることができる。両書は，15世紀のパチョーリ（Luca PACIOLI：1445?-1517）の『スンマ』や17世紀のステフィン（Simon STEVIN：1548-1620）の『数学的回想録』にも匹敵する，まさしく18世紀のイギリスを代表する簿記書であった。

メイヤーおよびハミルトンの簿記書では，複式簿記の原理が，学校教育の観点から極めて明快かつ正確に述べられ，簿記テキストとしての体系化は，ここにほぼ完成の域に達したということができる。これらのことは，メイヤーの簿記書がエディンバラで第8版（1765年），ダブリンで第9版（1772年）を数え，ハミルトンの簿記書もまた第5版（1802年）に昇り，1820年にはジョンストン（Elias JOHNSTON）の手により改訂版が上梓されていることからも容易に推測できる。

メイヤーの『組織的簿記』では，パチョーリの『スンマ』以降継承されてきた伝統的な単一3帳簿制〔日記帳→仕訳帳→元帳〕によるイタリア式貸借記帳技法，すなわち複式簿記の解説と記帳例示が中心であり，しかもその例示は，教育上の観点から，極めて簡明かつ簡単な基本的説明に限定されていた[6]。も

---

4) 試算表の生成に関しては，拙著『損益計算史論』森山書店，1983年，第Ⅰ部第5章および拙著『決算会計史論』森山書店，1993年，第Ⅰ部第2章を参照。
5) ウェストンの簿記書に関しては，拙著『損益計算史論』第Ⅱ部第3章を参照。

ちろん,その付録では,現金出納帳 (Cash-book),送り状控え帳 (Factory or Invoice Book),売上帳 (Book of Sales—売上計算書控え帳),手形記入帳 (Bill-books) 等,合計9冊の補助簿 (Subsidiary Books) の説明もなされており,日記帳,仕訳帳,元帳の単純な記帳説明にとどまるものではない。しかし,これら補助簿の説明は,単なる個別的な例示にすぎず,これらの例示のみでは,それぞれの取引を各帳簿にどのように具体的に記帳していくかを体系的に理解するには,必ずしも十分なものであったとは言えない[7]。

ハミルトンの『商業入門』に関しても,同様のことが言える[8]。本書は,簿記に関する論述ばかりではないが,簿記に関する説明は,第Ⅳ部「イタリア式簿記」と第Ⅴ部「実用簿記」でなされ,多くの紙面は前者にさかれている[9]。

第Ⅳ部では,当時の多くの簿記書がそうであったように,[日記帳→仕訳帳→元帳] の単一3帳簿制を中心に説明している。そこでは,メイヤー同様,現金出納帳 (Cash-Book),手形記入帳 (Bill-Books),補助元帳 (Subsidiary Ledger),予備元帳 (Progressive Ledger),交互計算帳 (Books of Accompts-Current),送り状控え帳 (Invoice) および売上帳 (Accompts Sales),等合計10冊の補助簿の説明もなされている[10]。しかし,これらの解説は,初学者が補助簿を加えた複式簿記の体系を理解する上で必ずしも十分なものであるとはいえない。この点では,先のメイヤーと異なるものではない。しかし,ハミルトンは,続く第Ⅴ部で「実用簿記」(Practical Book-keeping) なる項目を設けて,単なる教科書用としての理論簿記書からの脱皮を意図しているようにも思え,来るブースの登場を予感させるものでもあった。

『商業入門』の第Ⅴ部「実用簿記」は第1章イタリア式簿記法の変形,第2章現金出納帳と元帳だけによる方法,第3章利子を考慮する方法,第4章小売

---

6) これらの点については,拙著『損益計算史論』第Ⅱ部第2章および第3章を参照。
7) MAIR, John [1736], *Book-keeping Methodiz'd,* Edinburgh, Appendix pp. 1-13.
8) 拙著『前掲書』第Ⅱ部第5章を参照されたい。
9) 拙著『前掲書』226頁。
10) HAMILTON, Robert, *An Introduction to Merchandise,* Edinburgh, 2nd ed., Edinburgh, 1788, pp. 458-65.

店主の勘定,第5章小売商人の勘定,第6章地所管理人の勘定,第7章農場主の勘定の合計7章から成っている[11]。この冒頭で,ハミルトンは,「第Ⅳ部で,われわれは,厳密な方法,あるいは一般的な実務に最も従っている簿記の形式を説明してきた。しかしながら,ここで主張してきた諸規則は,決まりきったものではなく,不都合なしに変えられうるので,会計責任者のうち幾人かの者は,同じ方法に厳密に従わない場合が必ずや生じてくるであろう。そして,仕事の性質がそのような多様な対応を妥当なものにするであろう[12]」と述べ,現実の取引の記帳にあたっては,業種や規模等によっていろいろな方法が採られていた当時の簿記事情の推測を可能にさせてくれる。これらの説明から判断すれば,ケリー (Patrick KELLY:1756-1842) の説くように[13],ハミルトンを単純にメイヤーの継承者とのみ位置づけるわけにはいかない。しかし,彼の論述の中心が第Ⅳ部「イタリア式簿記」であることから判断すれば,ハミルトンの簿記書は,実用簿記書としてよりもむしろ教育用としての理論簿記書として位置づけるのが妥当であろう。18世紀のイギリスでは,メイヤーやハミルトンに代表される教科書用としての理論簿記書が数多く登場し,両者によって簿記テキストとしての体系化は,ここに完全なる完成をみたのである。しかし,もう一方では,これら教科書用理論簿記書に飽き足らず,実務に直接に通用できる商人用実用簿記書の出版を目指す著者が出現してくる。その嚆矢をなしたのが,ベンジャミン・ブースである。

② 実用簿記への改良

19世紀の幕開けを直前,一つの新たな潮流が生じて来た。従来のメイヤーやハミルトン等によって代表される教科書用簿記書で説明された記帳例示にもとづくだけでは,現実の海外貿易を複式簿記で記録することが困難であることに気がついた。そのため,現実の海外貿易取引に適用できる実用的な簿記書に対する要求が高まり,それに対応できる簿記書の出現が望まれた。

---

11) HAMILTON, R., *Op. Cit.*, 467-95.
12) *Ibid.*, p. 467.
13) KELLY, Patrick, *The Elements of Book-keeping*, London, 1801, p. viii.

われわれは，当時の取引の主流になってきた外国貿易にも直接適用できる簿記法を説いた実用的な簿記書の嚆矢をベンジャミン・ブースの『完全簿記体系』(1789) に求めることができる。19世紀に入って相次いで登場する実用簿記書台頭の新しい潮流の源をなしたのが，このベンジャミン・ブース (Benjamin BOOTH：？-1807) である。彼は，ロンドンのマーチャント・ハウスのニューヨーク在住の組合員として活躍し，アメリカ独立戦争 (1775-1781) では，ニューヨーク在住の王党派 (loyalist) の反独立運動に積極的な役割を果たした。その結果，独立後には彼の財産は没収され，1779年11月にニューヨーク商業会議所 (New York Chamber of Commerce) を辞任し，ロンドンに立ち帰った[14]。ブースが『完全簿記体系』(*A Complete System of Book-keeping, by an improved Mode of Double-Entry,* London) を出版したのは，帰国10年後の1789年のことであった[15]。

　ブースは，『完全簿記体系』で，メイヤーやハミルトンをその頂点に抱く従来の伝統的ないわゆる教科書用簿記書に対し激しく批判した。すなわち，彼は，「驚いたことには，従来までの多くの簿記書にもとづいて大規模な経営に複式簿記を適用してみようとしたとき，その実務に対応できる簿記書はほとんどなかった。私がこれまでみてきた簿記書は，それを引き受けるには全く能力を欠いているか，または彼らの理論を経験によって試してみる機会を持ちあわせていなかった人々によって著されたように思える[16]」と述べ，従来の教科書用簿記書に対する批判と同時に，自らの著書上梓の意義を強調している。

　しかし，ブースの掲げる例示は，実用性を重視したあまりに必要以上に複雑となり，かえってその実用性が損なわれてしまったという批判が，テイト (W. TATE) によってなされたといわれている[17]。

---

14) BYWATER, M.F. and YAMEY, B. S., *Historic Accounting Literature : a companion guide,* Yushodo, 1982, pp. 190-1.
15) ブースの簿記書については，拙著『決算会計史論』第Ⅱ部第7章を参照。
16) BOOTH, Benjamin, *A Complete System of Book-keeping, by an improved Mode of Double-Entry,* London, 1789, p. 5.
17) BYWATER, M. F. and YAMEY, B. S., *Op. Cit.,* p. 194.

第7章　17-19世紀イギリスにおける会計の展開　　　　　125

　このような批判に応えるために，従来の教科書用簿記書の利点とブースの説く実用簿記の利点とを互いに取り入れると同時に，両者のもつ欠点を取り除いて著わされたのが，パトリック・ケリーの『簿記の初歩』(1801)である。ケリーは，日記帳→仕訳帳→元帳の伝統的な三帳簿制を踏襲しながら，現金出納帳，手形記入帳，送り状控え帳や売上〔計算書控え〕帳等の補助簿からの月次仕訳（この点はブースと同様であるが，必ずしもすべての取引について月次仕訳がなされているわけではない）による記帳業務の簡略化等を重視している。

　その他，ブースの流れを組むものとして，ウィックス (J. WICKS)，シャイアーズ (John SHIRES) 等の簿記書があげられる。19世紀を迎えると，これらの系譜に属する簿記書としてセジャー (John SEDGER)，モリソン (James MORRISON) あるいはクロンヘルム (Frederick William CRONHELM) 等の著作が相次いで出版されてくる[18]。

　ジェームス・モリソンから直接的な影響を受け，ブースの実用簿記法を継承したのがクラーク・モリソン (Clerk MORRISON) であり[19]，その他にもフォスター (Benjamin Franklin FOSTER) 等の簿記書があげられる[20]。

---

18) ブースの流れを汲む実用簿記書の出現に関しては，拙著『決算会計史論』128-9頁を参照されたい。シャイアーズのタイトルにある "The Result of Thirty Years Practical Experience" という表現は，ブースの『完全簿記体系』の副題のような形で表わされている "…,being the Result of Thirty Years Observation and Experience" という表現と同様である。伝統的な教科書用簿記書に対抗する一つのトレードマークが，この実務経験にもとづいて著わしたということであったのであろう (*Ibid.,* pp. 192-3.)。
19) クラーク・モリソンの『完全実務簿記体系』の著者名および出版年度は，イギリス勅許会計士協会 (Institute of Chartered Accountants in England and Wales) の文献目録 (*Historical Accounting Literature,* London, 1975) によっているが，スコットランド勅許会計士協会 (Institute of Chartered Accountants in Scotland) の文献目録 (*An Accountants' Book Collection 1494-1930,* Edinburgh, 3rd ed., 1976) によると，モリソンの名前はクラークではなくチャールズ (Charles) となっている。さらにそこでは，第2の簿記書『簿記入門』第3版の出版年度も1822年となっており，1年のくい違いが見られる。
20) 久野秀男教授は，その他にも，「この流れをくむ人々として，セジャー (J. SEDGER, 1807)，モリソン (J. MORRISON, 1808)，ペプス (T. PAPPS, 1818) ,コリー (I. P. CORY, 1839)，フォスター (B. F. FOSTER, 1843) とつづくのである」と述べ，T. PAPPSとI. P. CORYの二人の名もあげておられる（久野秀男『英米（加）古典簿記書の発展史的研究』学習院，1979年，32頁）。

アメリカ人による最初の簿記書といわれるミッチェル（William MICHELL：1763-1854）の『新完全簿記体系』(*A New and Complete System of Book-keeping, by an improved Method of Double Entry,* Philadelphia, 1796）も，同一系譜に属する簿記書として位置づけることができよう。

19世紀は，実用簿記（Practical Book-keeping）あるいは改良簿記（Improved or Reformed Method of Book-keeping）という名のもとに，従来の教科書用簿記書とは異なった，新しくそしてより実用的な手法を説いた簿記書が登場してくる時代であり，それは，まさしく一つの時代的要求の産物でもあった。そのことはまた同時に，新興国家アメリカの登場を意味し，来たるべき時代をわれわれに予感させる出来事でもあった。

## 4 企業損益算定方法の転換—ストックからフローへ—

16世紀後半から18世紀の後半にかけてのイギリスにおける損益計算システムの主流は，19世紀前半以降，貸借対照表や損益計算書の作成が一般的に行われるに至るまでは，いわゆる資産・負債の実際在高にもとづき財産法的に算出された期間利益を帳簿記録にもとづき損益勘定で損益法的に算出された損益によって証明するという考え方にあった。複式簿記によって算出された損益，したがって損益勘定で求められた損益は，実地棚卸で求められた企業損益を証明するためのものであり，したがって複式簿記の第一義的機能は，証明機能にあったのである。すなわち，証明手段としての複式簿記に内在するこの基本構造は，その発生と同時にア・プリオリに規定されていたということができる。すなわち，複式簿記は，その完成と同時に，帳簿記録にもとづく損益計算が主流であり，したがってそこでの測定基準は，必然的に，取得原価にもとづいていたのである。

複式簿記の発生当初からその完成に至るまで，イタリアから継承されてきたビランチオ重視による利益分配思考は，その後も長く商人たちの意識の中では支配的であったものと推測される。費用・収益の対応によるいわば原因の側面からの抽象的な損益計算よりも，結果の側面からの具体的な損益計算が信頼に

第7章　17-19世紀イギリスにおける会計の展開　　*127*

足るとする傾向は，少なくとも一般的には，18世紀の後半まで続いたものと思われる。例えば，17世紀冒頭に上梓されたシーマン・ステフィン（Simon STEVIN：1548-1620）の簿記論では，残高勘定を誤りなく締め切るために，今日の精算表の役割を果たしていた「［財産の］状態表」（資産・負債・資本の一覧表）で算出された企業損益を「［損益による］証明表」（費用・収益の一覧表）によって保証させる簿記手続が説明されているが，費用・収益による損益を正味資本の比較による損益の証明手段として利用しているということは，まさしく，この原因の側面からの抽象的な損益計算が副次的な計算方法であったことを示しているということができるであろう[21]。

　これらのストック中心の損益計算思考に大きな転換を迫ったのは，次の二つの要因が影響したものと思われる。すなわち，一つは，18世紀の後半から19世紀にかけて，アメリカとの海外貿易が盛んになり，委託販売・受託販売あるいは代理商取引が拡大してきたことに起因している[22]。代理商のもとでの利益の発生原因の中心は，手数料収入であった。このような状況下では，正味財産の比較による財産法的損益計算は，ほとんど意味を持たなくなる。費用・収益の比較によるいわゆる原因の側面からの抽象的な損益計算がより重要になってきたのである。

　いま一つの要因は，運河会社や鉄道会社あるいは製鉄会社や石炭会社の出現により，巨額の資本を調達する必要性が強調されるに至ったことである。かつて大塚久雄教授は，「『株式会社』は個別資本が集中の過程において，しかも特に『結合』なる仕方によって，より高き個別性の中に自己を止揚し，もって諸個人資本が社会化された一個別資本に転化する過程においてとるところの形態である。一言にして表示すれば，それは個別資本の集中形態であることがあきらかである[23]」と規定された。個別資本の集中形態としての株式会社で最も

---

21) STEVIN, Simon, *Vierde Stvck Der Wisconstighe Ghedachtnissen Vande Weeghconst,* Leyden, 1605, Schvltbovck in Bovkhovding, p. 35.
22) 拙著『決算会計史論』第6章参照。
23) 大塚久雄『大塚久雄著作集（第1巻）』岩波書店，1969年，17頁。

重要なことは，どれだけ多くの株主達からどれだけ多くの投資を引き出すことができるかである。

そのためには，先ず第1に，自社に投資することがいかに有利であるか，次いで，自社に投資することがいかに安全であるかを広く知らしめる必要に迫られた。財務内容を将来株主ないしは潜在的株主に知らせるためには，帳簿を公開しなければならない。しかし，いかに自社への投資の有利性や安全性を主張するためとはいえ，自社の財務内容や業務内容のすべてを公開するには，多くの問題が残される。なぜなら，商品の仕入原価や利益率・回転率あるいは得意先や仕入先の名前等，多くの企業秘密に属する情報が帳簿に含まれているのは言うまでもないからである。しかも，物理的にも，1年間の全取引を記録した全帳簿をディスクローズすることは，その対象が多くなればなるほど困難というよりもむしろ不可能に近くなってくる[24]。

そのため，多くの資本を要する当時の大企業は，とりわけ運河業や鉄道業あるいは製鉄業や石炭業を中心に，当該企業に投資するか否かの判断材料，すなわち企業の財務内容を知るために必要最低限の企業内容を要約した概要表を帳簿とは別の紙葉に作成して，将来株主に提供する方法をとるに至ったのである。これが貸借対照表や損益計算書が登場してくる直接の要因であるのは，言うまでもない[25]。

このようにして，19世紀前半のイギリスにおける株式会社の損益計算システムは，残高勘定や損益勘定に代わって，貸借対照表や損益計算書によって遂行され，企業利益や業務状態は，両者を介して，株主や債権者等の利害関係者にディスクローズされるに至った。

## 5　資金計算書の出現—19世紀の特徴—

19世紀前半以降，従来のストック重視の損益計算思考は，アメリカ貿易に従

---

[24) この点については，拙著『決算会計史論』81頁を参照。
[25) この点については，第8章「ディスクロージャー機能の形成とその背景」を参照されたい。

事した代理商や鉄道業ないしは製鉄業を中心に，フローの側面からの損益計算へとその重点を移していった。とりわけ鉄道業では，株主から資本を調達するためには，なによりも先ず，当該企業への投資がいかに有利であるかを証明する必要があった。そのためには，単にフローの側面からの損益計算をより重視するだけにとどまらず，例えフローの側面から利益が算出されたとしても，その利益に相当する実際の配当資金，すなわち現金ないしはその同等物による裏付けが保証されているか否かが極めて重要になってくる。株主の最大の関心事は，紙の上での配当可能利益がいくらあるかではなく，実際に現金で配当を受け取ることができるかどうかである。多くの株主が資金計算書に関心を寄せた理由の一つに，フローによる損益計算で求められた企業利益が，現実に，現金で裏付けされているか否かの保証にあったと言うことが出来る。それと同時に，特に大企業では，単に損益計算だけではなく，支払能力や資金繰りの関係上，現金の流動性に関する関心が急増してくるのもまた当然のことであろう。

　この資金計算書の嚆矢は，一般的には，1897年にグリーン（T. C. GREENE）の著書で提示されたグレート・イースタン鉄道における2年間の貸借対照表の増減を比較し，その変動状態を要約した一覧表であるといわれていた[26]。しかしながら，資金計算書が，アメリカで広く一般に普及し始めるのは1900年以降のことであり，当時の実務界には，大別して比較貸借対照表ないしは財政状態変動表としての資金計算書，運転資金計算書としての資金計算書，の二つのタイプが存在していた。前者の事例としてコール（W. M. COLE）の財政状態変動表が，後者の事例として，U. S. スティール社の1903年の年次報告書があげられている[27]。

　比較貸借対照表が資金計算書の源流になるという根拠は，コールによれば，資産と負債の2時点間の比較によって資金ないしは資源の動きを掴むことができるからであり，資産の増加と負債の減少は資金の運用（where-gone）を，その逆の資産の減少と負債の増加は資金の源泉（where-got）を示すからである。

---

26) GREENE, T. L., *Corporation Finance,* New York, 1897, p. 110
27) 佐藤倫正『資金会計論』白桃書房，1993年，38頁。

すなわち，コールは，ある期間と他の期間における貸借対照表項目の変化を"where-gone"と"where-got"に分類し，資金の流れを表示したのである。これが，比較貸借対照表から作成された取引の要約表である[28]。

すでに述べたように，この資金計算書の嚆矢は，一般的には，1897年にグリーンによって説かれた比較貸借対照表であるといわれていた。しかし，われわれは，この貸借対照表比較分析の初期の事例を，アメリカにおいてではなく，すでにイギリスの会計実務の中に見出すことができるのである。グリーンに先立つこと，3分の1世紀前のことである。すなわち，われわれは，1759年9月19日に8人の仲間とともにトーマス・ルイス（Thomas LEWIS）によって，総額4,000ポンドの出資額で組合として設立されたダウリス製鉄会社（Dowlais Iron Company）の1852年と1863年との資産・負債を比較した財務表を資金計算書の嚆矢の一例としてあげることができる。19世紀の半ばには，単に企業損益の計算だけではなく，企業資金の計算にも多くの関心を払う実務がすでに生成していたことを窺わせる。その後同社は，1782年に出資額を20,000ポンドに増額し，1787年には資本金38,000ポンドをもって株式会社に改組し，1789年に61,000ポンドに増資した[29]。

言うまでもなく，伝統的な資金計算書は，一定期間における企業資金の流れを明らかにし，損益計算によって求められた企業損益とそれを処分するための企業資金の関係を明らかにし，調達源泉とその使途について明示した計算書類である。したがって，正味運転資本の増加分すなわち資金の源泉と正味運転資本の減少分すなわち資金の使途が示され，それによって資金の流れが計算されることになる。原則的には，資金の源泉としては負債の増加と資本の増加が，資金の使途としては資産の増加があげられる。したがって，ダウリス製鉄会

---

28) COLE, E. M., *Accounts : Their Construction and Interpretation,* Boston, New York and Chicago, 1908, p. 101.
29) JONES, Edgar, *A History of GKN* (Vol. 1 : *Innovation and Enterprise, 1759-1918*), Houndmills, 1987, p. 3 & p. 13およびEDWARDS, J. R., & BABER, C., "Dowlais Iron Company : Accounting Policies and Procedures for profit Measurement and Reporting Purposes", *Accounting and Business Research,* Vol. 9 No. 34, Spring 1979.

社の比較貸借対照表には，先ず最初に，1852年11月と1863年3月における諸資産の増減を算出している。すなわち，資産の増加分と減少分との差額は，132,504ポンド7シリング4ペンスとなっている。それに対して負債の増加額は，6,097ポンド9シリング8ペンスとなっている。したがって，両者の差額126,406ポンド17シリング8ペンスが，1852年11月から1863年3月までの10年4カ月間にわたる純財産の増加分を示していることになる[30]。

ダウライス製鉄会社の比較貸借対照表は，資産の増減と負債の増減を単に資金の源泉とその使途に分類しただけの，きわめて単純な資金計算書であった。減価償却費をどうするか等多くの問題は残されているが，この比較貸借対照表は，原初的な形態ではあるが，明らかに，今日の資金計算書の前身ということができる。エスケレが1898年のニューヨーク州公認会計士試験問題の解答として作成した「比較貸借対照表」(Comparative General Balance Sheet) は[31]，まさしくダウライス製鉄会社の比較貸借対照表と同一の系譜に属する純財産変動表として位置づけることができる。19世紀後半のアメリカにまで待つことなく，18世紀半ばのイギリスの会計実務において，2期間の貸借対照表項目の変動を比較し，資金の源泉や使途を表示しようした純財産の変動計算書，すなわち資金計算書の原初的な形態がすでに登場していたのである。

## 6　お　わ　り　に

13世紀初頭，イタリア北方諸都市を中心に文書証拠として発生した複式簿記は，14世紀の半ばまでにその第一義的機能を損益計算へと転換させていった。その当時における損益計算は，主としてビランチオ（利益処分結合財産目録）にもとづくストックの側面からの損益計算が中心であった。このストック重視

---

30) Glamorgan Record Office, D/DG, E8. なお，紙面の関係で本稿では割愛するが，ダウライス製鉄会社の比較貸借対照表については，第10章「ダウライス製鉄会社の資金計算書」で詳述している。

31) 佐藤倫正「黎明期の資金計算書―1898年ニューヨークCPA試験出題とエスケレによる解答―」『産業経理』第46巻第1号，1986年5月，99頁。なお，エスケレの比較貸借対照表については，ESQERRE, Paul-Joseph, *The Applied Theory of Accounts,* New York, 11th printing, 1921, pp. 41-6 を参照。

による損益計算思考は，ビランチオが消滅した後も，18世紀後半まで継承される。しかし，18世紀末から19世紀の前半にかけて，それまでのストック中心の損益計算思考をフロー中心の損益計算思考に転換させる事態が生じてきた。とりわけ19世紀前半以降，アメリカ貿易を中心にした代理商，あるいは鉄道業や製鉄業等の出現により，それまでのストック中心の損益計算思考はフロー重視の損益計算思考へと変貌させられるに至ったのである。なぜなら，代理商の利益発生の主たる源泉は，手数料収入であり，ストック計算ではなくフロー計算によって生じるのはいうまでもないからである。また，鉄道業や製鉄業等では，株主から巨額の資本を調達するために，何よりも先ず，当該企業への投資が市場の一般金利よりもいかに有利であるかを示す必要に迫られたからでもある。すなわち，企業の財産価値よりもむしろ収益性を重視する必要性があったからである。

しかし，南海泡沫事件 (1720) を経験したイギリスの投資家達は，その廃止法 (1825) 後も損益計算書や貸借対照表で表示された企業利益，すなわち配当可能利益の根拠となる紙と鉛筆による計算上の利益が実際に現金で裏付け保証されているのかどうかに大きな関心を寄せた。

他方，経営者は，例えばダウライス製鉄会社に見られるように，投資のための資金を，単に増資によって調達するのではなく売上の増大を通して増収を図り，その利益によって賄ったのである。しかしながら他方では，このような販売促進政策は，19世紀後半に企業活動の持続的な成長を反映して，棚卸商品などの流動資産の保有を著しく増加させた[32]。この在庫の増加は，企業利益に大きな影響を及ぼしたのは言うまでもないが，それと同時に，運転資金の総額にも多大な影響を及ぼしたものと思われる。すなわち，現実には，獲得した利益によって新たな設備投資を行おうとしたとき，帳簿上では利益があるにもか

---

32) EDWARDS, J. R. & BABER, C., "Dowlais Iron Company : Accounting, Policies and Procedures for Profit Measurement and Reporting Purposes", *Accounting and Business Research*, Vol. 9 No. 34, Spring 1979, p. 139. なお，ダウライス製鉄会社の比較貸借対照表については，第10章「ダウリス製鉄会社の資金計算書」を参照されたい。

かわらず，その利益に見合う実際の投資資金が不足ないしは存在しないという事態が生じたものと思われる。その結果，経営のトップや担当の責任者たちに「いったい利益はどこに行ってしまったのか？」という疑問を生じさせた。換言すれば，たとえ貸借対照表や損益計算書上で巨額の利益が計上されたとしても，その利益額を設備投資に利用しようとしたとき，それに相当する現実の現金資金が不足ないしは存在しないといった状況が生じ，その結果，「利益とはいったい何なのか？」という素朴な疑問が生じたものと思われる。すなわち，利益の中身ないしは利益の質が問い直されたのである[33]。その答を求めるために，比較貸借対照表を作成し，利益の行く先を解明しようとしたのである。われわれは，資金計算書の源流をここに見出すことができる。

---

33) 利益の質という考え方については，佐藤倫正「利質分析と資金計算書」『企業会計』vol. 47 No. 12, 1995年12月を参照。

# 第8章 ディスクロージャー機能の形成とその背景

## 1 は じ め に

 ASOBATの規定を待つまでもなく,会計とは,一般に「情報の利用者が判断や意思決定を行うにあたって,事情に精通したうえでそれができるように,経済的情報を識別し,測定し,伝達するプロセス[1]」であると定義することができる。すなわち,現在における簿記・会計の基本的な役割は,取引を記録し,計算し,報告することにある。なかでも企業の期間利益を測定し,企業をとりまく利害関係者に企業利益を開示することは,きわめて重要な役割の一つである。いうまでもなく,この開示のプロセスは,財務諸表とりわけ貸借対照表や損益計算書によって,そして今日では,キャッシュ・フロー計算書も加わり,行われてきた。それゆえ,当然のことながら,貸借対照表や損益計算書は,複式簿記の生成当初からすでに存在していたと考えられがちである。しかし,両者は,複式簿記の生成当初からすでに作成されていたわけではない。

 13-15世紀のイタリアにおける企業形態は,個人ないしは数人による組合が支配的であった。そのため,一般的には,企業損益の明細をあえて帳簿とは別の紙葉に作成して,報告する現実的必要性はなかったのである。なぜなら,個人企業のように報告する対象が自分自身であったり,またたとえ組合企業であったとしても,組合員の数が僅かであれば,企業の損益や財政状態をあえて別

---

1) A. A. A., *A Statement of Basic Accounting Theory,* Illinois, 1966, p. 1. 飯野利夫訳『アメリカ会計学会基礎的会計理論』国元書房,1969年,2頁。

の紙葉に作成して報告するという余分な手間暇をかける必要はなく,帳簿そのものを開示すればそれで十分にこと足りたと思われるからである[2]。その意味では,資本調達を主たる目的として,帳簿とは別の紙葉に企業損益の明細を作成し,企業外部の利害関係者に報告するに至ったのは,報告すべき対象自体が,帳簿を開示することによってその機能を果たし得ないほど多数になってきてからのことである。すなわち,現実には,財務諸表の作成・開示の実務が定着するのは,多数の株主を抱えるようになった巨大な株式会社が出現してくる18世紀末から19世紀以降のことである。

本章では,企業の財政状態や経営成績をディスクローズするために最も重要な役割を果たしている貸借対照表と損益計算書が,18世紀の後半から19世紀の前半のイギリスにおいてどのようにして生成し展開して行ったかを,当時のイギリス会社法と関連させながら,論及していくことにする。

## 2 財務情報開示の要請—貸借対照表の萌芽—

複式簿記の生成当初,個人ないしはせいぜい家族で組合を結成している企業形態の段階では,すでに述べたように,企業損益を厳密に計算する必要がないばかりではなく,企業活動の結果としての損益を企業をとりまく利害関係者に開示する必要などなかったのである。たとえ,他人と組んで組合を結成したフィレンツェの期間組合においても,組合員の数がそれほど多くなければ,企業の財政状態や経営成績をわざわざ別の紙葉に作成して開示する必要はなかった。帳簿そのものを閲覧させればそれで良かったのである。ただし,遠隔地に支店を持つ比較的規模の大きな組合の場合は,初期においては必ずしも定期的とは限らなかったが,決算が行われた時点で,支店から本店に何らかの業績の報告が行われていた。多くの場合,それは実地棚卸を中心に作成されたビラン

---

[2] 個人企業においても,遠隔地に支店や出張所を出店している企業においては,それらの責任者が本店にその事業内容を,損益計算書や貸借対照表は未だ出現していなくても,それらに代わる何らかの手段によって報告し,アカウンタビリティを果たしていたのはいうまでもない。

チオ(利益処分結合財産目録)によっていた。

しかし,一般的には,企業の財政状態や経営成績をわざわざ別の紙葉に作成して開示するシステムが形成されてくるのは,開示対象が非常に多くなってからのことである。時代的には,18世紀後半から19世紀前半にかけての運河会社や鉄道会社あるいは石炭会社や製鉄会社の出現以降のことになる。すなわち,当時の大企業は,巨額の資本調達の必要性から,将来株主に対して,投資の有利性や安全性を広く周知させる必要に迫られ,帳簿そのものの開示は物理的に不可能に近いため,別の紙葉に財政状態や経営成績が判断できる要約表,すなわち貸借対照表と損益計算書を作成して,開示したのである。

従来までの研究では,その形態上の類似性から,オランダの数学者シーマン・ステフィン(Simon Stevin:1548-1620)の説く「状態表すなわち資本」(Staetof Capitael)とその証明表としての「損益表」(Winst en Verlies)が,時として,貸借対照表や損益計算書の萌芽的事例であると言われてきた。しかしながら,私は,機能的に見る限り,これら両者が,財務諸表ではなく精算表の前身であることを,すでに明らかにした[3]。それでは,イギリスにおいて,貸借対照表や損益計算書がいつ頃,いかなる必要性にもとづいて生成してきたのであろうか。また,両者の母体を何に求めるのか。先ず貸借対照表の生成から見ていくことにする。

言うまでもなく,貸借対照表とは,ある一定時点における企業の資産,負債,資本の状態を要約した一覧表である。一覧表として,帳簿とは別の紙葉に作成するということは,単に,ある一定時点における企業の財政状態を明示するだけに止どまらず,企業をとりまく利害関係者に企業の財政状態を開示する必要性に迫られた結果であることを示すものであろう。もし開示を前提にしないのであれば,わざわざ帳簿とは別の紙葉に作表する必要はない。決算残高勘定や試算表によって企業の財政状態の概要は十分に把握できるし,たとえそうでなくても,元帳諸勘定の最後に,貸借対照表を作成して記帳すれば良いから

---

3)拙著『決算会計史論』森山書店,1993年,第3章を参照。

である。また，不特定多数の株主が増大してくると，企業のあらゆる経営状態，いわば企業秘密が書き込まれている帳簿は，たとえ株主といえども，公開を憚る状況も出てくる。同じ株式会社でも，17世紀頃の株主がわずか14-5名といった勅許会社における株主への開示とは異なり，不特定多数の株主への開示は，すべての人への公表を意味するからである。そのため，株主にとって必要最小限の財務的資料のみを帳簿とは別の紙葉に，一覧表として開示するに至った。財務諸表を出現させたのは，この秘密漏洩の阻止というよりも，厖大な帳簿をそのまま多くの株主に開示するのが物理的に困難であったのがというのが主要な原因であったのは，言うまでもない。この利害関係者への開示という財務報告機能こそ，貸借対照表の最も根源的な構成要素といえる。

利害関係者への報告機能を有した最も初期の貸借対照表として，クロムウエルの改組（1657年）後の1670年前後に見出せるイギリス東インド会社の半公表貸借対照表（the balance account of a semi-public character），および1696年下院に提出するために作成されたイングランド銀行の貸借対照表が，一般にあげられている。ウィリアム・W・ハンター（William Wilson Hunter）の研究によれば，すでに高寺貞男教授によって指摘されているように，イギリス東インド会社の財産の定期的調査という会計実務は，クロムウエルの改組まで会社がとってきた簿記の秘密主義からの脱却を意味し，まさしく近代的株式会社の基礎となった公表会計の先駆となったものといえる[4]。

しかし，クロムウエル当時のイギリス東インド会社の貸借対照表もイングランド銀行の初期の貸借対照表も，両者とも，今日の貸借対照表とは，その機能において，大きく異なっていた。前者は，株主への元帳上の資本勘定の閲覧権を単に認めたものに過ぎず，一般の株主に企業の財政状態を開示するため，元帳勘定とは別の紙葉に作成されたものではない。他方，後者は，イギリス東インド会社のそれとは異なり，勘定とは別の紙葉に作成されたものではあったが，それは株主への報告のためになされたものではなく，当時のイギリス政府

---

4) Hunter, W. W., *A History of British India*, Vol. 1, London, New Impression, 1912, pp. 276-7. 高寺貞男『会計政策と簿記の展開』ミネルヴァ書房，昭和49年，431頁。

第8章　ディスクロージャー機能の形成とその背景

の要請にもとづき，不祥事の釈明のために下院への提出用として作成されたものに過ぎないといわれている[5]。

したがって，当時の貸借対照表は，今日われわれが一般に用いている貸借対照表と比較すれば，かなり大きな隔たりがあるといえる。それ故，貸借対照表の生成史を研究するにあたっては，たとえ貸借対照表の基本的な要因が開示機能であるとしても，その報告の客体をどこに求めるかということが，非常に重要な問題になってくる。なぜなら，報告客体が内部であるのか外部であるのか，外部であったとしてもごく限られた機能資本家であるのか，それとも不特定多数の無機能資本家であるのかによって，その形態や役割に大きな違いが見られるからである。それ故，次に，報告客体を外部の一般株主に求めた今日と同じ機能を果たす貸借対照表が，イギリスにおいて，いつごろ生成してきたかについて検討していくことにする。

## 3　フィンレイ商会の残高帳とその特徴

一般の企業において，貸借対照表と同様の機能を果たす一覧表を作成した最も初期の事例として，われわれは，1789年から1935年にわたって残存するジェームズ・フィンレイ商会（James Finlay & Co Ltd.; 1789-1972）の残高帳(バランス・ブック)をあげることができる（図表1）[6]。フィンレイ商会の創始者，ジェームズ・フィンレイは，紡ぎ糸商人で，1793年にディーンストン製造工場の経営に際し，綿工業一家として知られていたブキャナン一家（Buchanans）と組合を結成した。彼の息子カークマン・フィンレイ（Kirkman Finlay）は，1802年にデビッド・デイルからキャトライン工場の，1808年にはバリンダロッホの製造工場の権利を譲り受け，企業を拡大させる手助けをなした。本社はグラスゴーにあり，織物製造工業をなす一方で茶の栽培と販売も手がけ，最盛時には2,000人以上もの手織りばたの織工を抱えていたといわれている[7]。

---

5) 高寺貞男『前掲書』436-38頁。
6) Glasgow University Archives ed., *Business Records Guide*, UGD 91, p. 59.
7) ジェームズ・フィンレイ商会の残高帳は，他の諸帳簿と一緒に，現在，グラスゴー大

残存している帳簿は，殆どのものが19世紀以降のものであり，18世紀のものとしては，僅かに，ここでとりあげる残高帳（Balance Book）と個人の仕訳帳および元帳（Private Journal and Ledger）が残されているに過ぎない。最初の元帳は，C元帳で，1791年から92年にわたる取引が記帳され，そこには，製造，原価，資本，組合員，商品，支払手形および受取手形に関する各勘定が含まれている[8]。

　残高帳に記帳された最も古い残高勘定は，1789年2月10日から1790年2月1日までの取引が記帳され，1790年2月9日付けで作成されている。フィンレイ商会の残高帳は，すでに拙著において紹介したので，ここではその要約のみを示すことにする[9]。

　残高勘定に転記されたほとんどの勘定科目は人名勘定であり，それ以外の勘定科目についても，18世紀の後半までに出版された簿記書で説明されているものと大きな相違は見られない。個々の詳しい内容については，残高帳に対応する仕訳帳（Journal）と日記帳（Waste Book）あるいは仕訳日記帳（Day Book）が残存しないため，明らかではない。貸倒引当金（Fund for Bad Debts）の使用は，すでに14-15世紀のイタリア商人の現存帳簿に見出せるが，18世紀のイギリスの簿記書ではそれほど一般的には説明されていない。しかし，現実の取引では，貸し倒れがかなりの額にのぼり，企業損益に多大の影響を与えたであろうと思われる。

　例示した残高勘定によれば，当該期間の利益は合計1,600ポンドであり，貸倒引当金は68ポンド14シリング1.5ペンスであるので，利益の約4.3パーセントに相当する額が貸倒の予想額ということになる。翌年（1790年2月1日～1791年2月1日）では，利益が1,800ポンドと前年度とほぼ同程度であるのに対し

---

　　　　学のアーカイヴスのアダム・スミス・ストアーに保管されていた。分類番号は，
　　　《UGD 91/3》である。以下，本帳簿の引用にあたっては，UGD 91/3と略記して示
　　　す。現在は，グラスゴー大学アーカイヴ・サービスに移管されている。
　8）MOSS, Michael, "Forgotten Ledgers, Law and The Business Historian : Gleanings from The Adam Smith Business Records Collection", *Archives*, Vol. 1, No. 72, October 1984, p. 360.
　9）拙著『前掲書』74-7頁。

第8章 ディスクロージャー機能の形成とその背景

[図表1] フィンレイ商会の残高帳 (1789)

| 残高借方 | | | | ジェームズ・フィンレイ商会, 1789 | 残高借方 | | |
|---|---|---|---|---|---|---|---|
| 製造 | 1,361 | 16 | 6 | ジェームズ・フィンレイ | 606 | 8 | 6 |
| 現金 | 96 | 8 | 1 | ジェームズ, ジョージ・ブキャナン | 1,459 | 14 | 10 |
| 商品 | 3,882 | 4 | 8 | クリスティー, スミス会社 | 85 | 19 | 1 |
| K・フィンレイ | 605 | 12 | 3 | シャドウィック, セドン | 564 | 15 | 9 |
| ジョン・ライト | 78 | 16 | 5 | ブラム・フィールド, スラック | 89 | 11 | 9 |
| アンドリュー・ステフィンソン | 260 | — | 10 | ボイロダイルス会社 | 58 | 7 | 1 |
| ミラー, ユーイング | 17 | 10 | — | 支払手形 | 1,127 | — | — |
| ユーテンシル | 210 | 1 | — | ウィリアム・ジレスピー会社 | 22 | 6 | 10 |
| 受取手形 | 704 | 9 | 6 | ジョン・マンティース会社 | 13 | 7 | |
| ︙ | | | | ︙ | | | |
| ジョン・パードン | 33 | 11 | 5 | ジョン・ミリケン | 39 | 7 | — |
| クレメント・ベリネイ | 2 | 16 | — | 損益の貸方への誤謬 | 13 | 8 | 9 |
| ドゥパライアード, フィリッポン | 67 | 17 | — | 貸倒引当金 | 68 | 14 | $1\frac{1}{2}$ |
| J. A. ウィルソン | 6 | 8 | — | 資本金 | 2,600 | — | — |
| D. W. ハーパー | 354 | 14 | 6 | 同上 今期の利益に対し | 1,600 | — | — |
| バートン, ブルーム会社 | 6 | 5 | — | ジェームズ・フィンレイの貸方 | | | |
| キニバーグ, ブレアー会社 | 3 | 2 | 2 | K. フィンレイの貸方 | £738.9 | | |
| D. マーシャフィー会社 | 10 | 16 | 6 | ジョン・ライトの貸方 | 369.4 | | |
| マッカラム, モンロウ会社 | 5 | 8 | — | | 123.2 | | |
| グレイ, ラウリー | 9 | 12 | 10 | | | | |
| | 11,784 | 19 | $10\frac{1}{2}$ | | 11,784 | 19 | $10\frac{1}{2}$ |

　われわれはここに，上記のものが，1789年2月10日から1790年2月1日までのジェームズ・フィンレイ商会の公正かつ真実な残高の状態であることを証します。
　1790年2月9日，立会人自らの手で

　　　　　　　　　　　　　　　　　　　　　　　　　ジェームズ・フィンレイ
　　　　　　　　　　　　　　　　　　　　　　　　　K. フィンレイ
　　　　　　　　　　　　　　　　　　　　　　　　　ジョン・ライト

　　　　　　　　　　　　　　　　　　　　　　　　　(UGD 91/3 pp. 1-6)

て，貸倒引当金が267ポンド13シリングと4倍近くにもなっている[10]。さらにその翌年では，925ポンドの利益に対してなんと1,637ポンド15シリング9ペンスの貸倒引当金が設けられている[11]。このように，その年々によって貸倒の予想額が大幅に異なっているのは，当時の経済事情が不安定であった状況の反

---

10) UGD 91/3, p. 10.
11) *Ibid.*, p. 14 and p. 16.

映であろう。

　残高帳に集められた残高勘定は，あくまでも元帳勘定に設けられた残高勘定からの写しに過ぎず，その内容が帳簿記録にもとづいて作成されたのは明らかである。したがって，ここに例示したフィンレイ商会の残高勘定は，たとえその末尾に利益の分配先（ジェームズ・フィンレイ£738.9，K. フィンレイ£369.4，ジョン・ライト£123.2）が明示されているとしても，単にそれを残高帳に明示したに過ぎず，利益分配のために作成された中世末葉ないしは近世初頭のイタリアで作成されたビランチオとは本質的に異なる[12]。

　フィンレイ商会の残高帳(バランス・ブック)のうち，利益の分配先が示されているのは1789年2月から1790年2月までのものだけで，それ以降のものには利益のみが総額で表示され，出資主への利益の帰属分は書かれていない[13]。

　この残高帳の特徴は，数年間にわたる残高勘定のみの写しが一冊の帳簿に集められている点にある。従来までのいわゆるイタリア式貸借記帳技法，すなわち複式簿記には見られない帳簿である。もちろん，自己の財政状態を株主に開示するために作成した貸借対照表でもない。また，少なくとも，19世紀前半までのほとんどの簿記書においても，われわれはこの残高帳の例示や説明を見出すことはできない。おそらく，株主への会計情報の開示機能をより合理的に遂行して行くために，実務のなかで考え出されたものであろう。この残高帳に集められた残高勘定が元帳内の決算残高勘定と異なるところは，借方と貸方の合計額をバランスさせ，勘定を締め切った後に，この残高帳の数字と元帳の残高勘定の数字が同一であることを証明するための署名が見られる点にある。すなわち，フィンレイ商会の残高帳は，監査証明付決算残高勘定なのである。

　この署名入りの残高勘定が一種の監査証明書でもあったというのは以上見てきたとおりであるが，これを外部の利害関係者に開示するという点では，単な

---

12) 代表的なものとして，デル・ベーネ商会のビランチオ（泉谷勝美『複式簿記生成史論』森山書店，1980年，240-46頁）やダティニ商会アヴィニョン支店のビランチオ等を上げることができる（拙著『前掲書』31頁）。

13) 例えば，UGD 91/3, p. 16, p. 26, p. 46, 等でみられる。

## 第8章　ディスクロージャー機能の形成とその背景

る残高勘定ではなく，まさしく今日の貸借対照表の機能を果たしていたとみなすこともできるのである。署名入りの証明文は，その後の残高帳に集められたすべての残高勘定に見られる。決算残高勘定を開示するということは，元帳そのものを開示することになり，株主が多くなればなるほど，膨大な帳簿を開示するという物理的な観点と経営上の秘密を保持するという政策的な観点の二つから，困難になってくるのは言うまでもない。そのため，残高勘定だけを一冊の帳簿に集め，この帳簿すなわち残高帳（バランス・ブック）を株主や他の利害関係者に開示するという工夫が考案されたものと思われる。相対的には，元帳そのものの開示であるならば，そこに記帳された取引の内容は信頼に足るものと考えられる。しかし，その元帳とは別の帳簿に，報告目的のために残高勘定の写しを記載するのであれば，この残高帳における残高勘定の数字が元帳における残高勘定の数字と同じであるという証明が必要になる。この監査証明が付け加えられている点が，フィンレイ商会の残高帳の最も大きな特徴なのである[14]。

　この残高帳（バランス・ブック）は，リバプール近郊のマーシー湾を挟んだバーケンヘッドとランカスター，チェスターとを結んだバーケンヘッド，ランカシャー，チェッシャー間鉄道会社（Birkenhead Lancashire and Cheshire Junction Railway Company）の1846年から1866年の間の半年ごとにまとめられた帳簿の中にも見出すことができる[15]。この時代にはすでに，貸借対照表が出現していたため，両者の役割分担がどのように認識されていたかは，検討課題として残された問題である。

　企業が多くの株主や債権者に自らの財政状態や経営成績を報告するためには，企業をとりまく利害関係者が多くなればなるほど，帳簿とは別の紙葉にそれらの概要を要約し，一覧表として開示していくのが最も自然な一つの帰結で

---

14) フィンレイ商会とは異なり残高勘定ではないが，この種の監査証明付残高試算表は，倒産をしたベアリング・ブラザーズ商会（Baring Brothers & Co., Limited）の1781年から1805年にかけて現存する残高試算表，および19世紀前半のバーミンガム運河会社（Barmingaham Canal Navigation）の帳簿の中にも見出せる（拙著『決算会計史論』森山書店，1993年，83-6頁）。

15) Public Record Office, Rail 35, no. 60 and 61.

あろう。なぜなら，第1に，ゼロックスやマイクロフィルムがなかった当時において，膨大な会計帳簿そのものを多くの利害関係者に開示するのは何よりも物理的に困難であり，第2に，会計帳簿そのものを開示することは，帳簿に記載された様々な企業秘密を公開することにもなる。可能な限りそのような秘密の漏洩を回避しようとするのは，当然である。

いわば，監査証明付の勘定の写しは，この残高帳だけではなく，18世紀後半から19世紀前半にかけてのベアリング・ブラザーズ商会やバーミンガム運河会社の試算表にも見出せる[16]。試算表は，元帳記帳の正否を検証するための内部資料であるが，このような監査人の証明を付したというのは，恐らく報告諸表として利用されたのであろう。産業革命期に入り，株主や債権者からの情報開示に関する要求が強まってきたことを反映しているのであろう。

## 4　1844年登記法における貸借対照表規程

フィンレイ商会の残高帳すなわち監査証明付決算残高勘定の集合体は，名称は勘定であるが，実質的には貸借対照表の役割を果たしていたことが明らかになった。18世紀末葉から19世紀前半にかけて，とくに運河会社や鉄道会社を中心にした多くの巨大企業は，巨額の資本を調達するため，企業の財政状態や経営成績を開示することが要求された。すなわち，より多くの投資を必要とした鉄道業に代表される当時の巨大企業は，自社への投資の有利性と安全性を強調し，保証するため，自らの手で，貸借対照表や損益計算書の開示を積極的に行うに至ったのである。また，かつてかの「南海泡沫事件」(1720年12月) で莫大な損害を被った一般の投資家たちの投資意欲を喚起するため，一方では，1719年の泡沫会社禁止条例を廃する泡沫条例廃止法 (1825年) を制定すると同時に，他方では，なんらかの国ないしは公の手段によって，投資の有利さと安全性をより保証する必要があった。これらの結果が，1844年登記法における会計の公開性ないしは開示性の第1歩への引き金となったといえる。すなわち，

---

[16] 拙著『前掲書』83-6頁。

1844年登記法において初めて，貸借対照表の作成が規定され，つづく1856年会社法で，貸借対照表の雛型が例示されたのである。ここに，法制史上，貸借対照表が初めて登場することになる[17]。

貸借対照表の母体を何に求めるかに関しては，①14世紀半ば頃までのフィレンツェを中心に見られたいわゆるビランチオ（現存の利益処分計算書と財産目録とが一緒になった資産・負債・資本の一覧表）に求める，②フランス商事王令の規定等に見られる財産目録に求める，③資本金勘定に求める，④開始残高勘定に求める，⑤決算残高勘定に求める，⑥残高試算表に求める，⑦精算表（前述のステフィンの資本状態表や17・18世紀のイギリスの簿記書で多く見られたバランス・シートを含めて）に求める，等いくつかの解釈が見られる。現段階で，いずれか一つの解釈に限定してしまうのには問題が残されるかもしれない。しかし，本章で分析してきたように，フィンレイ商会の残高帳が現在の貸借対照表の役割を果たしていたであろうことは，容易に判断できるのである。すなわち，貸借対照表の源流を残高勘定とりわけ決算残高勘定に遡及しようとする考え方は，一つの有力な解釈であるのには違いない[18]。

---

17) この間の事情については，千葉準一『英国近代会計制度—その展開過程の研究』中央経済社，1992年，に詳しい。貸借対照表の雛型は，拙著『前掲書』100-1頁参照。

18) いうまでもなく，ベアリング・ブラザーズ商会やバーミンガム運河会社の帳簿から，貸借対照表は，試算表から発展してきたと解釈することも可能である。しかし，フィンレイ商会の残高帳が存在する限りお，試算表から貸借対照表が発展してきたと解釈するよりも，残高勘定とりわけ決算残高勘定から貸借対照表が発展してきたと解釈するほうが妥当であろう。なぜなら，試算表からでは単に貸借対照表だけではなく，損益計算書も同時に生成してくるのが自然であろうと思われるからである。イギリスにおける会社法の規程で，貸借対照表の作成が義務付けられたのは，周知のとおり，1844年法においてであるが，損益計算書の作成に関する規程が登場するのは，1929年以降のことである。このように見てくると，利害関係者への報告機能を重視する貸借対照表は，フィンレイ商会の残高帳に見られるように，決算残高勘定から進化してきたと見なすのが妥当であろうと思われる。また，1844年の会社法以降のイギリス会計実務において，借方に負債と資本，貸方に資産を表示するいわゆるイギリス式貸借対照表形式が，広くイギリス全土において一般に用いられていたわけではない。とりわけスコットランドにおいては，イングランドよりも大陸諸国やアメリカとのつながりが強く，したがってまた前者よりもむしろ後者からの影響を強く受けていたのである。そのため，スコットランドでは，1844年の会社法制定以降においても，1880年頃まではいわゆるイギリス式貸借対照表形式と大陸式（一般式）貸借対照表形式が，決算実務の中に相半ばして見出せるのである。単にイングランドだけに止まらずスコッ

## 5 損益計算書の生成前夜

かつて,リトルトン (A. C. LITTLETON : 1886-1974) は,「このように,貸借対照表に関する資料は,種々の観点から重視され,精錬されてきた。しかし,費用や所得に関する資料は,単に貸借対照表の正確性を他の方法で証明する付随物にすぎなかったのである。事実,17世紀においては,費用や所得に関する資料は単に『財産の証明』として示されたにすぎなかった[19)]」と述べた。すなわち,近世初頭における商人達は,自己の企業損益を主に残高勘定や貸借対照表にもとづき,財産計算によって算出した。14世紀前半のイタリアで一般的に作成された損益勘定 (Profit and Loss Account) や早くは17世紀冒頭のオランダで見られ,その後18世紀に入りイギリスで広く用いられた損益表 (Profit and Loss Sheet) による損益計算システムは,単に残高勘定や貸借対照表によって計算された具体的な企業損益を,費用・収益といった抽象的な概念によって証明するための手段として用いられたものにすぎず,企業損益を積極的に計算するためのものではなかったと言うことも出来る。

それに対して,19世紀を迎え,主として鉄道業や運河業を中心に作成された損益勘定表 (Revenue Account. Profit and Loss Account) すなわち実質的には損益計算書が,これら初期の損益勘定や18世紀のイギリスを中心に作成された損益表と同様にストックの側面からの損益計算を単に証明するための手段として作成されたものではなく,それよりも一歩踏み出し,フローの側面から企業損益を計算しようとするものであった。この点については,後述することにする。

18世紀のイギリスを中心に作成された損益表は,企業損益の算出という観点からは,必ずしも積極的な役割を果たしていたわけではない。むしろ財産計算

---

トランドにおいても,貸借対照表の表示形式がいわゆるイギリス式に統一されてくるのは,大陸諸国やアメリカからの影響が薄れてきた,1880年頃から以降のことなのである。

19) LITTLETON, A. C., *Accounting Evolution to 1900*, New York, 1933, P. 153. 片野一郎訳『リトルトン会計発達史』同文舘,1952年,243-4頁。

## 第8章 ディスクロージャー機能の形成とその背景

として残高表で算出された損益をいわば原因の側面から証明し,副次的に損益計算に関与していたのである。このことは,これら残高表と損益表の源流と考えられるシーマン・ステフィン (Simon STEVIN : 1548-1620) の『数学的伝統録』(Wisconstighe Ghedachtnissen, Leyden, 1605-8) で例示されている「状態表すなわち資本」(Staet of Capitael) とその証明表としての「損益表」(Winst en Verlies) の関係を分析すれば,明らかである。ステフィンは,元帳諸勘定の締切に先立ってこれら二つの計算表の作成を説いている[20]。

彼は,第9章「状態表の作成あるいは残高表について」のなかで,「商人のなかには,損益がその年に生じたかどうか,毎年吟味することを習慣としているものもいる。彼らは,これを残高表すなわち状態表の作成と名づけている。人はまた,それを資本の計算とも呼んでいる」と述べている[21]。状態表では,期末と期首の正味財産が比較され,1年間の期間損益が確定されている。この期間損益を,ステフィンは,第9章の中で,「状態表の証明」(Staet proef) という項目を設けて,「しかし今,上記のことが正確であるか否かを調べるために,次のようなことがその証明に役立つであろう。すなわち,資本を増減させるあらゆる項目の残高を加える。これらの項目は,元のものに属していなかったために,前の状態表の作成に当たって記入されなかった項目の残高である。そしてこれは,1600年1月0日以後,これらの帳簿にもたらされた損益の部分である。もし帳簿を締め切るならば(次の10章でなされるように),その金額は損益勘定に表示され,それによってまた,……利益が見出されるに違いない。このようなことを目的として,私は,元帳を前の方から検討し始める[22]」と述べている。まさしく,損益表が状況表の証明表として機能していたことを明示している。

もっとも,ステフィンの二つの計算表は,機能的には,財務諸表ではなく精

---

20) 拙著『揖益計算史論』森山書店,1983年,56-61頁。
21) STEVIN,Simon, *Vierde Stvck Der Wisconstighe Ghedachtnissen Vande Weeghconst,* Leyden, 1605, Schvltbovcckin Bovkhovding, pp. 34. 岸悦三『会計生成史』同文舘,1975年,138頁。
22) *Ibid.,* P. 35. 同上書,139頁。

算表であるため，このことが，直ちに，リトルトンの論述をそのままのかたちで論証する史料になるわけではないが，損益表が費用・収益項目から，状況表が資産・負債・資本項目から作成される点を考慮すれば，フローの側面からの損益計算が，ストックの側面からの損益計算の証明手段として機能していたという点についての論証の1例に挙げることは可能であろう。筆者は，何冊もの17・18世紀のイギリスの簿記書を分析してきた。その中に共通して流れている思考は，当時の簿記書の第1次的な目的が，期間損益の計算機能よりもむしろ記帳の正確性を期す検証機能にあったのではないかということである。

13-15世紀のイタリアでは，当時の商人達は，企業損益の算定に際しては，決算残高勘定や集合損益勘定によって企業損益を求め，現実の利益分配は，主として，ビランチオ（利益処分結合財産目録）によって算出するのが一般的であった。なぜなら，複式簿記の生成当初では，ビランチオ上の利益と損益勘定上の利益は一致しないのが普通であり，損益勘定における損益計算機能は，それほど重視されていなかったからである[23]。すなわち，帳簿上で計算された抽象的な利益よりも，実際の棚卸しによって計算された具体的な利益の方が，商人達にとっては，より信用できる数字であったと思われるからである。ここにわれわれは，貸借対照表の作成がすなわちストックの側面からの損益計算が，損益計算書のそれすなわちフローの側面からの損益計算に歴史的に先行しうる根拠を見出すことができる。しかし，商人達が現実的な必要に迫られて計算書を作成することとその作成を法律上で規定することが，常に時間的に一致するとは限らないが，貸借対照表作成規程が損益計算書のそれに先行した傍証としてこの事実を挙げることができるかも知れない。それと同時に，フローの

---

23) 拙著『損益計算史論』24頁。なお，15世紀頃までの損益勘定の状態は，①損益勘定は当初から設定されなかった，②設定されたとしても，単に各費用・収益に関する諸勘定を締め切るためのもので損益勘定の借方・貸方の総計が算出されなかった，③総計が算出されたとしても，ビランチオ上の損益と損益勘定上の損益が大幅に食い違い，締め切られることなく，そのまま放置された，④ビランチオ上と損益勘定上の各損益の差額を計算したが，両者が一致されるまでには至っていない，⑤両者の差額を計算し，その誤差をビランチオ上で修正し，損益勘定で損益計算が行われたか，ないしはその両者の損益が完全に一致している，の5類型に分類することができる（拙著『決算会計史論』25-9頁）。

側面からの損益計算が，他面では，損益を生じさせた因果関係を明示することにもなるため，企業間競争が激烈な状況のもとでは，このような重要な情報のディスクローズにより慎重になったのではなかろうか，との推測から，損益計算書の作成に関する規程が貸借対照表のそれに歴史的に遅れをとったのではなかろうかと判断することができる。

いずれにせよ，複式簿記の生成当初は別にして，貸借対照表と損益計算書はどちらか一方のみが重要で，他方はそれほど存在価値がないといった性質のものではない。両者がそろって始めて，複式簿記による損益計算機能を遂行することができるのはいうまでもない。それゆえ，財務諸表が生成する19世紀の前半以降では，いうまでもなくすでに複式簿記に損益計算機能が付け加わっているため，貸借対照表と損益計算書のどちらか一方のみが作成され，他方が作成されなかったという状況は，不自然であると解するほうがむしろ自然である。現実には，法規程上とは逆に，世界最初の鉄道会社の会計報告といわれるリバプール・マンチェスター鉄道会社（Liverpool and Manchester Railway ComPany）で，すでに損益計算書（厳密には収益勘定表）が作成されていたことになる。それゆえ次に，この収益勘定表を検討していくことにする。

## 6 損益計算書の初期の事例

世界最初の鉄道会社の会計報告といわれるリバプール・マンチェスター鉄道会社（Liverpool and Manchester Railway Company）の1831年1月1日から同年6月30日に至る報告書には，収益勘定表(レベニュー・アカウント)が示されるのみで，未だ貸借対照表は作成されていないといわれている。ただし，「ここで表示された会計報告書は，本質的に収支計算書であり，期中における現金収支の内訳一覧表である。厳密な意味での現代の期間損益計算であったかどうかは極めて疑わしい[24]」と言われているのもまた，事実である。しかし，19世紀前半になって，費用と収益あるいは支出と収入の比較によって，いわば原因の側面から企業損益を算出

---

24) 中村萬次『英米鉄道会計史研究』同文舘，1991年，56頁。

し，その内訳明細を元帳諸勘定とは別の紙葉に作成して，報告しようとする新たな動向が生じてきたことを看過することはできない。

このように，法規程上では，貸借対照表に関する規程が損益計算書のそれに先行したが，実務上では，たとえそれが現金収支に基づくもので厳密な意味でいえば今日の損益計算書とは異なるものであったとしても，その作成が，法規程上とは逆に，貸借対照表に先行したのは，鉄道会社という公益性によるところが大であったと思われる。すなわち，「……鉄道法によって，鉄道会社が，投下資本に対し10%以上の配当金を2年以上継続した時は運賃を引下げることを義務付けられた[25]」ため，初期の鉄道会社の経営者達は，料金算定基準の基礎とすると同時に配当可能利益の算出のために，貸借対照表よりもむしろ損益計算書に強い関心があったのではないかとの推測が可能であるからである。ただし，この規定も実質的には，それほど効果を持たなかったようである。なぜなら，当時の市場金利は，ほぼ4%程度であり，1842年から1873年にかけてのイギリス鉄道会社の資本利益率すなわち払込資本に対する当期純利益の百分比率は，一番低いときで1950年の2.2%，一番高いときでも1945年の8.5%であり，10%を超える配当を可能にさせる純利益を獲得していたことは，この32年間で一度もなく[26]，したがってまた，現実には，10%を超える配当がなされたこともなかったからである。すなわち，1842年から1873年までで最も高い配当率は1844年と1872年の7.4%で，最も低いそれは1850年の2.2%，32年間の平均配当率は5.1%に過ぎなかったのである[27]。

リバプール・マンチェスター鉄道会社の翌1832年3月28日の報告書には，損益勘定表，部門別損益勘定表および両計算表の内容についての議長の補足説明がつけ加えられ，貸借対照表および部門別給料一覧表は，議長署名後に線を引き，さらにその下部に添附されているといわれている[28]。例示のために，ロ

---

25) 同上書，56頁。
26) BROADBRIDGE, Seymour, *Studies in Railway Expansion and the Capital Market in England, 1825-1873*, Guildford and London, 1970, p. 62.
27) *Ibid.*, p. 65.
28) 中村萬次『前掲書』60-3頁。なお，リバプール・マンチェスター鉄道会社が株主総

[図表2] ロンドン・バーミンガム鉄道会社の1838年の収益勘定表(レベニュー・アカウント)

収益勘定表
6カ月1838年12月31日

| 1838年12月31日 9月17日以降 | £ | s | d | £ | s | d | 1838年12月31日 | £ | s | d | £ | s | d |
|---|---|---|---|---|---|---|---|---|---|---|---|---|---|
| ロンドン・トゥ リング間の路線の保守費 | 7,175 | 14 | 4 | | | | 受取収入,即ち 旅客運賃,小荷物・郵便物・及び貨物運賃 | 219,973 | 8 | 0 | | | |
| 機関車に関わる勘定,即ち石炭,コークス,修繕費,給料,賃金,石油,獣脂,雑費 | 16,091 | 5 | 1 | | | | 仲介した客車の控除額 | 16,558 | 4 | 7 | | | |
| 運送勘定,即ち給料,保安員及びポーターの賃金,事務費,修繕費,ガス,石油,獣脂,走行マイル税 | 25,538 | 3 | 5 | | | | | | | | 203,415 | 3 | 5 |
| | 8,816 | 9 | 4 | | | | 9月17日以降の現金残高に対する受取利息 | 961 | 19 | 4 | | | |
| 一般管理費 技術費,訴訟費用,広告費,印刷費,管理費,事務所費,給料,秘書・事務員の給料,及びその他(旅費を含む) | 14,983 | 16 | 1 | | | | | | | | 204,377 | 2 | 9 |
| | 72,605 | 8 | 3 | | | | 6月30日からの損益計算書の残高 | | | | 29,853 | 19 | 3 |
| 減価償却費,即ち 機関車 | 5,007 | 0 | 0 | | | | | | | | | | |
| 客車・貨車 | 6,305 | 0 | 0 | | | | | | | | | | |
| | 11,312 | 0 | 0 | | | | | | | | | | |
| 9月17日からの支払利息 | | | | 33,854 | 15 | 5 | | | | | | | |
| 残高 | | | | 116,458 | 18 | 4 | | | | | | | |
| | | | | £234,231 | 2 | 0 | | | | | £234,231 | 2 | 0 |

(Edwards, J. R., "The Origins and Evolution of the Double Account System: An Example of Accounting Innovation", *ABACUS*, Vol. 21, No. 1, March 1985, pp. 32-3.)

ンドン・バーミンガム鉄道会社の1838年の収益勘定表(レベニュー・アカウント)を揚げれば,前頁［図表2］の通りである。

　支出・収入ないしは費用・収益を比較一覧したこの計算書が,発生主義会計にもとづく厳密な意味での損益計算書であったのかどうかは別にして,利害関係者への開示を目的に元帳とは別の紙葉に作成し,企業をとりまく利害関係者に開示するために企業損益を算出したという点で損益勘定とは明確に区分され,今日の損益計算書の初期の事例として掲げることができよう。

## 7　1929年会社法における損益計算書規程

　1844年登記法の特徴は,「第1は社員数をもってpartnershipとjointstock-companyとを法律上区別したことであり,第2は単なる登記によって法人格ある会社を設立しうるとしたこと,第3は公示主義を推進したこと[29]」を挙げることができる。とりわけ第3の点は,詐欺や破産を防止する手段として,年次貸借対照表の作成が義務づけられたという点で極めて重要な役割を果たした。すなわち,1844年法の主眼は,「詐欺に対する保障として公示主義を強化する」ことにあり,これによって,「年次貸借対照表の報告と検査の公開がはかられた」ということができるのである[30]。

　グラッドストーン委員会の勧告にもとづき,会社を助成するために制定され,特許主義から準則主義に移行した1844年登記法は,第43条において,株主総会終了後14日以内に,貸借対照表を作成することを義務づけた。さらに「取締役は総会の10日前にすべての社員に対して貸借対照表,会計検査役の報告書及び取締役の報告書を印刷に付して送付しなければなら」ず,「総会後これらの書類は登記吏に届出られて閲覧に供される」ことになる。もっとも,そこでは貸借対照表の作成が規定されただけで,実際の貸借対照表の雛型の例示は,

---

　　会で初めて開示した貸借対照表は,1832年3月28日の第6次株主総会の席上であり,その貸借対照表の日付は,1831年12月31日のものであった(同上書,64頁)。
29)　星川長七『英国会社法序説』勁草書房,1960年,260頁。
30)　同上書,263-4頁。

## 第8章 ディスクロージャー機能の形成とその背景

任意規程ではあったが，1844年登記法と1855年有限責任法に代えて制定された1856年会社法の付表B（後に1862年法の付表Aになる）まで待たねばならない[31]。そこでは，左側に負債が，右側に資産と資本が記載されるいわゆるイギリス式貸借対照表であることは，言うまでもない。なお，1856年法は，第72条および第73条で毎年株主総会までに貸借対照表（Balance Sheet）を作成し，総会の7日前までに全ての株主に送付しなければならないとし，第70条で少なくとも年1回，3カ月以内に作成された収支計算書（Statement of the Income and Expenditure）を株主総会に提出しなければならないとしている[32]。

しかしながら，われわれは，1844年法のなかに損益計算書の作成に関する規程を見出すことはできない。すなわち，「[1856年法の]付表Bは，標準的な損益計算書の雛型を示していない[33]」のである。損益計算書（プロフィット・アンド・ロス・アカウント）の作成が義務づけられたのは，会計と監査規定に関する世界的規範といわれる1929年法が最初である。では，なにゆえ，貸借対照表に関する規程が損益計算書のそれに先行したのであろうか。単純に解釈すれば，当時の商人達の間では，損益計算書よりも貸借対照表の方が重視されたためと推測される。そのため，先ず，貸借対照表の作成が義務づけられ，損益計算書の作成が遅れて義務づけられたものと思われる。しかし，わが国でもすでに幾人かの研究者によって明らかにされているように，1830年代のイギリスの鉄道会社では，収益勘定表（レベニュー・アカウント）すなわち今日の損益計算書に該当する報告書が作成されていたのは，広く知られているところである。だとすれば，法律によって貸借対照表に関する規程が損益計算書に関する規程に先行したのは，当時の商人達や企業経営者あるいは企業をとりまく利害関係者達の間で，貸借対照表が損益計算書よりもより重視されていたからであるとの単純な解釈だけでは説明のつかない問題が残されている。

---

31) EDEY, H. C. and PANITPAKDI, Prot, "British Compamy Accounting and The Law 1844-1900", in LITTLETON, A. C. and YAMEY, B. S. eds., *Studies in The History of Accounting,* London, 1956, p. 362.
32) EDWARDS, J.R, ed., *British Company Legislation and Company Accounts 1844-1976,* Vol. 1, New York, 1980, p. 21.
33) EDEY, H. C. and PANITPAKDI, Prot, "Op. Cit", p. 366.

先にも述べたように，損益計算書は，フローの側面から企業損益を計算し，貸借対照表は，ストックの側面から企業損益を計算する。それと同時に，損益計算書は，一面では，費用と収益の発生の事実を原因の側面から抽象的に計算し，貸借対照表は，企業財産の一括的な大きさを結果の側面から具体的に計算していく。これら二つの計算方式を一つの組織的体系として構成したのが複式簿記の損益計算システムである。14世紀の半ばに複式簿記に損益計算機能が付加され，17世紀の前半，より一般的には19世紀の前半以降に複式簿記に企業の経営成績や財政状態を開示する機能の重要性が明確に認識されて以来，何らかの形でいわゆる利害関係者に企業の置かれている状況の説明が求められてきた。このような要求に応えるために，企業財産や企業損益の状況を帳簿とは別の紙葉に要約し，企業をとりまく利害関係者に報告する必要に迫られたのである。しかし，企業経営者達は，利害関係者に結果としての企業成果の報告は止むを得ないとしても，その成果を生みだした原因を開示することには，躊躇したのではなかろうかと推測される。なぜなら，それは，まさしく企業秘密であり，可能であれば，開示したくないと願ったとしても，当時としては，それほど非合理な要求とはいえないであろう。

　半公表貸借対照表として位置づけられるイギリス東インド会社の帳簿閲覧権の容認やイングランド銀行の下院提出のための貸借対照表の作成は，今日のように，企業の計算書類を一般の株主に開示するために作成されたものではなかった[34]。東インド会社の場合は，株主の数もわずかであり，帳簿そのものの閲覧権を容認することにより，結果的には，単に貸借対照表（厳密には資本勘定）の開示だけではなく，損益計算書（正確には損益勘定）の開示をも行っていたことになる。それ故，貸借対照表の開示のみがなされ，損益計算書の開示は要求されなかったということはできない。また，イングランド銀行の場合も，議会の認可を得るためのもので，利害関係者に企業の財政状態や経営成績を開示する通常の会計行為とは異なるため，ここで貸借対照表のみが下院に提出され

---

34）この点に関しては，高寺貞男『会計政策と簿記の展開』ミネルヴァ書房，1971年，430-9頁を参照されたい。

第8章　ディスクロージャー機能の形成とその背景　　　155

たからといって，一般の株主からの損益計算書の開示要求がなされなかったということはできないのではなかろうか。

さて，1856年法では，少なくとも年に一度，株主総会の3カ月前までに収支計算書（Statement of the Income and Expenditure）および貸借対照表の作成が規程に盛り込まれている[35]。しかしながら，ここでいう収支計算書が，損益計算書と異なるのは言うまでもない。1844年法では，貸借対照表の作成が義務づけられただけであり，未だ損益計算書の作成に関する規程を見出すことができないのは，すでに述べたとおりである。登記法ないしは会社法の規程上では，損益計算書の作成が義務づけられるのは1929年法まで待たねばならない。

1844年に登記法としてスタートしたイギリスの会社法に関する規程は，その後何度も改正を加えられながら，1926年のグリーン委員会の勧告を受けて1928年に改正法が制定され，翌1929年に会社総括法として統合されるに至った。改正点の主な特徴は，「持株会社（holding company）と従属会社（subsidiary company）と言う会社グループ間に存在する特殊関係を認識し，持株会社の貸借対照表に，その従属会社の計算書類において如何に処理されたかを示す事項を追加せしめた[36]」ことであった。すなわち，イギリス最初の会社法といわれる1844年の登記法で，貸借対照表の作成が規定され，その雛型が1856年法で例示されたのは広く知られたところであるが，損益計算書の作成が義務づけられるのは，その後85年も経過した1929年法に至ってからのことである。

1929年の会社法では，貸借対照表だけではなく，第123条において，いかなる会社の取締役も，遅くとも会社設立後18カ月以内に，そしてその後毎年1回，定時株主総会の前に損益勘定表（Profit and Loss Account）すなわち損益計算書，あるいは営利活動を行っていない企業の場合には，収支計算書（Income and Expenditure Account）を作成し，最初の計算書の場合は会社設立後，他の

---

35) EDWARDS, J. R. ed., *Op. Cit.,* P. 21. なお，1856年法は，その適用をスコットランドにまで及ばせた最初の会社法である（本間輝雄『イギリス近代株式会社法形成史論』春秋社，152頁）。付言すれば，1844年法では未だ有限責任に関する規程は見られず，有限責任法が明確に規定されたのは，1855年法に至ってからのことである。

36) 星川長七『前掲書』284-5頁。

場合は株主総会後9カ月以内に，あるいは現在営業中または海外に利害を有する企業においては，12カ月以内に作成しなければならないと規定している[37]。しかし，損益計算書の雛型は示されていない。

## 8 おわりに

産業革命期に相次いで設立された運河，鉄道，製鉄，石炭等に代表される巨大企業にとっては，多額の資本を調達することが極めて重要な課題であった。そのため，各企業は，自社への投資を誘引させるための様々な工夫をすると同時に経営状態が如何に優良でありかつ安全であるかを具体的な数値によって広く公表する必要に迫られた。

とりわけ，1820年代から始まった鉄道会社では巨額の資本を必要とし，しかも設立から開業までに長期を要した。ストックトン・ダーリントン鉄道の場合は，その建設に4年半近くもかかりようやく開通し，リバプール・マンチェスター鉄道も開通までに4年の歳月を有している。ストックトン・ダーリントン鉄道は，4年間にもわたる長期間配当を受け取ることができない投資家を勧誘するために建設利息を支払う方策を採用し，その他にも1829年から1850年の間には，100件を超える鉄道優先株を議会の承認のもとで発行している[38]。各企業は，資金調達のため当該企業への投資が如何に有利でかつ安全であるかを広く広報する必要に迫られた。19世紀の最初の4半世紀頃から鉄道会社を中心に財務諸表をディスクローズする動きが生じてくるのである。

このディスクロージャーへの動きは，早くは，16世紀後半のイギリス東インド会社の帳簿閲覧権の容認やイングランド銀行の下院提出のための貸借対照表の作成によって知られているところであり，製鉄会社を中心に18世紀末から貸借対照表の前身である残高帳（毎年度末の決算残高勘定だけを集めた帳簿）を作成して財務内容を公表する実務も一部に見られた[39]。今日のように，資金調

---

37) EDWARDS, J. R. ed., *Op. Cit.,* p. 50.
38) EVANS, George Herberton, *British Corporation Finance 1775-1850 A Study of Preference Shares,* Baltimore, 1956, pp. 74-5. 高寺貞男『前掲書』410頁。

達の目的で企業の財務内容や経営状態を計算書類によって一般の株主に開示するために作成されたのは，主として19世紀に入ってからのことである。とりわけ，製鉄会社や鉄道会社を中心に形成されてくる。実務上では，損益計算書は，その作成が貸借対照表にわずかに先行したが，法制史上では，逆に貸借対照表に関する規程が損益計算書のそれに先行したのである。

貸借対照表の規程が損益計算書のそれに先行したのは，一つには，損益計算書は，損益勘定によって代行できたが，貸借対照表は，決算残高勘定が〔借方：諸口，貸方：諸口〕と表示されることもあった実務のもとでは，必ずしも残高勘定で貸借対照表における財政状態の一覧機能を代行することが出来なかったためではなかろうか。今ひとつは，損益計算書には，取引先や利益率等の営業上の内部情報が貸借対照表よりもより多く含まれていたため，それらの情報をすべてディスクローズすることに躊躇したためとも推測できる。

19世紀初めの鉄道会社の場合は，鉄道法の規程により様々な拘束が伴い，経営者は，絶えず企業利益に関心を払い，時には益出し，時には利益の圧縮ないしは平準化をはかる必要にせまられた。その上で，安定した料金収入を得るためには，必然的に，ストックの側面からの損益計算よりも，フローの側面からの損益計算が重視されたものと思われる。すなわち，企業における損益計算のウェイトが，貸借対照表から損益計算書に漸次移行していったとみなすことができよう。さらに，損益勘定上で表示された利益の中身を知るためにキャッシュ・フロー計算書が作成される。

産業革命を機に，多くの巨大な株式会社が登場し，資金調達のためにさまざまな創意と工夫が考案される。財務諸表のディスクローズ，減価償却という新しい費用配分法の考案，優先株式の発行，キャッシュ・フロー計算書の作成等多くの考え方が会計実務を転換していった時代である。18世紀後半から19世紀に前半にかけてのイギリスは，まさしく会計進化の過程で大きなエポックになった時代である。

---

39）拙著『決算会計史論』森山書店，1993年，78-83頁。

# 第9章　損益計算の展開と資金計算書の萌芽

## 1　は　じ　め　に

　すでに繰り返し述べてきたように，複式簿記は，13世紀の初頭イタリア北方諸都市を中心に，債権・債務の備忘録およびそれらの決済に伴う文書証拠として歴史の舞台に登場した。現金の出納記録は，複式簿記の発生と共につけられていたが，それは同時に，複式簿記が単に正確な会計記録への要請から生じたというだけではなく，支払予定額がいくらであるのか，現金の現在有高がいくらあるか等，キャッシュ・フローに関する様々な問題の重要性をその生成当初から十分に認識していたことを示すものと思われる。財務会計，管理会計に並んで資金会計にかかわる会計領域が重視され，今日では，キャッシュ・フロー計算書が基本財務諸表の中に組み込まれるまでに至った。キャッシュ・フロー計算書に関する多くの研究成果が公表されているのは，まさしく複式簿記の生成当初から脈々と継承されてきた商人や企業家の現実的な要求の現れと思われる。いつ，いかなる時代においても，競争社会のもとでは，財務に関する諸問題とりわけキャッシュ・フローに関する問題が企業にとって極めて重要なのはいうまでもない。

　本章では，先ず最初に，文書証拠として登場した複式簿記が，いつ頃，どのようにして損益計算を中心とする計算システムへと展開していったか，次いで，ストック中心の損益計算をフロー中心の損益計算へと転換させた要因が何であったのか，そして最後に，いつごろ，どのようにして損益計算一辺倒の会

計思考に資金計算重視の思考が加味されていったかについて,若干の分析を試みることにしたい。

## 2 複式簿記の機能的転換 ―文書証拠から損益計算へ―

13-15世紀頃のイタリア,とりわけヴェネツィアの企業形態は,個人ないしはせいぜい親子・兄弟で構成される比較的小規模な家族組合が中心であった。このような個人企業では,果たして厳密な損益計算が要求されたであろうか。今日でも,もし所得税法がなければ,個人ないしは家族によって,小規模な企業経営に従事する商人たちが,複雑な帳簿記帳を積極的に行うであろうかという点に関しては,はなはだ疑問である。一定の利益が確保され,日常の生活がつつがなく過ごせるのであれば,なにも煩雑な複式簿記による帳簿記帳など行う必要性はないものと思われる。この所得税法が,イギリスにおいて初めて制定されるのは,1799年になってからのことである[1]。したがって,イギリスでは,19世紀に至るまで,少なくとも個人企業においては,複式簿記で取引を記録する実務は,それほど広く普及していたわけではない。

同じ13-15世紀のイタリアでも,ヴェネツィアとは異なりフィレンツェでは,3年ないしは5年の契約で単に親族だけではなく第3者をも加えた期間組合(一般的にはマグナ・ソキエタス)が結成されていた。親族を超え他人と組んで組合を結成するに至ると,当然の帰結として,組合員相互間での利益分配の必要性が強調されてくる。そのため,当時の商人達は,必ずしも一定期間ごとではなかったが,期間に区切って企業損益を計算するに至った。もっともこの時点での利益分配,したがってまた利益計算は,主として実地棚卸にもとづいて作成されるビランチオ(一種の利益処分結合財産目録)によって行われ,未だ継続的な帳簿記録を前提にして始めて作成される損益勘定で行われることはなかった。換言すれば,主として実地棚卸によって作成されたビランチオ上の利益と継続的な帳簿記録にもとづいて計算される損益勘定上の利益が一致するまで

---

1) SABINE, B. E. V., *A History of Income Tax,* London, 1966, p. 24.

## 第9章 損益計算の展開と資金計算書の萌芽

には至っていなかったのである。両者が一致をみた初期の会計実務の代表的事例として，すでに第3章で見てきたようにコルビッチ商会（Corbizzi e Comp）の会計帳簿（1332-1337）やダティーニ商会（Datini e Comp）バルセロナ支店の会計帳簿（1366-1407）を挙げることができる[2]。

周知のように，損益計算システムには，伝統的に，財産法と損益法があるといわれてきた[3]。前者は，原理的には，帳簿記録とは無関係に2時点間の実地棚卸にもとづき，期首と期末の正味財産の比較から利益を計算する方法である（このような損益が複式簿記システムによって計算される損益と同一概念で呼べるか否かは別にして）。しかし，期首ないしは期末の正味財産とは，それぞれの時点の積極財産（資産）と消極財産（負債）の比較によって求められるものであるならば，厳密には，2時点間の正味財産の比較としての損益は，帳簿記録と無関係に実地棚卸によってのみ算出されることはできない。なぜなら，債権や債務は，その金額を帳簿記録によってしか確定することができないからである。複式簿記システムとしての損益計算を論じる場合には，複式簿記の生成が債権・債務の備忘録として登場したことから判断すれば，原理的な意味での純粋に実地棚卸のみによる，したがって，債権と債務の評価抜きでの方法は，その対象から除外しなければならないであろう。帳簿記録とは無関係に，財産の実地棚卸のみによって利益を計算する方法は，複式簿記ともまた同時に無関係になる。したがって，われわれがここでいう財産法とは，債権・債務以外の財産は実地棚卸によって評価するが，債権・債務は帳簿記録によって計算する，いわゆる棚卸計算法と継続記録法のミックスした損益計算法であるということができる。

それに対して損益法は，継続的な帳簿記録にもとづいて，費用・収益の比較から期間損益を計算する方法である。歴史的には，いわゆる財産法による利益計算が先行し，いわゆる損益法は，前者による損益，すなわちいわば結果の側面から計算された期間損益を原因の側面から証明するための手段として登場

---

2）拙著『決算会計史論』森山書店，1993年，26-7頁。
3）例えば，岩田巌『利潤計算原理』同文舘，1956年，44-51頁。

し，機能していたに過ぎない。もっとも，貸借対照表や損益計算書が出現するのは，ずっと後になってからのことであるが，財産法的に求められた期間損益を損益法的に求めた損益で証明するという基本構造は，両者に内在する要因によって，複式簿記の発生と同時に先験的に規定されていたといえる。

　15世紀頃までのイタリアでは，現実の利益分配は，主として，ビランチオによって行われるのが一般的であった。なぜなら，すでに述べたように，ビランチオによって求められた利益と損益勘定によって算出された利益とは一致しないのがむしろ一般的であり，どちらかの利益を選択しなければならない時，複式簿記による損益計算方法が今日のように広く市民権を得るに至っていない当時の状況下では，勘定といういわば紙の上で求められる抽象的な利益よりも実際の棚卸しによって目で確認できる具体的な利益の方が，商人達にとっては，はるかに信頼できるものであったからである。フローの側面から算出される利益がストックの側面から算出される利益と同等かそれ以上に信頼されるに至るには，人々の英智がかなり高度に洗練されなければならない。総体的で抽象的な知覚でしか認識できない事物の確認は，個別的で具体的な知覚によって認識できる事物の確認よりも，はるかに困難であるのはいうまでもない。商品の荷口別に設けられたいわゆる口別商品勘定が一般商品勘定に統括されたり，人名ごとに設けられた債権・債務勘定が売掛金・買掛金勘定や貸付金・借入金勘定といった統括勘定に発展して行くのに，何百年という相当の長い年月を要したのも，まさしくこのような理由にもとづくものであろう[4]。

　13世紀初頭，イタリア北方諸都市において，債権・債務の備忘録およびそれらの決済にともなって諍い（いさか）が生じたときの文書証拠としての役割を担って歴史の舞台に登場した複式簿記は，やがて14世紀の半ばにいたり，期間組合の出現による組合員相互間での利益分配の現実的必要性という時代の要求に応え，自らの主要な機能を，管理計算（財産保全）から価値計算（損益計算）へと昇華させていったのである。

---

　4）この点については，拙著『損益計算史論』第4章を参照されたい。

## 3　企業損益算定方法の転換 —ストックからフローへ—

　13世紀初頭イタリアの北方諸都市で発生した複式簿記は，18世紀を迎えると，世界の覇権の移行とともに，やがてオランダからイギリスへとその進化の舞台を移していく。

　18世紀前半から18世紀の後半にかけてのイギリスにおける損益計算システムの主流は，未だ貸借対照表や損益計算書の作成が一般的ではなかったため，財務諸表によって企業損益を決定し，ディスクローズするやり方ではなかった。すなわち，企業利益の決定は，一部の巨大な会社形態を除き，一年ごとに帳簿を締め切り，残高勘定と損益勘定によって認識し，測定する方法によっていた。しかも，複式簿記発生当初のイタリアからビランチオ重視による利益分配思考が伝統的に継承され，費用・収益の対応による原因の側面からの抽象的な損益計算よりも，資産・負債・資本の増減比較による結果の側面からの具体的な損益計算の方が信頼にたるとする傾向は，少なくとも，18世紀の後半まで続いたものと思われる。すなわち，このことは，17世紀冒頭に上梓されたシーマン・ステフィン（Simon STEVIN：1548-1620）の簿記論で，残高勘定を誤りなく締め切るために作成した「[財産の] 状態表」（資産・負債・資本の一覧表）での企業損益を「[損益による] 証明表」（費用・収益の一覧表）によって保証させる簿記手続が説明されていることからも，容易に判断できるであろう[5]。

　これらのストック中心の損益計算思考に大きな転換を突き付けたのは，次の二つの要因によるものと思われる。すなわち，一つは，18世紀の後半から19世紀にかけて，アメリカとの海外貿易が盛んになり，委託販売・受託販売あるいは代理商取引が拡大してきたことにある[6]。この代理商のもとでは，利益を発生させる主たる要因は，手数料収入であった。このような状況のもとでは，正味財産の比較による財産法的損益計算は，ほとんど意味を持たなくなる。19世

---

5) STEVIN, Stevin, *Vierde Stuck Der Wisconstighe Ghedachtnissen Vande Weeghconst,* Leyden, 1605, Schvltbovck in Bovkhovding, p. 35.
6) 拙著『決算会計史論』森山書店，1993年，第6章参照。

紀頃までの会計実務における商人達の実践感覚は，ストックによる損益計算がフローによる損益計算よりも信頼に足る，ないしは利益分配に際して説得力があるとの判断であったものと思われる。さしずめ，「無い袖は振れぬ」ということであろうか。しかしながら，18世紀末から19世紀始めにかけて北アメリカ貿易で活躍した代理商の受託販売取引では，ストックの側面からの損益計算は，意味を持たなくなる。もっぱらフローの側面からの利益計算が企業損益の決定方法の中心にならざるを得なくなった。従来のいわゆる結果の側面からの財産の評価にもとづく具体的な損益計算よりも，費用・収益の比較によるいわゆる原因の側面からの抽象的な損益計算がより重要になってきたのである。

　今一つの要因は，運河会社や鉄道会社あるいは製鉄会社や石炭会社の出現により，巨額の資本を調達する必要性が強調されるに至ったことである。かつて大塚久雄教授は，「『株式会社』は個別資本が集中の過程において，しかも特に『結合』なる仕方によって，より高き個別性の中に自己を止揚し，もって諸個人資本が社会化された一個別資本に転化する過程においてとるところの形態である。一言にして表示すれば，それは個別資本の集中形態であることがあきらかである[7]」と規定された。個別資本の集中形態としての株式会社で最も重要なことは，いかにして資本を集中させるかである。すなわち，どれだけ多くの株主達からどれだけ多くの投資を引き出すことができるかである。そのためには，先ず第1に，自社に投資することがいかに有利であるか，次いで，自社に投資することがいかに安全であるかを広く知らしめる必要に迫られた。財務内容を将来株主ないしは潜在的株主に知らせるためには，帳簿を公開しなければならない。

　しかし，いかに自社への投資の有利性や安全性を主張するためとはいえ，自社の財務内容や業務内容のすべてを公開するには，多くの問題が残される。なぜなら，商品の仕入原価や利益率・回転率あるいは得意先や仕入先の名前等，多くの企業秘密に属する情報が帳簿に含まれているのは言うまでもないからで

---

7）大塚久雄『大塚久雄著作集（第1巻）』岩波書店，1969年，17頁。

## 第9章 損益計算の展開と資金計算書の萌芽

ある。しかも，物理的にも，1年間の全取引を記録した全帳簿をディスクローズすることは，その対象が多くなればなるほど困難というよりもむしろ不可能に近くなってくる。そのため，多くの資本を要する当時の大企業は，とりわけ運河会社や鉄道会社あるいは製鉄会社や石炭会社を中心に，当該企業に投資するか否かの判断材料，すなわち企業の財務内容を知るために必要最低限の企業内容を要約した概要表を帳簿とは別の紙葉に作成して，将来株主に提供する方法をとるに至ったのである。これが貸借対照表や損益計算書を生み出した直接的な要因なのである。

このように，経営者側からすれば，財務担当者に命じて，帳簿とは別の紙葉にその要約表としての財務諸表を作成させ，それを投資誘引のための資料として利用しようした。しかし，投資する側にとっては，大切な資金をこれらの財務諸表に記載された数値によって投資するわけであるから，財務諸表の内容が信頼に足るものでなければならない。そのため，その内容が実質的に帳簿と異ならないことを企業と特定の利害関係の無い会計の専門家に証明してもらうことを望むにいたったのは，当然の帰結であろう。

この現実的な要求が，早くは，イギリスにおける貸借対照表の最も初期に属する一例として，1789年から1935年にかけて残存するフィンレイ商会（James FINLAY & Co. Ltd.）の残高帳（バランス・ブック）として現れ，後には，19世紀前半の鉄道会社や製鉄会社の収益勘定表（損益計算書）や貸借対照表として登場してくる。残高帳（バランス・ブック）は，すでに第8章で明らかにしたように，決算残高勘定だけを一冊の帳簿に集めた一種の監査証明付決算残高勘定である[8]。イギリスにおいて，いち早く企業外部の会計専門家による監査システムが広く普及しやがて制度化されてくる。イギリスにおいて会計士会計学が登場する背景には，このような現実が存在していたのである。

このようにして，早くは18世紀後半から，一般的には19世紀以降のイギリスにおける株式会社の損益計算システムは，残高勘定や損益勘定ではなく，貸借

---

8) ジェームス・フィンレイ商会の残高帳については，拙著『決算会計史論』74-83頁を参照されたい。

対照表や損益計算書によって遂行され,企業利益や業務状態は,両者を介して,株主や債権者等の利害関係者にディスクローズされるに至った。

## 4　貸借対照表比較分析の登場―資金計算書の出現―

　19世紀前半以降,従来のストック重視の損益計算思考は,アメリカ貿易に従事した代理商や鉄道業ないしは製鉄業を中心に,フローの側面からの損益計算へとその重点を移していった。とりわけ鉄道会社では,株主から資本を調達するためには,なによりも先ず,当該企業への投資がいかに有利であるかを証明する必要があった。そのためには,単にフローの側面からの損益計算をより重視するだけにとどまらず,例えフローの側面から利益が算出されたとしても,その利益に相当する実際の配当資金,すなわち現金ないしはその等価物による裏付けが保証されているか否かが極めて重要になってくる。

　南海泡沫事件を経験したイギリスでは,株主の最大の関心事は,紙の上での配当可能利益がいくらかではなく,実際に現金で配当を受け取ることができるかどうかである。彼らの大部分は,いわゆる将来のキャッシュ・フローの予測分析などには,それほど関心はなく,ただ自己の取り分としての配当額を期日までに確実に現金で受け取ることができるかどうかである。換言すれば,自己の資金を如何に有利にかつ安全に運用できるかである。フローによる損益計算で求められた企業利益が,現実に,現金で裏付けされていることが重要であった。いわゆる「勘定たって銭たらず」では困るからである。それと同時に,特に大企業では,単に損益計算だけではなく,支払能力や資金繰りの関係上,現金の流動性に関する関心が急増してくるのもまた,言うまでもないことである。

　単なる発生主義にもとづく損益計算ではなく,現金ないしは資金をベースにした損益計算に,単に株主だけではなく経営者にも,大きな関心を寄せさせた。時まさに,産業革命真っ只中の19世紀前半のことである。このような要求がやがて,後述するように,19世紀の後半に至って資金計算書の原点であるダウライス製鉄会社の比較貸借対照表を誕生させるのである。

## 第9章 損益計算の展開と資金計算書の萌芽

資金計算書の嚆矢は，従来までの先行研究においては，一般的には，1897年にグリーン（T. C. GREENE）の著書で提示されたグレート・イースタン鉄道の2年間の貸借対照表の増減を比較し，その変動状態を要約した一覧表であるといわれていた（図表1）[9]。

資金計算書が，アメリカで広く一般に普及し始めるのは1900年以降のことである。当時の実務界には，2種類の資金計算書が存在していた。比較貸借対照表ないしは財政状態変動表としての資金計算書と運転資金計算書としての資金計算書の二つのタイプである。前者の事例としてコール（W. M. COLE）の財政状態変動表が（図表2），後者の事例として，U. S. スティール社の1903年の

[図表1] グリーンの企業の財政状態変動表

支　　出：
増加原因

| | |
|---|---:|
| 線路のコスト増 | $3,000,000 |
| 施設のコスト増 | 1,000,000 |
| リッチ・バリーへの前払金の増加 | 600,000 |
| 売掛金の増加 | 200,000 |
| 仮払金の増加 | 100,000 |
| | $4,900,000 |

資　　源：
その源泉

| | |
|---|---:|
| 関連路線からの満期決済額の減少 | 50,000 |
| 手持材料の減少 | 50,000 |
| 現金および現金項目の減少 | 150,000 |
| 長期負債の増加 | 2,000,000 |
| 未払利息の増加 | 200,000 |
| 関連路線からの満期決済額の増加 | 400,000 |
| 未払賃金の増加 | 200,000 |
| 未調整勘定の増加 | 300,000 |
| 支払手形の増加 | 1,000,000 |
| 未払消耗品勘定の増加 | 200,000 |
| 監査付証憑の増加 | 100,000 |
| 損益の増加 | 250,000 |
| | $4,900,000 |

(GREENE, T. L., *Corporation Finance*, New York, 1897, p. 110.)

---

9) GREENE, T. L., *Corporation Finance*, New York, 1897, p. 110.

年次報告書があげられている[10]。

比較貸借対照表が資金計算書の源流になるという根拠は，コールによれば，資産と負債の2時点間の比較によって資金ないしは資源の動きを掴むことができるからであり，資産の増加と負債の減少は資金の運用（where-gone）を，その逆の資産の減少と負債の増加は資金の源泉（where-got）を示すからである。すなわち，コールは，ある期間と他の期間における貸借対照表項目の変化を"where-gone"と"where-got"に分類し，資金の流れを表示したのである。図表3が，比較貸借対照表から作成された取引の要約表である[11]。

すでに述べたように，この資金計算書の嚆矢は，通説的には，1897年にグリーンの比較貸借対照表であるといわれてきた。しかし，われわれは，この貸借対照表比較分析の初期の事例を，アメリカにおいてではなく，すでにイギリスの会計実務の中に見出すことができるのである。グリーンに先立つこと，3分の1世紀前のことである。すなわち，1759年9月19日に8人の仲間とともにトーマス・ルイス（Thomas LEWIS）によって，総額4,000ポンドの出資額で組合として設立されたダウライス製鉄会社（Dowlais Iron Company）の1852年と

[図表2]　コールの比較貸借対照表，12月31日

| 資産 | 1905 | 1906 | 1907 | 負債 | 1905 | 1906 | 1907 |
|---|---|---|---|---|---|---|---|
| 建物・プラント | 275,000 | 420,000 | 400,000 | 資本金 | 500,000 | 500,000 | 600,000 |
| 受取手形 | 8,000 | 60,000 | 55,000 | 支払手形 | 100,000 | 100,000 | |
| 受取勘定 | 2,000 | 10,000 | 5,000 | 支払勘定 | | 20,000 | 10,000 |
| 器具備品 | 15,000 | 5,000 | 5,000 | 引当金 | | | 20,000 |
| 現金 | 300,000 | 40,000 | 20,000 | 損益 | | 20,000 | 20,000 |
| 商品 | | 105,000 | 125,000 | | | | |
| 減価償却基金 | | | 20,000 | | | | |
| 引当基金 | | | 20,000 | | | | |
| | 600,000 | 640,000 | 650,000 | | 600,000 | 640,000 | 650,000 |

(COLE, W. M., Accounts: *Their Construction and Interpretation*, Boston, New York and Chicago, 1908, p. 86.)

---

10) 佐藤倫正『資金会計論』白桃書房，1993年，38頁。資金計算書の歴史的生成過程については，中村宏『資金計算史論』森山書店，1986年等を参照されたい。
11) COLE, W. M., *Accounts : Their Construction and Interpretation*, Boston, New York and Chicago, 1908, p. 101.

第9章　損益計算の展開と資金計算書の萌芽

[図表3] コールの比較貸借対照表で示された変動の要約

| 資金の運用<br>(または収入または債権) | | 資金の源泉<br>(または支出または債務) | |
|---|---|---|---|
| | | 1906年 | |
| 器具備品 | -10,000 | 建物・プラント | +145,000 |
| 現　金 | -260,000 | 受取手形 | +52,000 |
| 支払勘定 | +20,000 | 受取勘定 | +8,000 |
| 損　益 | +20,000 | 商　品 | +105,000 |
| | 310,000 | | 310,000 |
| | | 1907年 | |
| 建物・プラント | -20,000 | 商　品 | +20,000 |
| 受取手形 | -5,000 | 減価償却基金 | +20,000 |
| 受取勘定 | -5,000 | 引当基金 | +20,000 |
| 現　金 | -20,000 | 支払手形 | -100,000 |
| 資本金 | +100,000 | 支払勘定 | -10,000 |
| 引当基金 | +20,000 | | |
| | 170,000 | | 170,000 |

(COLE, W. M., *Op. cit.*, p. 101.)

　1863年との資産・負債を比較した財務表(ファイナンシャル・ステイトメント)こそを資金計算書の嚆矢の一例としてあげることができる(ダウライスの製鉄会社の比較貸借対照表は,第10章の図表4で例示している)。19世紀の半ばにはすでに,単に企業損益の計算だけではなく,企業資金の計算にも多くの関心を払う実務がすでに生成していたことを窺わせるものである。その後同社は,1782年に出資額を20,000ポンドに増額し,1787年には資本金38,000ポンドをもって株式会社に改組し,1798年には61,000ポンドに増資した[12]。

　伝統的な資金計算書は,一定期間における企業資金の流れを明らかにし,損益計算によって求められた企業損益とそれを処分するための企業資金の関係を明らかにし,調達源泉とその使途について明示した計算書類である。したがっ

---

12) JONES, Edgar, *A History of GKN* (*Vol. 1 : Innovation and Enterprise,1759-1918*), Houndmills, 1987, p. 3 & p. 13. および EDWARDS, J. R. & BABER, C., "Dowlais Iron Company : Accounting Policies and Procedures for Prifit Measurement and Reporting Purposes", *Accounting and Business Reseach*, Vol. 9 No. 34, Spring 1979. なお,ダウライス製鉄会社の財務表については,第10章で詳説している。

て，正味運転資本の増加分すなわち資金の源泉と正味運転資本の減少分すなわち資金の使途が示され，それによって資金の流れが計算されることになる。原則的には，資金の源泉としては負債の増加と資本の増加が，資金の使途としては資産の増加があげられる。したがって，ダウライス製鉄会社の比較貸借対照表には，先ず最初に，1852年11月と1863年3月における諸資産の増減を算出している。その結果，資産の増加分と減少分との差額は，132,504ポンド7シリング4ペンスとなっている。それに対して負債の増加額は，6,097ポンド9シリング8ペンスである。したがって，両者の差額126,406ポンド17シリング8ペンスが，1852年11月から1863年3月までの10年4カ月間にわたる純財産の増加分を示していることになる。

　ダウライス製鉄会社の比較貸借対照表は，資産の増減と負債の増減を単に資金の源泉とその使途に分類し明示しただけの，きわめて単純な資金計算書であった。減価償却費をどうするか等多くの問題は残されているが，この比較貸借対照表は，原初的な形態ではあるが，明らかに，今日の資金計算書ひいてはキャッシュ・フロー計算書の前身ということができる。エスケレが1898年のニューヨーク州公認会計士試験問題の解答として作成した「比較貸借対照表」(Comparative General Balance Sheet[13]) は，まさしくダウライス製鉄会社の比較貸借対照表と同一の系譜に属する純財産変動表として位置づけることができる。19世紀後半のアメリカに待つまでもなく，19世紀半ばのイギリスの会計実務において，2期間の貸借対照表項目の変動を比較し，資金の源泉や使途を表示しようした純財産の変動計算書，すなわち資金計算書の原初的な形態がすでに登場していたのである。

## 5　お わ り に

　13世紀初頭，イタリア北方諸都市を中心に文書証拠として発生した複式簿記

---

[13] 佐藤倫正「黎明期の資金計算書―1898年ニューヨークCPA試験への出題とエスケレによる解答―」『産業経理』第46巻第1号，1986年5月，99頁。Esquerré, Paul-Joseph, *The Applied Theory of Accounts,* New York, 11th printing 1921, pp. 414-6.

は，14世紀の半ばまでにその第一義的機能を損益計算へと転換させていった。その当時における損益計算は，主としてビランチオ（利益処分結合財産目録）にもとづくストックの側面からの損益計算が中心であった。このストック重視による損益計算は，ビランチオが消滅した後も，18世紀後半まで継承される。しかし，18世紀末から19世紀の前半にかけて，それまでのストック中心の損益計算思考をフロー中心の損益計算思考に転換させる事態が生じてきた。すなわち，19世紀前半以降，アメリカ貿易を中心にした代理商，あるいは鉄道会社や製鉄会社等の巨大企業の出現により，それまでのストック中心の損益計算思考は，フロー重視の損益計算思考へと変貌させられるに至ったのである。なぜなら，代理商の利益発生の主たる源泉は，手数料収入であり，ストック計算ではなくフロー計算によって生じるのはいうまでもないからである。また，鉄道業や製鉄業等では，株主から巨額の資本を調達するために，なによりも先ず，当該企業への投資がいかに有利でかつ安全であるかを証明し，そのためには，企業の財産価値よりもむしろ収益性を重視する必要性があったからである。

　さらに重要なことは，発生主義にもとづいて算出された損益勘定ないしは財務諸表の利益を設備投資の資金に利用しようとしたとき，実際に手元に投資可能なキャッシュが存在しないことに気が付いた。獲得したはずの利益が手元に現金として存在しない。「一体，利益とは何であるのか？」。この利益の中身ないしは利益の質に対する素朴な疑問が，ダウライス製鉄会社の比較貸借対照表を生み出したのである。いわばこのことが，資金計算書を誕生させた企業側の要因である。

　それに対して，企業に投資した株主側の要因としては，発生主義にもとづいて算出された財務諸表上の利益を現実には配当として現金で受け取ることができるかどうかである。株主にとっては，例えフローの側面から利益が算出されたとしても，その利益に相当する実際の配当資金，すなわち現金ないしはその同等物による裏付けが保証されているか否かが極めて重要になってくる。彼らの関心事は，実際に現金で配当を受け取ることができるかどうかである。この現金ないしは現金同等物による配当の裏付け保証の要求が，資金計算書の出現

を促したもう一つの要因と思われる。

　損益計算書や貸借対照表で表示された発生主義にもとづく企業利益が，実際に現金で裏付けされているのかどうかは，経営者と株主の両者にとって大きな関心事であった。前者は，新たな設備投資に可能な現金資金があるかどうか，後者は，配当金を確実に現金で受け取ることができるかどうかである。換言すれば，株主（厳密には将来株主）にとっては，企業への出資を決定するに際し，配当資金の現金による裏付けが大きな投資誘因の重要な要素を占めたのである。それと同時に，経営者にとっては，新たな設備に投資するだけの利益，しかも単なる計算上の利益ではなく現金に裏付けられた利益の確保が極めて重要であった。

　特に巨大企業では，発生主義にもとづく損益だけではなく，支払能力や資金繰りの関係上でも，現金の流動性に関する関心もまた，時代の推移とともに，急速に増加してくる。しかし，比較貸借対照表として登場した生成期においては，資金計算書は，必ずしも企業の支払能力に関する資金情報を債権者に提供するために作成されたものではなかった[14]。比較貸借対照表の登場背景には，発生主義にもとづいて算出された損益勘定ないし損益計算書上の利益に見合うだけの現金が現実に手元にあるのか，すなわち利益の真の中身を知りたいという欲求があったということを忘れてはならない。

---

14) この点については，佐藤倫正「利質分析と資金計算書」『企業会計』Vol. 47, No. 12, 1995年12月を参照されたい。

# 第10章　ダウライス製鉄会社の資金計算書

## 1　は　じ　め　に

　資金計算書の生成過程に関する研究は，わが国でもすでに幾人かの研究者によって手がけられ，その結果，豊潤な成果が，われわれ後発研究者にも多くの手助けを与えてくれている[1]。すでに第9章で述べたように，従来までの研究では，資金計算書の嚆矢として，一般的には，1897年のニューヨークで出版されたトーマス・グリーン（Thomas. L. GREENE）の『企業財務』（*Corporation Finance*）の中で提示されたグレート・イースタン鉄道の2年間の貸借対照表を比較しその変動状態を要約した一覧表（Summary of changes in the position of the company during the year）があげられている。しかし，比較貸借対照表としての資金計算書の最も初期の一例は，グリーンの例示よりも3分の1世紀以上も遡る，19世紀後半のイギリスに求めることができることも，すでに前章で明らかにしたところである。すなわち，われわれは，18世紀後半に組合として設立されたダウライス製鉄会社（Dowlais Iron Company）の1852年と1863年の2時点間の資産・負債の増減を比較した財務表（すなわち，比較貸借対照表）を資金計算書の最も初期の一例として掲げることができるのである。

---

1) 例えば，中村萬次『資金会計論』中央経済社，1959年，染谷恭二郎『資金会計』白桃書房，1956年，中村宏『資金計算史論』森山書店，1986年，佐藤倫正『資金会計論』白桃書房，1993年，鎌田信夫『資金会計の理論と制度の研究』白桃書房，1995年等に詳しい。

前章では，ダウライス製鉄会社の財務表そのものに対する分析がその主目的ではなかったため，十分な検討をしてこなかった。それゆえ，本章で再びダウライス製鉄会社の財務表をとりあげ，資金計算書はアメリカではなくすでにイギリスにおいて出現していたこと，および，19世紀前半のイギリス製鉄会社における経済的背景ならびに資金計算書を生み出した要因等について検討を加えていくことにする。

## 2 ダウライス製鉄会社の沿革と業績の推移

　ダウライス製鉄会社は，南ウェールズ，グラモーガンシャーのマーサ・ティドヴィル（Merthyr Tydfil）近郊ダウライスに，1759年9月19日に8人の仲間とともにトーマス・ルイス（Thomas LEWIS）によって，総額4,000ポンドの出資額で組合として設立された[2]。1763年に，溶鉱炉設置のための土地を，85年間，年5ポンドないし26ポンドでリースしている[3]。その後同組合は，1782年には，出資額を20,000ポンドに増額し，1787年には資本金38,000ポンドをもって株式会社に改組した。1899年9月27日に，ダウライス製鉄・石炭株式会社として，資本金1,100,000ポンドで再編された[4]。

　19世紀に入ると，ダウライス製鉄会社は飛躍的な発展を遂げ，19世紀前半には，ついに，それまで銑鉄(ビッグ・アイアン)の生産高では最大のシェアーを誇っていた中部イングランドのシュロップシャーやスタフォードシャーを抜き，最高40％のシェアーを占め，最盛期には，8,500人を超える従業員を抱えた世界最大の製鉄会社にまで成長するに至った。その主力商品は，鉄道建設に伴う練鉄製のレールであった。1805年までには，ダウライス製鉄会社の溶鉱炉での生産高は，年間

---

2) JONES, Edgar, *A History of GKN* (*Vol. 1 : Innovation and Enterprise, 1759-1918*), Houndmills, 1987, p. 3.
3) Glamorgan County Record Office, *Iron in The Making.Guide to Exhibition Held at County Hall,* Glamorgan County Records Committee, 1960, p. 2.
4) EDWARDS, J. R. & BABER, C., "Dowlais Iron Company : Accounting Policies and Procedures for Profit Measurement and Reporting Purposes", *Accounting and Business Research,* Vol. 9 No. 34, Spring 1979, p. 139. なお，ダウライス製鉄会社の財務表については，渡辺大介「19世紀イギリスにおける管理会計の実態」『大阪経大論集』第158号，1984年3月，を参照されたい。

ほぼ2,100トンに達し，この数字は，当時のイギリス国内の平均量を十分に上回っていた。1815年に5基目の溶鉱炉が操業されたときには，銑鉄の生産高は，年間15,600トンにも達した。1810年に9,846ポンドであった利益は，1814年の決算では大幅に増益し，16,528ポンドにのぼった[5]。

1840年には5,000人の労働者を雇用し，1845年に18基の溶鉱炉を持ち，生産高は年間74,880トンにも及んだ[6]。なお，1810年から1870年までのダウリィス製鉄会社の利益額は，次頁の図表1の通りである。

1850年までには，イギリスの製鉄業者は，廉価で大量に生産した製鉄によって市場を支配し，輸出は，1815年の13,000トン（総生産高の16％）から1830年には59,000トン（総生産高の45％）に急増した。その後輸出は，1870までに，銑鉄の総産出量の60％を占めるまでに増加した。銑鉄の輸出は，1821年から1870年の半世紀の間に，年11％の驚くべき数値で成長を遂げたにもかかわらず，練　鉄（ロウト・アイアン）（レールを含む）は，それなりの水準にはあったが，この時点ではまだ，7.5％の低水準にすぎなかった[7]。

しかし，1850年代前半は業績不振に陥り，1851年から3年連続で損失を出している。1853年に損失を出した一因には，数カ月間に及ぶ石炭部門のストライキがあげられ，その結果，石炭採掘が中止に追い込まれたのが大きく影響した模様である[8]。設備の修繕に100,000ポンド，新しいプラントのための支出がそれと同額以上，併せて200,000ポンドものコストをかけている。クリミア戦争（1853-56）の勃発が，非常に負担になっていた対ロシア政府との鉄道用のレールの低価格での契約を破棄させ，一時的に，業績の改善につながらせたようである。しかし，7年戦争（1756-63），フランス革命（1789）そしてスペイ

---

5) JONES, Edgar, *Op. Cit.*, pp. 41-2. ここでの本文中の説明では，1814年の利益額は16,528ポンドとなっているが，〔図表1〕の1814年のそれは16,538ポンドとなっている。
6) *Ibid.*, p. 107. なお，溶鉱炉の数は，1790年2基，1795年3基，1810年4基，1820年7基，1825年11基，1835年13基，1840年17基，1845年18基，1855年も18基と飛躍的に増加して行った（JONES, Edgar, *Op. Cit.*, p. 66）。
7) *Ibid.*, p. 105.
8) *Ibid.*, pp. 264-5.

[図表 1] 1810—1870年のダウリス製鉄会社の利益の推移

|      | £      | 調整後   |      | £       | 調整後    |      | £         | 調整後      |
|------|--------|---------|------|---------|----------|------|-----------|------------|
| 1810 | 9,846  | 6,416   | 1831 | 17,221  | 18,070   | 1852 | (19,720)  | (25,282)   |
| 1811 | 10,983 | 7,554   | 1832 | 16,613  | 18,156   | 1853 | (96)      | (101)      |
| 1812 | 11,470 | 7,007   | 1833 | 21,652  | 24,438   | 1854 | 44,029    | 43,166     |
| 1813 | 11,973 | 7,089   | 1834 | 50,097  | 50,183   | 1855 | 16,916    | 16,749     |
| 1814 | 16,538 | 10,753  | 1835 | 51,836  | 61,344   | 1856 | (52,908)  | (52,384)   |
| 1815 | 15,021 | 11,564  | 1836 | 67,711  | 71,125   | 1857 | 12,416    | 11,868     |
| 1816 | 10,953 | 9,235   | 1837 | 129,160 | 136,967  | 1858 | (41)      | (45)       |
| 1817 | 11,873 | 9,002   | 1838 | 77,413  | 79,154   | 1859 | 17,940    | 19,085     |
| 1818 | 21,187 | 15,275  | 1839 | 85,024  | 74,848   | 1860 | 30,882    | 31,194     |
| 1819 | 25,801 | 20,141  | 1840 | 78,066  | 76,162   | 1861 | 8,832     | 9,012      |
| 1820 | 23,177 | 20,084  | 1841 | 47,293  | 48,406   | 1862 | 3,059     | 3,029      |
| 1821 | 10,404 | 10,435  | 1842 | 55,206  | 62,169   | 1863 | 36,572    | 35,507     |
| 1822 | 16,393 | 18,650  | 1843 | 15,335  | 19,240   | 1864 | 82,110    | 78,200     |
| 1823 | 34,870 | 35,727  | 1844 | 31,157  | 38,418   | 1865 | 104,843   | 103,805    |
| 1824 | 16,730 | 16,730  | 1845 | 59,039  | 71,330   | 1866 | 62,502    | 61,276     |
| 1825 | 20,000 |         | 1846 | 159,070 | 184,965  | 1867 | 96,737    | 96,737     |
| 1826 |        |         | 1847 | 172,747 | 178,848  | 1868 | 80,013    | 80,821     |
| 1827 | 22,619 | 22,778  | 1848 | 104,827 | 128,150  | 1869 | 109,036   | 111,261    |
| 1828 | 16,538 | 17,156  | 1849 | 15,768  | 21,337   | 1870 | 197,756   | 205,996    |
| 1829 | 4,711  | 4,946   | 1850 | 3,778   | *5,140   |      |           |            |
| 1830 | 12,570 | 13,302  | 1851 | (32,036)| (42,715) |      |           |            |

(JONES, Edgar, *A History of GKN* (Vol. 1 : *Innovation and Enterprise, 1759-1918*), Houndmills, 1987, p60, p. 108 & p. 265.)

【注1】 「調整後」というのは,Sauerbeck-Statistの指数によって調整された数字である。
【注2】 ( )内の数字は損失を表す。
【注3】 *を付した本文108頁の5,140ポンドは,265頁では4,906ポンドとなっている。

ンの反ナポレオン戦争(1808-13)と同様,クリミアの軍事行動は,製鉄業者に多くの利益をもたらすことになったが,1856年のダウリス製鉄会社の利益の低下と52,908ポンドの損失の発生は,クリミア戦争以外の他の原因によっている。1854年と1855年の2年間は,業績が回復し,1854年には5,327ポンド,1855年には25,386ポンドの投資を修繕と新プラントと機械の購入のために充てている。さらに,1856年には41,491ポンド,1857年には27,368ポンドの支出がなされている。会社は,設備の改良計画を加速させるため,戦争による物価上昇を利用した。1858年にさらに38,635ポンドを設備の改良のために費やしたた

め，41ポンドの損失を記録した。翌年には24,605ポンドが再投資され，17,940ポンドの利益を獲得している[9]。

このように，1850年代に入ってからの業績の悪化と修繕費や設備投資の増加が，以下で検討していく比較貸借対照表の出現を必然とし，この新たな財務表の出現により，上述の企業利益の推移と修繕や設備投資の増加を示す数値が，1860年代末から1870年代にかけてのダウライス製鉄会社のかつてない好結果を生み出したものとの推測を可能にさせるのに十分な根拠を持つものと思われる。産業革命として知られる18世紀の後半から19世紀の半ばにかけて，中部イングランドのスタフォードシャー（Staffordshire），ヨークシャー（Yorkshire），シュロップシャー（Shropshire），あるいはウェールズ南部のグラモーガンシャー（Glamorganshire）やモンマスシャー（Monmouthshire）に大溶鉱炉が次々と建設され，詳細に見ていくと好不況が交錯した時代でもあったが，総体的にはイギリスの製鉄業を飛躍的に発達させ，ひいては蒸気機関車を生み出した時代であった[10]。

そこで次に，ダウライス製鉄会社の資本と投資の推移についていま少し詳細に見て行くことにする。

## 3　ダウライス製鉄会社の資本金と設備投資の推移

すでに述べたように，ダウライス製鉄会社は，1759年に出資額わずか4,000ポンドで組合としてスタートした。その後，株式会社に改組されるが，その時の資本金の額は，38,700ポンドであった。1830年以降の資本金の額は，図表2のとおりである。

資本金は，図表2で示されているように，1850年以降，503,200ポンドのまま変更していない。一見すると奇妙にみえる。しかしこのことは，ダウライス

---

9) *Ibid.*, p. 267.
10) LANGTON, John and MORRIS, R. J. *Atlas of Industrialising Britain 1780-1914*, London, 1986, p. 128. J. ラングトン，R. J. モリス編，米川伸一，原剛訳『イギリス産業革命地図 近代化と工業化の変遷1780-1914』原書房，1989年，127-31頁。

[図表2] ダウラィス製鉄会社の
1831—1890年の資本金の推移

| £ | 資本金 | £ | 資本金 | £ | 資本金 |
|---|---|---|---|---|---|
| 1831 | 117,543 | 1837 | 175,000 | 1847 | 240,000 |
| 1832 | 117,543 | 1838 | 193,511 | 1848 | 240,000 |
| 1833 | 120,000 | 1839 | 200,000 | 1849 | 535,200 |
| 1834 | 126,096 | | | 1850 | 503,200 |
| 1835 | 129,932 | 1845 | 200,000 | | |
| 1836 | 145,000 | 1846 | 230,000 | 1890 | 503,200 |

(EDWARDS, J. R. & BABER, C., "Dowlais Iron Company: Accounting Policies and Procedures for Profit Measurement and Reporting Purposes", *Accounting and Business Research*, Vol. 9 No. 34, Spring 1979, p. 149, より作成)。

製鉄会社が，企業の拡大に伴う資本的支出を，自己資本の増資という形でまかなうのではなく，収益の増大によって負担させていくという経営政策を継続的に採択した結果を示している。しかしながら他方では，このような拡大生産政策は，19世紀後半に企業活動の持続的な成長を反映して，棚卸商品などの流動資産の保有を著しく増加させた[11]。すなわち，現実には，獲得した利益によって新たな設備投資を行おうとしたとき，それに見合う実際の投資資金が不足ないしは存在しないという事態が生じてきた。

この棚卸商品の増加は，企業利益に大きな影響を及ぼしたのは，言うまでもない。それは同時に，運転資金の不足という状況にも大きな影響を及ぼしたものと思われる。その結果，「いったい利益はどこにいってしまったのか？」という疑問を生じさせてきた。換言すれば，たとえ貸借対照表や損益計算書において巨額の利益が計上されたとしても，その利益額を設備投資に使用しようとしたとき，それに相当する現実の現金資金が存在しないといった状況が生まれ，その結果，「利益とはいったい何なのか？」という素朴な疑問が生じてきた。いわば，利益の質が問い直されたのである。その答を求めるために，比較

---

11) EDWARDS, J. R. & BABER, C., "Op. Cit.", p. 145.

[図表3] ダウリス製鉄会社の
1834―1884の資本投資額の推移

| 資本投資 | | 資本投資 | | 資本投資 | |
|---|---|---|---|---|---|
| 1834 | 34,494 | 1859 | 220,684 | 1874 | 457,583 |
| 1844 | 137,650 | 1863 | 255,134 | 1884 | 376,650 |

(EDWARDS, J. R. & BABER, C., "Op. Cit.", p. 146.)

貸借対照表が作成され，発生主義によって算出された利益の行く先を解明しようとしたのである。

このことは，ダウリス製鉄会社の1856年と1863年の7年間の資産・負債の増減を比較し，利益を計算する過程で述べている次のような手紙の文面から明瞭に窺い知ることができる。「私は，この7年間で獲得された『利益(プロフィット)』と呼ばれているものが原材料や製品の在庫の巨大な蓄積であるということに気がつきました。昔からの言葉の意味での『利益』は，企業が健全で順調にいっている状態のもとで，設立の時から［いつでも］引き出すことができ，多くの他の資産，土地，鉄道あるいは同様なものに投資することのできる収入として自由に使える余剰金でのことでした[12]」と。

ダウリス製鉄会社が急速に拡大していった1831年から1890年の60年間で，資本金が前年度と比較して相当額増資されたのは，1836年，1837年および1849年の3年間である。その増資額は，それぞれ約15,000ポンド，1837年の30,000ポンド，1849年の約295,000ポンドである。1850年には32,000ポンドが減資され，503,200ポンドになったが，その後40年以上にわたって，資本金に変更は見られない（図表2参照）。1836年と1837年の2年間の増資により，それまで約13万ポンドの資本金が1839年には1.5倍を超える20万ポンドに増額された。その間，利益額は，1836年の約7万ポンドから翌年には約13万ポンドに増加した（図表1参照）。すなわち，企業利益の増大にともない，積極的な拡大政策をとり，それに必要な資金を自己資本によって調達しようとした結果，資本金の増

---

12) Glamorgan Record Office, D/DG, E3(ii), pp. 24-5.

大を見たのである。

　増資にとって一番重要なのは，増資予定額の全額の払込を無事に完了することである。そのためには，単に帳簿上で利益が計上されているか否かというだけにとどまらず，配当に見合う現金資金が保証されているか否かを将来株主や現在株主に提示する必要に迫られたのである。すなわち，費用・収益の対応計算によるフローの側面からの損益計算だけではなく，現金をベースにした資金計算が要求されるに至ったといえる。ここにわれわれは，比較貸借対照表ないしは資金計算書を出現させたもう一つの現実的な必然性を見出すことができるのである[13]。

　それと同時に，1847-8年頃から製鉄部門の立て直しのために多額のコストがかかり[14]，すでに述べたように，1853年の石炭部門のストライキに至る労使紛争も経営を悪化させる一因となり，1851年からの3年間は，連続の赤字決算に転落した（図表1参照）。このような深刻な状況は，企業家たちにより一層利益への関心を増大させていったであろうことは，想像に難くない。赤字の原因が何であるのか，企業の獲得した「利益がどこにあるのか，現金の残額がどこにあるのか，あるいはそれがどのようにして生じたのか[15]」といった要求に応えるため，ダウリス製鉄会社は，2時点間の資産，負債，資本を一覧表した比較貸借対照表を作成したのである（一例として，1852年11月と1863年3月の比較貸借対照表がある―図表6参照）。まさしく，資金計算書の原点の出現である。すなわち，資金計算書を出現させたもう一つの現実的な必要性は，現金ないしは現金同等物による配当の裏付け保証の要求の他に，投資可能資金を測定し，企業利益を管理するために，換言すれば利益の質を問い直すために作成されたということができる[16]。

---

13) 前章「損益計算の展開と資金計算書の萌芽」を参照されたい。
14) JONES, Edgar, "*Op. Cit.*", p. 264.
15) Glamorgan Record Office, D/DG, E3(ii), p. 3.
16) このように，利益の質を問題にする考え方については，例えば，わが国では，佐藤倫正「利質分析と資金計算書」『企業会計』Vol. 47 No. 12, 1995年12月，あるいは，鎌田信夫『前掲書』第1章第7節，等を参照されたい。

## 4 比較貸借対照表の出現と
## ダウライス製鉄会社の財務表

　19世紀前半以降，従来のストック重視の損益計算思考は，大企業を中心にフローの側面からの損益計算へとその重点を移していった[17]。株主から資本を調達するためには，なによりも先ず，当該企業への投資がいかに有利であるかを証明する必要があった。そのためには，単にフローの側面からの損益計算をより重視するだけにとどまらず，例えフローの側面から利益が算出されたとしても，その利益に相当する実際の配当資金，すなわち現金ないしはその同等物による裏付けが保証されているか否かが極めて重要になってくる。株主の最大の関心事は，紙の上での配当可能利益がいくらあるかではなく，実際に現金で配当を受け取ることができるかどうかである。彼らの大部分は，いわゆる将来のキャッシュ・フローの予測分析などには，ほとんど関心がなく，ただ自己の取り分としての配当額をきちんと現金で受け取ることができるかどうかである。すなわち，19世紀前半頃の大部分の株主が企業経営に寄せた関心事は，先ず第1に，フローの利益がいくらあるかであり，次いで，フローによる損益計算で求められた企業利益が，現実に，現金で裏付けされているか否かであろう。それと同時に，特に大企業では，単に損益計算だけではなく，投資可能資金の算出，あるいは支払能力や資金繰りの関係上，現金の流動性に関する関心が急増してくるのもまた，言うまでもないことである。ここに，資金計算書登場の歴史的・現実的要件が出そろったということができる。

　この資金計算書の嚆矢は，従来までの先行研究では，すでに述べたように，1897年にグリーン（T. C. Greene）の著書で提示されたグレート・イースタン鉄道の2年間の貸借対照表の増減を比較し，その変動状態を要約した一覧表であるといわれてきた[18]。資金計算書が，アメリカで広く一般に普及し始める

---

17) この点については第8章「ディスクロージャー機能の形成とその背景」を参照されたい。
18) GREENE, T. L., *Corporation Finance,* New York & London, 1897 p. 110.

[図表4] コールの比較貸借対照表，12月31日

| 資　　産 | 1905 | 1906 | 1907 | 負　　債 | 1905 | 1906 | 1907 |
|---|---|---|---|---|---|---|---|
| 不動産・設備 | 275,000 | 420,000 | 400,000 | 資　本　金 | 500,000 | 500,000 | 600,000 |
| 受　取　手　形 | 8,000 | 60,000 | 55,000 | 支　払　手　形 | 100,000 | 100,000 | |
| 受　取　勘　定 | 2,000 | 10,000 | 5,000 | 支　払　勘　定 | | 20,000 | 10,000 |
| 器　具　備　品 | 15,000 | 5,000 | 5,000 | 積　立　金 | | | 20,000 |
| 現　　　　金 | 300,000 | 40,000 | 20,000 | 損　　　益 | | 20,000 | 20,000 |
| 商　　　　品 | | 105,000 | 125,000 | | | | |
| 減価償却基金 | | | 20,000 | | | | |
| 積立用基金 | | | 20,000 | | | | |
| | 600,000 | 640,000 | 650,000 | | 600,000 | 640,000 | 650,000 |

(COLE, W. M., Accounts: *Their Construction and Interpretation*, Boston, New York and Chicago, 1908, p. 86.)

[図表5] コールの比較貸借対照表で示された変動の要約

| 資金の運用 | | 資金の源泉 | |
|---|---|---|---|
| （または収入または債権） | | （または支出または債務） | |
| | 1906年 | | |
| 器具備品 | −10,000 | 建物・プラント | +145,000 |
| 現　　金 | −260,000 | 受取手形 | +52,000 |
| 支払勘定 | +20,000 | 受取勘定 | +8,000 |
| 損　　益 | +20,000 | 商　　品 | +105,000 |
| | 310,000 | | 310,000 |
| | 1907年 | | |
| 不動産・設備 | −20,000 | 商　　品 | +20,000 |
| 受取手形 | −5,000 | 減価償却基金 | +20,000 |
| 受取勘定 | −5,000 | 積立用基金 | +20,000 |
| 現　　金 | −20,000 | 支払手形 | −100,000 |
| 資　本　金 | +100,000 | 支払勘定 | −10,000 |
| 積立用基金 | +20,000 | | |
| | 170,000 | | 170,000 |

(COLE, W. M., *Op. cit.*, p. 101.)

のは1900年以降のことである。当時の実務界には，比較貸借対照表ないしは財政状態変動表としての資金計算書，運転資金計算書としての資金計算書，の二つのタイプが存在していたといわれている。前者の事例としてコール（W. M. COLE）の財政状態変動表（図表4，5）が，後者の事例として，U. S. スティール社の1903年の年次報告書があげられている[19]。

[図表 6 ] ダウラィス製鉄会社の資産—1852年11月と1863年 3 月の比較表

|  | 1852.11 | 1863.3 | 増加 | 減少 |
|---|---|---|---|---|
| 1. J. J. ゲスト卿 | 39,697 3 1 | 72,469 6 5 | 32,772 3 4 |  |
| 1a. 管財人 |  | 1,173 2 3 | 1,173 2 |  |
| 2. 鉱山 | 275,388 7 3 | 278,870 7 2 | 3,482 |  |
| 3. 現金 | 197 8 4 | 1,307 11 2 | 1,110 2 10 |  |
| 4. 在庫品 | 107,092 17 10 | 255,134 4 3 | 148,041 0 5 |  |
| 5. 高地への支線 | 6,798 2 11 |  |  | 6,798 2 11 |
| 6. 低地への支線 | 33,308 13 5 | 33,640 19 1 | 332 5 8 |  |
| 7. セールスa/c,（ロンドン） | 63,596 18 9 | 13,296 19 9 6,156 5 |  | 50,299 19 |
| 8. D社への債権 | 11,013 13 | 10 |  | 4,857 8 |
| 9. E. I. ハッチンズ |  | 7,538 17 | 10 |  |
| 10. 会社の石炭債権 |  |  | 7,538 17 |  |
|  | 537,093 4 7 | 669,597 11 11 537,093 4 7 | 194,459 17 3 61,955 9 11 | 61,955 9 11 |
|  | £ | 132,504 7 4 | 132,504 7 4 |  |

ダウラィス製鉄会社の負債—1852年11月と1863年 3 月の比較表

|  | 1852.11 | 1863.3 | 増加 | 減少 |
|---|---|---|---|---|
| 1. 債務一般 | 990 18 5 |  |  | 990 18 5 |
| 2. 資本金 | 503,200 | 503,200 |  |  |
| 3. 所得と未税税金 | 132 3 8 |  |  | 132 3 8 |
| 4. E. I. ハッチンズ | 69 5 9 |  |  | 69 5 9 |
| 5. D会社への債務 | 32,700 16 9 | 39,747 8 4 | 7,046 11 7 |  |
| C. ゲスト婦人 |  | 3 3 9 | 3 3 9 |  |
| 会社の石炭債務 |  | 240 2 2 | 240 2 2 |  |
|  | 537,093 4 7 | 543,190 14 3 537,093 4 7 | 7,289 17 6 1,192 7 10 | 1,192 7 10 |
|  |  | £6,097 9 8 | 6,097 9 8 |  |
|  |  | 資産の増加 | 132,504 | 7 4 |
|  |  | 控除 負債の減少 | 6,097 | 9 8 |
|  |  |  | 126,406 | 17 8 |

(Glamorgan Record Office, D/DG, E8)

---

19) 佐藤倫正『前掲書』38頁。

比較貸借対照表が資金計算書の源流になるという根拠は，コールによれば，資産と負債の2時点間の比較によって資金ないしは資源の動きを掴むことができるからであり，資産の増加と負債の減少は資金の運用（where-gone）を，その逆の資産の減少と負債の増加は資金の源泉（where-got）を示すからである[20]。われわれは，この貸借対照表比較分析の初期の事例を，アメリカにおいてではなく，19世紀後半イギリスの会社会計実務の中に，すでに見出すことができるのである。グリーンに先立つこと，3分の1世紀以上も前のことである。すなわち，すでに述べたように，1759年9月19日に8人の仲間とともにトーマス・ルイス（Thomas LEWIS）により，総額4,000ポンドの出資額で組合として設立され，1787年に資本金38,000ポンドをもって株式会社に改組されたダウライス製鉄会社の1863年に作成されたファイナンシャル・ステイトメント（財務表）である（図表6）[21]。

## 5　ダウライス製鉄会社の財務報告書

　決算の結果報告について，工場から本社に送付した手紙は数多く残されているが，1863年7月18日付けのその初期の一通の手紙には，次のような文面が記述されている。1860年3月に30,882ポンドあった利益は，1861年に8,832ポンド，翌1862年には3,059ポンドに落ち込んでいる。この手紙を送った1863年は利益が36,572ポンドに回復し，その翌年から業績が順調に伸びてきている（図表1参照）。この手紙は業績が回復した時に，経営者に送付されたものである[22]。そこでは，1862年と1863年の資産と負債を比較して利益を算出している。19世紀イギリスにおける製鉄会社の経営の実状を見るようで，極めて興味深い。

---

20) COLE, W. M., *Accounts : Their Construction and Interpretation,* Boston, New York and Chicago, 1908, p. 101.
21) Glamorgan Record Office, D/DG, E8. この財務表は，エスケレが1898年ニューヨークCPA試験に出題した問題への解答として示した比較貸借対照表とほとんど同種のものといえる（佐藤倫正「黎明期の資金計算書—1898年ニューヨークCPA試験への出題とエスケレによる解答」『産業経理』第46巻第1号，1986年5月，99頁）。
22) Glamorgan Record Office, D/DG, E3(ii), pp. 1-7.

[図表7] ダウィス本社のG. T. クラークに宛てた手紙

ダラウィス製鉄工場
1863年7月18日

拝啓
　私は，ここに1863年3月31日末における貸借対照表をお送りします。ここ7年間のダウィスの製鉄の原価は，年々徐々に減じ，1863年も再び減少してきています。そして，改良や各部門の適正な維持にかかるすべての通常の支出を考慮しても，当期の原価がダウィスのどの期間で示されたものよりも低いと確信しています。
　あなたに，1863年の石炭と製鉄に関する事業で，Vochrhim Pits, Penydarren, Exsnoor, Dantrittant, Vale of Neath Extentionのために上記30,000ポンドを支払った後，総額36,572ポンド9シリング3ペンスの利益を得ることができるでしょう。
　上記の利益を得て，私は，ビュート・ロイヤリティーの免許（営業許可）が1863年度中に認可されるものと思っています。もしこれが認められなければ，利益は約4,000ポンド減少するでしょう。
　われわれは，1863年に，最終製鉄83,640ロング・トン*，すなわち週1,608トンを生産しました。この数量は1862年を上回りましたが，1861年よりも相当量下回りました。
　われわれは，今年，159,387スタチュート・トンの石炭をカーディフ，スオンジィー，ブライトン・フェリー，リバプール，ロンドン，W. M. 鉄道ブレーコン会社に売却しました。数量的には，13,161スタチュート・トンが，マーサとダウィスの石炭卸業者への売上でした。それについては，高利潤でした。
　われわれは，今年，トン当たり約4シリング6ペンスの利益で，5,816スタチュート・トンの銑鉄を売却しました。
　帳簿が本年度のこの好結果を示していますので，その利益がどこにあるのか，現金の残額がどこにあるのか，あるいはそれがどのようにして生じたのかということが当然のことながらたずねられることでしょう。このことは，次のように説明されます。

| 1862年（£78,519.19. 6, ガーディフ・ヤード）と比較した1863年の諸資産の増加 | | £81,814. 6. 1 |
|---|---|---|
| 資産の減少分の控除（£27,542.7.10, 工場在庫の減少） | 38,354. 4.7 | |
| 負債の増加分の控除 | 6,887. 12. 3 | 45,241. 16. 10 |
| 1863年の利益 | | £36,572. 9. 3 |

　資産の増加の大部分は，カーディフ・ヤードでの製鉄の多くの在庫の増加が原因です。
　配送中や工場の製鉄や原材料，仕掛品，貯蔵品は，総額255,134ポンド4シリング3ペンスです。これは，昨年よりもはるかに高い額になります。1863年3月時点でわれわれに負っている総額に加えて，この額は，総額287,479ポンド14シリング10ペンスになります。こうしてレールのトン数のために会社に負っている債務から39,987ポンド10シリング，6ペンスを差し引くと，企業の取引のための流動資本として総額247,492ポンド4シリング4ペンスが残ります。
　1860年11月の報告で，私は，ダウィスの適正な経営活動に対して要求されるレイト氏の資本評価に同意を表しました。そのとき彼は，250,000ポンドについて話し，組合時代の巨額な積立資金と比較して，私は，この総額が控え目なものであり，300,000ポンドが合理的な額であろうと思いました。
　今や，われわれは，この工場で非常に多額の資本を抱えてしまったと思われます。最近，これがかなり減少してきましたが，地金と鉄道等の資本は，完全にこの減少を補って余りあります。そしてその額は，130,905ポンド8ペンスで，昨年よりも78,519ポンド19シリング6ペンス多い額です。
　さらに，これがほぼ3カ月間の製鉄の生産高なので，これを3カ月間の債権あるいは未決済勘定と見なすのが適正かと思われます。
　1862年3月には，われわれは，配送の過程で，カーディフで9,685トンの地金とレールを持っていました。1863年には，これが22,791トンに増加しました。
　これらの大量の地金やレールの適正な評価によって，われわれが利益と呼んでいるものの修正が決まります。在庫としての地金やレールの評価間違いが，もちろん，その年の結果を変えてしまいます。これらの在庫の価格には，地金と鉄道会社には，ロンドン支店の数字が採用され，そして，工場の〔在庫〕数量に対して，わずかな差額も利益には出てこないため，低い率が付けられています。
　私は，上記の結果をW. レイト氏に報告すると同時に，彼が深刻な減少に対して〔何らの対策の〕必要性を感じていないということを申しそえておきます。
　この利益の問題に関して，私はどの合計額が利益と呼ばれるかを決めることが必要と話したかも知れません。そして，その額は，1863年と1864年の間の所得税の還付のために課税査定者に返還されるには違いありません。
　先述のことは，過年度における工場の取引の大部分の様子としてとられることでしょう。

(Glamorgan Record Office, D/DG, E3 (ⅱ), pp. 1-7.)

＊1 ロング・トン＝2,240ポンド＝1,016.05kg

このように書いた後で、炭鉱、ウェールズ鉱山、石灰石、溶鉱炉、パドリング加熱炉、回転式製粉機、牛舎、農場、地方税と国税、採鉱坑等の各部門にわけて詳細な業績内容の報告を行っている。

なお、ここでは省略したが、この手紙の中で、1856年から1863年の7年間の利益109,706ポンド19シリング4ペンスが、両年度の資産の増加額、資産の減少額、負債の減少額、負債の増加額を加減して算出されている[23]。

## 6 お わ り に

ダウライス製鉄会社の財務表や手紙の分析を通して、19世紀イギリスにおける資金計算書の生成過程の検討を行ってきた。

従来までの研究では、資金計算書の嚆矢として、トーマス・グリーンの『企業財務』(1897)で提示された会社状態変動一覧表があげられていた。そこで彼は、通常の貸借対照表の分析だけでは企業の財産の実際価値を知ることができないとし、「……それゆえ、一般の株主への情報にとって、全体の残高計算をする〔うえでの〕最も重要なことは、年次比較を可能にさせる機会〔が与えられること〕である。もしわれわれが、ある年度から翌年への項目の変化に注意を払うならば、われわれは、しばしば、会社の現実の繁栄についていくつかの価値あるヒントを手にいれることができる。なぜなら、ここで明らかになる事実は、年次報告書のなかでは述べられていないからである[24]」と述べ、企業の真の状態を知るためには、単年度の貸借対照表ではなく、2時点の貸借対照表の比較分析、すなわち比較貸借対照表の作成が極めて有効であることを説いた。しかしながら、このような考え方は、すでに再三述べてきたように、19世紀後半イギリスのダウライス製鉄会社の財務表のなかに見出すことができるのである。多桁式一覧表形式による精算表等ごく一部の例外を除いて、現代の

---

23) 図表1から計算すると、1857年から1863年度までの7年間の利益は109,660ポンド、調整後の利益でも109,650ポンドと手紙のなかで計算されている利益と40-50ポンドの差がある。

24) GREENE, T. L., *Op. Cit.*, p. 105.

## 第10章　ダウライス製鉄会社の資金計算書

ほとんどの会計思考や会計構造に関する処理法の原点は，イギリスで発生したと考えて大きな間違いはない。

　19世紀に入り，急速に拡大していったダウライス製鉄会社は，一方では，増資によって新たな設備投資資金を獲得すると同時に，他方では，利益を増大させその余剰資金でそれをまかなおうとした。すなわち，経営者にとっては，財務諸表に記載された今期の獲得利益が実際に投資可能な現金の裏づけを持っているのかが重要であった。

　設備投資のための資金調達を新株や社債の発行，あるいは借入金によってではなく，獲得した利益によって充足しようとした時，かなりの利益が計上されているにもかかわらず，現実には，投資可能資金が不足している状態に陥った。いったい利益がどこに行ってしまったのかという素朴な疑問が生じ，その行き先を知ろうとする要求がダウライス製鉄会社の比較貸借対照表を生み出した重要な要因なのであった。換言すれば，それは，資金管理のために，利益の行き先ないしは利益の中身，すなわち利益の質を見て行こうとする経営者の強い要望によって生み出されてきたといえる。

# 第11章　比較貸借対照表から資金運用表へ

## 1　は　じ　め　に

　資金計算書とは，一般的には，企業資金の源泉ないしは調達とその運用を示す一覧表であり，時として，財政状態変動表，資金運用表あるいは運転資本計算書とも呼ばれている。近年では，キャッシュ・フロー計算書といわれ，一口に資金計算書といっても，名称は様々に用いられ，その呼称の相違によって，資金計算書の中身もまた微妙に異なっているのは良く知られているところである。すでに見てきたように，この資金計算書の原初形態は，一般には，比較貸借対照表（Comparative Balance Sheets）といわれている。資産，負債および資本の増減比較を通して企業資金の調達・源泉とその運用・使途を追跡することができるからである。われわれは，その最も初期の一例として，すでに第10章で詳しく見てきたように，19世紀後半，損益計算書上では利益が獲得されているにもかかわらず実際の投資資金が不足した状況の中で，獲得した利益の行く先を知ろうとして作成されたイギリスの製鉄会社ダウライスの比較貸借対照表をあげることができる。

　すなわち，資金計算書の原点は，遅くとも19世紀の60年代までのイギリス製鉄会社の会計実務において登場する比較貸借対照表に求めることができる。企業が獲得した利益とは，本来なら自由に利用できるはずの投資可能資金であると思っていたにもかかわらず，実際にその利益に相当する額を投資しようとした際，その利益に見合うだけの手元資金が現実には存在しないことに気がつい

たのである。「一体利益は何処に行ったのか？利益とは一体，何であるのか？」といった素朴な疑問が生じてきた。この疑問に応えるために登場したのが比較貸借対照表であった。獲得した利益の行き先を知りたいと考えた当時の経営者たちの意向の産物であったのである。それと同時に，グリーンの指摘を待つまでもなく[1]，損益計算書や貸借対照表といった，従来までに作成されていた年次報告書（財務諸表）では知ることのできない様々な企業情報を投資決定の判断材料として知りたいという利害関係者とりわけ将来株主を含めた株主たちの切実な要求と，多額の資金を可能な限り調達したいという企業側の思惑との利害が一致した結果の所産として生じてきたものであったということもまたできるのである。

本章では，比較貸借対照表として生成した資金計算書が，いつ頃，資金運用表（Statement of Application of Funds）ないしは運転資本計算書（Statements of Working Capital）へと展開していき，さらに両者の根本的な相違がどこにあるのかを中心に検討を加えていくことにする。

## 2 資金運用表の登場

19世紀のイギリスで，投資可能資金の総額を知るために，利益の中身ないしはその行き先，すなわち「利益の質」を見て行こうとする経営者の強い要望が比較貸借対照表を登場させた。当初，いわば利質分析のために作成された比較貸借対照表は，その後の時代の変遷に伴い，新たな要求に応えてその内容を自ら変貌させ，新たな資金計算書の出現を余儀なくさせてくる。

資金計算書の最も初期の事例としてあげることのできるダウラィスの比較貸借対照表は，従来の発生主義会計にもとづく損益計算だけでは満足できず，そこで算出された利益が一体何であるのか，いわば利益の本質を，2時点間の資産・負債の増減計算によって算出された利益の中身ないしは行き先の分析を通して明らかにしようとしたものであった。別の角度から見れば，企業利益ない

---

1) GREENE, Thomas L., *Corporation Finance,* New York & London, 1897, p. 105.

しは資金がどのようにあるいはどこから生じ，どのようにあるいはどこへ運用されていったか解明しようとしたものに過ぎず，厳密な意味での資金の運用をどのようにするかを考慮するために作成されたものではなかった。すなわち，比較貸借対照表は，財政状態の変動を通して，利益の中身や行き先を知るために作成され，その利益が実際の投資資金として活用できるのか否かを知るためのものであった。運転資本の解明のためには，比較貸借対照表だけで不十分なのは，言うまでもない。この実務的要求に応えるために，20世紀に入って登場してくるのが資金運用表（Statement of Application of Funds）ないしは運転資本計算書（Statements of Working Capital）であり，今日のキャッシュ・フロー計算書へと展開していく。

フィニーによれば，「比較貸借対照表は，様々な項目の増減とともに，期首と期末の2時点間の資産，負債および資本［の変動状態］を再考した上で示している。この計算書は，当該期間の財政状態の変動を提示しており，監査人に資産と負債の種々の変動に対して注釈をつけるための一つの基準を提供している。［しかしながら，］多くの会計士は，比較貸借対照表が期間利益や支払配当金および［将来に］生じるかも知れない財務計画によって引き起こされる財務状態の変動に対する明瞭で総括的な考えを提供するのと同じ方法で，［財務］データを編成するのに［必ずしも］十分に機能していなかったと感じていた。比較貸借対照表は，単に貸借対照表の各項目の変動を示しているに過ぎない。すなわち，例えば，固定資産の総増加額あるいは総減少額，および運転資本の変動を示すのと同じような方法で類似項目を分類しているわけではない。それだけではなく，企業が［そこで］示された変動に影響を与える手段を，明瞭な方法によって，示してもいないのである。［それに対して］資金運用表は，しばしば資源およびその運用表と呼ばれているが，比較貸借対照表のもつこれらの難点を［少しでも］無くするために工夫されたものである。資金運用表は，通常，比較貸借対照表で示された情報を分類するだけではなく，貸借対照表価額の範囲を超えており，多かれ少なかれ，資産と負債の様々な変動の原因に関して詳細な情報を与える[2]」ことになる。

ダウライス製鉄会社の比較貸借対照表の存在が明らかになるまでは、その最も初期の事例として取り上げられていたグリーン（Thomas. L. GREEN）およびコール（William. M. COLE）の資金計算書は[3]，ダウライスのそれと同様，比較貸借対照表ないしは財政状態変動表であったため，そこで意図された内容は，いわゆる企業資金の現在有高の算出というよりもむしろ，資産と負債の増減比較によって，1年間で獲得した企業利益の中身，ないしは利益の質を知ろうとして作成されたものであった。したがって，同じく資金計算書の原初形態といっても，今日のキャッシュ・フロー計算書としての資金計算書とは，かなりの食い違いがある。比較貸借対照表が資金計算書の原初形態と見なされる最大の根拠は，資産・負債の増減比較によって，企業資金がどこから調達され，どこに運用されたかを知ることができるからである。その意味では，比較貸借対照表ないしは財政状態変動表が資金計算書の原初形態であることになんら問題はない。

しかし，ダウライス製鉄会社の比較貸借対照表で求められたものは，キャッシュとしての企業資金の流れやその有高の算出ではなかった。いわば発生主義にもとづいて算出された利益が，果たしていつでも利用できる現実の投資可能資金であるのかという疑問が生じ，それに応えるために作成されたものであった。比較貸借対照表が資金計算書の原初形態だからといって，その生成当初からただちに，発生主義にもとづく企業損益の計算とは別の視角ないしは別の認識基準にもとづいて企業資金の入りと出を流れにそって把握するために作成された財務表であると見なすことは，必ずしも的を得たものではない。

会計技法の歴史的展開過程は，絶えず連続と断絶の二つの側面を内包しながら時を刻んでいく。もし歴史を連続の側面に焦点を当てて見て行くならば，われわれは，比較貸借対照表を，発生主義会計を基軸に据えた損益計算とは異な

---

2) FINNEY, H. A., "Student's Department—The Statement of Application of Funds", *The Journal of Accountancy,* Vol. 36, December, 1923, p. 460.
3) GREENE, Thomas L., *Op. Cit.,* p. 110. COLE, William Morse, *Accounts : Their Construction and Interpretation,* Boston, New York & Chicago, 1908, p. 86.

った他の基準による方法で作成された財務表として捉えるのには無理がある。それは，あくまでも当時一般に行われていた基準にもとづき，ストックの側面から求められる損益計算の延長線上の財務表として位置づけられるのがごく自然の解釈であろう。なぜなら，会計慣行は，商人達の間で長年に亘って培われてきた商慣習によって運用され，それにもとづいて会計制度が形成されるからである。一つの連続した会計実務の歴史的事実の稜線上で，比較貸借対照表は，損益計算中心の計算思考から企業資金の流れを把握するために作成される資金計算書への展開過程の枠組みの中で，やがて運転資本計算書へとその姿を変貌させていくのである。

では，具体的には，比較貸借対照表に比べて資金運用表は，いかなる内容を示しているのであろうか。その解決の一つの糸口が，それぞれの財務一覧表における資金概念がどのように構成されているかを分析してみることにある。なぜなら，資金概念の相違によって，当然のことながら，資金計算書の内容も異なってくるからである。一般的にわれわれが資金という用語を用いる時，その中身がいったい何であるのかという点に関しては，必ずしも明確に一致した見解が見られているわけではない。資金概念が統一されているわけではないのである。それは，時として，総資産を意味していたり，流動資産と流動負債の差額を指したり，また現金そのものであったりする。したがって，資金概念の相違によって，資金計算書の内容も異なり，その結果，資金計算書の生成過程に関する研究も含めて，資金計算書の論議に混乱を引き起こしているのもまた事実であろう[4]。

## 3 比較貸借対照表と資金運用表の相違

最も初期の資金計算書は，すでに指摘してきたように，1852年11月と1863年3月の資産と負債の一覧表としてのダウライス製鉄会社の比較貸借対照表として出現した。それを作成した最大の目的は，利益を獲得したにもかかわらず，

---

[4] なお，資金概念の変遷については，第12章の図表1「資金概念の変遷」を参照されたい。

その利益によって設備投資や配当を行おうとした時，それを実現するための現実の現金資金が手元になかったため，獲得したはずの利益が何処に行ったのか，あるいはそもそも利益とは一体何であったのか，すなわち「利益の中身」を知るために作成されたものであった。

　ダウラィス製鉄会社の工場長が経営者に1863年付けの手紙の中で，「私は，この7年間で獲得された『利益』と呼ばれているものが，原材料や製品の在庫の巨大な蓄積であることに気がつきました。昔からの言葉の意味での『利益』とは，企業が健全で順調にいっている状態のもとで，設立の時から［いつでも］引き出すことができ，多くの他の資産，土地，鉄道あるいは同様のものに投資することのできる収入として自由に使える余剰金のことで［あると理解していま］した[5]」と書き送っている。今日流にいえば，発生主義会計のもとではかなりの企業利益が出ているにもかかわらず，現実に設備投資を行おうとしたとき，手持ち資金が不足していることに気がつき，「利益がどこにあるのか？　現金の残高がどこにあるのか？　あるいはそれがどのようにして生じたのか[6]」ということに対して疑問が生じた結果，それらの要求に応えるために，比較貸借対照表を作成したのである。すでに第10章で述べたように，結果的には，利益とばかり思っていたものは，実は，そのほとんどが在庫になっていたということである。まさしく，現在の在庫管理に通じる話である。

　すなわち，比較貸借対照表は，もともと資金計算のためというよりもむしろ損益計算によって求められた企業利益の実質的な内容を分析するために作成されたと見なすのが妥当である。資金計算書の原点を比較貸借対照表に求めるならば，生成過程における資金計算書の役割は，企業にどれだけの資金があるのか，あるいは企業のキャッシュ・フローがどのようになっているのかを知るために作成されたというよりはむしろ，単に利益の中身を知るために作成されたものに過ぎなかったということができる。換言すれば，資産と負債の2時点間の増減を比較することによって企業損益を算定すると同時にその行き先を知る

---

5) Glamorgan Record Office, D/DG, E3(ii), pp. 24-5.
6) *Ibid.*, p. 3.

ために作成されたのがダウリィス社の比較貸借対照表である。したがって、この比較貸借対照表は、フローの側面からの損益計算ではなく、ストックの側面から企業の積極財産と消極財産を比較しその残高としての損益計算であるということができるのである。

それに対して、資金運用表は、資産と負債の増減計算というよりもむしろ運転資本の調達とその運用について明らかにしようというのが主たる目的である。したがって、そこでの計算は、発生主義会計にもとづく損益計算ではなく、いわば資金主義とでもいう発生主義でもなくまた単なる現金主義でもない別の尺度にもとづく資金運用計算なのである。発生主義会計のもとで算出された損益には、未回収の掛売代金や未収収益が含まれ、また未払費用への考慮等がなされないレベルでの企業損益であるため、現実の投資可能資金とは大きく食い違ってくる。この計算システム上のギャップを埋めるためには、発生主義基準とは異なった基準にもとづいて算出する必要が生じてきた。このような要求にもとづいて作成されたのが、資金運用表である。

19世紀末葉から20世紀初頭にかけて、会計に関する著作の上でも資金計算書の必要性を主張する著者が登場してくる。その作成を説いた最も初期の書物として、すでに述べたトーマス・グリーン（Thomas. L. GREEN）の『企業財務』（*Corporation Finance*, New York, 1897）とウィリアム・コール（William Morse COLE）の『会計―その構造と解説』（*Accounts-Their Construction and Interpretation*, Boston, New York and Chicago, 1908）があげられる。

グリーンは、グレート・イースタン鉄道の2年間の貸借対照表を比較し、その変動状態を要約した一覧表を提示している[7]。この一覧表は、「支出（expenditure）：どのような目的のために生じたか（for what purpose incurred）」、と「資源（resources）：どこからもたらされたか（whence derived）」が表示され、資金の運用と調達が2時点間の貸借対照表の増減を比較分析することによって算出されている[8]。いずれにせよ、グリーンの考えていた資金は、グレート・

---

7) GREENE, Thomas L., *Op. Cit.*, p. 110
8) *Ibid.*, pp. 110-1.

イースタン鉄道で作成された2時点間の比較貸借対照表の変動一覧表の中で用いられている資源であったといえる。

　コールもまた、グリーン同様、資金概念を資源として捉えていた。コールが説いた、かの"Where got (or Receipts or Credits)"（どこから調達したか）および"Where gone (or Expenditures or Debits)"（どこへ使用したか）を示した一覧表は[9]、周知のように、比較貸借対照表から作成され、そこで提示される内容は、まさしく資金の調達と運用である。彼が、「どこから調達したか」、「どこへ使用したか」と問い掛けたその中身、すなわち、何をどこから調達し、何をどこへ使用したのか、という点について、「われわれが表に書き込んでいるものは、調達された事物や費消された事物［それ自体］ではなく、［その事物を］調達したり費消したりする［ために費やした］資源やその使い先である[10]」と述べている。すなわち、"Where got"、"Where gone"を示した一覧表は、単なる資産や負債の有高を表示している財務表ではなく、企業経営にとって必要な自由に使える手元資金すなわち資源を何処から手に入れ、それを何に使ったのかを示すものであると明確に述べている。

　このように、比較貸借対照表のもとにおける資金概念は、概して、資源、すなわち総資産であったと言うことができる。なぜなら、比較貸借対照表は、ダウリス製鉄会社の分析によって明らかになったように、元来、企業利益の真の中身を明らかにするために作成されたものであり、利益の行き先や企業全体としての投資可能な余剰金の算出といった側面からの資金であるため、そこでの資金は現金等特定の資金に限定される必要はなく、企業資金の運用形態としての企業全体の総資産が企業にとっての資源を意味していると言える。したがって、ここでいう資源とは、総資産と同義と捉えることができる。

　グリーンやコールの資産・負債の一覧表は、ダウリスの比較貸借対照表と同じ範疇に分類されるが、その作成目的、利用目的が企業に必要な手元資金の調達と運用であるということを明示しているという点で、単に利益の行き先を

---

9) COLE, W. M., *Op. Cit.*, p. 101.
10) *Ibid.*, p. 99.

追跡するために作成されたダウリスのそれとは幾分異なるものと言える。

## 4　資金運用表の初期の事例

これに対して，資金運用表における資金は，運転資本（working capital）と位置づけることができる。フィニー等のいう運転資本とは，図表3で明瞭に表示されているように，企業を運営していくために必要な資金で，基本的には，流動資産の総額から流動負債の総額を控除して算出される。すなわち，短期に換金化しうる資金から短期に返済しなければならない資金を控除した短期活用可能資金が運転資本として捉えられている。その上で，フィニーは，流動資産と流動負債の差額として算出した運転資本の増加額を，資金の運用欄に表示している（図表4の資金欄を参照）。したがって，ここでの資金は，比較貸借対照表によって表示される総資産としての資源と大きく異なる。

18世紀後半に登場した比較貸借対照表は，19世紀末から20世紀初頭にかけて，従来までの利益の中身ないしは利益の質を求める財務表から企業の運転資本（working capital）を算出する資金運用表へと展開していくことになる。すなわち，発生主義にもとづく財産の変動から利益の中身を捉えようとした最も原初的な比較貸借対照表としての資金計算書からいわば資金主義とでもいえる基準にもとづいて作成された資金計算書として，われわれはフィニー（H. A. FINNEY）に代表される資金運用表（Statement of Application of Funds）を上げることができるのである[11]。20世紀前半に相次いで提唱された資金運用表は，当時の過熱した投資競争への対応であり，それは同時に，来るべき世界大恐慌を予感させるものでもあった。

フィニーによれば，資金運用表は，単に運転資本の期首と期末の比較分析ではなく期中の増減を総括的に表示する一覧表である。しかも，「この資金運用表は，当該事業のためにそこから追加の資源が調達された［資金の］源泉とこれらの追加の資源からもたらされた［資金の］運用を示す［ことが可能な］方

---

11) FINNEY, H. A., "Student's Department—The Statement of Application of Funds", *Op. Cit.,* pp. 461, 468 & 472.

［図表１］　フィニーのA会社比較貸借対照表

|  | | 資産 | | |
|---|---|---|---|---|
|  | 1921年12月31日 | 1922年12月31日 | 減少額 | 増加額 |
| 不動産 | $50,000.00 | $60,000.00 |  | $10,000.00 |
| 棚卸資産 | 12,000.00 | 13,500.00 |  | 1,500.00 |
| 受取勘定 | 7,500.00 | 6,500.00 | $1,000.00 |  |
| 現金 | 2,000.00 | 2,200.00 |  | 200.00 |
|  | $71,500.00 | $82,200.00 |  |  |
| 純増加額 |  |  | 10,700.00 |  |
|  |  |  | $11,700.00 | $11,700.00 |
|  |  | 負債 |  |  |
| 資本金 | $40,000.00 | $45,000.00 |  | $5,000.00 |
| 剰余金 | 27,500.00 | 34,200.00 |  | 6,700.00 |
| 支払勘定 | 4,000.00 | 3,000.00 | $1,000.00 |  |
|  | $71,500.00 | $82,200.00 |  |  |
| 純増加額 |  |  | 10,700.00 |  |
|  |  |  | $11,700.00 | $11,700.00 |

(FINNEY, H. A., "Student's Department-The Statement of Application of Funds", *The Journal of Accountancy*, Vol. 36, December, 1923, p. 460.)

［図表２］　フィニーのA会社1922年12月末の資金運用表

| 調達資金： | |
|---|---|
| 純利益による | $10,700.00 |
| 資本の発行による運用資金 | 5,000.00 |
| 運用資金 | $15,700.00 |
|  |  |
| 配当金の支払に対して | $4,000.00 |
| 不動産の増加に対して | 10,000.00 |
| 運用資本（明細票による）の増加に対して | 1,700.00 |
|  | $15,700.00 |

(FINNEY, H. A., "Student's Department-The Statement of Application of Funds", *The Journal of Accountancy*, Vol. 36, December, 1923, p. 461 2.)

法によって，比較貸借対照表の情報と他のデータを分類しようとする一つの試みである[12]」と説明し，資金運用表と比較貸借対照表を明瞭に区別している。彼の提示する資金運用表は，次のようなものである。

フィニーの説明によれば，図表1，2からも明らかなように[13]，資金運用表は，比較貸借対照表に利益と配当に関する付加的な情報を加えて作成される。もっとも，ここに示された資金運用表は，極めて単純で初歩的な例示のため，減価償却等の問題を含んださらに詳細な解説を加えるために，図表4の「B会社」の例示をあげて説明している。なお，減価償却の取扱いに関して，彼は次のように説明している。すなわち，「調整b（図表5の調整覧のb）は，減価償却引当金による増加額の500ドルを利益によって調達された資金と呼ばれる欄に移記する。この記帳は，利益によって調達された資金が実際の利益それ自体よりも大きいためになされる。なぜこうなるのかを理解するために，ある1人の男が現金で取引をしていると仮定してみよう。彼は，原価5,000ドルで商品を購入し，6,000ドルで売却し，1,000ドルの利益を得た。彼はまた，200ドルの費用を支払，差額として800ドルの利益が残った。こうして，［彼の手元に］現金800ドルの利益が増加したように思われる。しかし，彼は，減価償却を必要とする固定資産に小額の投資をなし，損益［勘定］の借方と減価償却引当金［勘定］の貸方に50ドルの記帳処理をする。このことは，損益勘定の残高を750ドルに減ずることになるが，利益によって調達された現金資金を減ずることにはならない。資金は，800ドルのまま残っている。このように，利益によって調達された資金を知るためには，われわれは，帳簿上の利益に減価償却引当金を加算しなければならない[14]」と。他の調整項目についても，同様の説明をなし，運転資本ないしは資金の計算方法を分かりやすく解説している。

---

12) "Ibid"., p. 461.
13) "Ibid"., pp. 460-2. FINNEY, H. A., *Principles of Accounting, Volume 1, Intermediate*, New York, 1938 10th ed., (1st ed., 1923), pp. 497-515.
14) FINNEY, H.A., "Student's Department—The Statement of Application of Funds", *Op. Cit.,* pp. 464-5.

[図表3] フィニーの運転資本明細表

|  | 12月31日 1921年 | 12月31日 1922年 | 運転資本 減少額 | 運転資本 増加額 |
|---|---|---|---|---|
| 流動資産： |  |  |  |  |
| 　棚卸資産 | $12,000.00 | $13,500.00 |  | $1,500.00 |
| 　受取勘定 | 7,500.00 | 6,500.00 | $1,000.00 |  |
| 　現　　金 | 2,000.00 | 2,200.00 |  | 200.00 |
| 　　総当座資産 | $21,500.00 | $22,200.00 |  |  |
| 流動負債： |  |  |  |  |
| 　支払勘定 | 4,000.00 | 3,000.00 |  | 1,000.00 |
|  | $17,500.00 | $19,200.00 |  |  |
| 運転資本増加額 |  |  | 1,700.00 |  |
|  |  |  | $2,700.00 | $2,700.00 |

(FINNEY, H. A., "Student's Department-The Statement of Application of Funds",*The Journal of Accountancy*, Vol. 36, December, 1923, p. 462.)

[図表4] フィニーの資金運用表—精算表

| 資　産 | 12・31 1921 | 12・31 1922 | 年間増加額 借方 | 年間増加額 貸方 | 調　整 借方 | 調　整 貸方 | 運転資本 増 | 運転資本 減少 | 資　金 運用 | 資　金 調達 |
|---|---|---|---|---|---|---|---|---|---|---|
| 不 動 産 | $50,000 | $60,000 | $10,000 |  |  |  |  |  | $10,000 |  |
| 棚卸資産 | 12,000 | 13,500 | 1,500 |  |  |  | $1,500 |  |  |  |
| 受取勘定 | 7,500 | 6,500 |  | $1,000 |  |  |  | $1,000 |  |  |
| 現　　金 | 2,000 | 2,200 | 200 |  |  |  | 200 |  |  |  |
|  | $71,500 | $82,200 |  |  |  |  |  |  |  |  |
| 負　債 |  |  |  |  |  |  |  |  |  |  |
| 資 本 金 | $40,000 | $45,000 |  | 5,000 |  |  |  |  |  | $5,000 |
| 剰 余 金 | 27,500 | 34,200 |  | 6,700 | $10,700 (a) | $4,000 (b) |  |  |  |  |
| 支払勘定 | 4,000 | 3,000 | 1,000 |  |  |  | 1,000 |  |  |  |
|  | $71,500 | $82,200 |  |  |  |  |  |  |  |  |
| 利益による運用資金 |  |  |  |  |  | 10,700 (a) |  |  |  | 10,700 |
| 支払配当金 |  |  |  |  | 4,000 (b) |  |  |  | 4,000 |  |
|  |  |  | $12,700 | $12,700 | $14,700 | $14,700 |  |  |  |  |
| 運転資本の増加 |  |  |  |  |  |  |  | 1,700 | 1,700 |  |
|  |  |  |  |  |  |  | $2,700 | $2,700 | $15,700 | $15,700 |

(FINNEY, H. A., "Student's Department-The Statement of Application of Funds",*The Journal of Accountancy*, Vol. 36, December, 1923, p. 463.)

[図表5] フィニーのB会社資金運用表―精算表

| 資　産 | 12・31 1921 | 12・31 1922 | 年間増加額 借　方 | 年間増加額 貸　方 | 調　整 借　方 | 調　整 貸　方 | 運転資本 増　加 | 運転資本 減　少 | 資　金 運　用 | 資　金 調　達 |
|---|---|---|---|---|---|---|---|---|---|---|
| 土　　地 | $15,000 | $20,000 | $5,000 | | | $5,000 (f) | | | | |
| 建　　物 | 65,000 | 95,000 | 30,000 | | | | | | $30,000 | |
| 特 許 権 | 17,000 | 16,000 | | $1,000 | $1,000 (c) | | | | | |
| 投資―X会社社債 | 5,000 | | | 5,000 | | | | | | $5,000 |
| 棚卸資産 | 18,000 | 19,600 | 1,600 | | | | $1,600 | | | |
| 受取勘定 | 3,000 | 2,850 | | 150 | | | | $150 | | |
| 現　　金 | 2,700 | 2,900 | 200 | | | | | 200 | | |
| 前払保険料 | 300 | 315 | 15 | | | | 15 | | | |
| 社債発行差金 | | 1,900 | 1,900 | | 100 (e) | 2,000 (d) | | | | |
| | $126,000 | $158,565 | | | | | | | | |
| 負　　債 | | | | | | | | | | |
| 資 本 金 | $80,000 | $88,000 | | 8,000 | 8,000 (g) | | | | | |
| 剰 余 金 | 41,600 | 45,405 | | 3,805 | 5,000 (f) 10,805 (a) | 8,000 (g) 4,000 (h) | | | | |
| 減価償却引当金 | 1,000 | 1,500 | | 500 | | 500 (b) | | | | |
| 貸倒引当金 | 150 | 160 | | 10 | | | | 10 | | |
| 未償還社債 | | 20,000 | | 20,000 | 2,000 (d) | | | | | 18,000 |
| 支払勘定 | 3,250 | 3,500 | | 250 | | | | 250 | | |
| | $126,000 | $158,565 | $38,715 | $38,715 | | | | | | |
| 利益による運用資金 純利益 | | | | | | 10,805 (a) | | | | |
| 追加項目 ：減価償却 | | | | | | 500 (b) | | | 12,405 | |
| ：特許権償却 | | | | | | 1,000 (c) | | | | |
| ：社債発行差金償却 | | | | | | 100 (e) | | | | |
| 現金配当 | | | | | 4,000 (h) | | | | 4,000 | |
| | | | | | $31,405 | $31,405 | | | | |
| 運転資本および繰延資産の増加 | | | | | | | | 1,405 | 1,405 | |
| | | | | | | | $1,815 | $1,815 | $35,405 | $35,405 |

(FINNEY, H. A., "Student's Department―The Statement of Application of Funds",*The Journal of Accountancy*, Vol. 36, December, 1923, p. 467.)

## 5 おわりに

　資金計算書の原初的な形態は，一般に，比較貸借対照表であるといわれている。しかし，厳密には，比較貸借対照表は，資金計算すなわち企業の運転資本やキャッシュ・フローを計算するために作成されたものではなく，むしろ発生主義会計のもとでの損益計算の延長線上で，ストックの側面から資産・負債の増減比較計算によって獲得した利益の中身を知るために，作成されたものといえる。すなわち，19世紀後半のダウライス製鉄会社の1852年と1863年の2時点間の比較貸借対照表から明らかなように，発生主義会計のもとで算出された利益の行く先を資産・負債・資本の増減比較計算にもとづいて明らかにするために作成されたものであった。いわば，利益の質を問い直すために作成されたのが比較貸借対照表である。

　この比較貸借対照表が本来的な資金計算書に進化して行くためには，発生基準とは別の異なった，あえて言うならば資金基準とでもいえるもう一つのフィルターを通す必要があった。これがフィニーの説く資金運用精算表（The Statement of Application of Funds-Working Papers）である。すなわち，調整項目欄を通して，運転資本の総額と2時点間の増減額から資金の調達とその運用を表示した一覧表なのである。単なる財政状態の変動を表示した一覧表から企業の運転資本を表示した一覧表への大きな展開である。

　比較貸借対照表と資金運用表の間には，そこで算出される内容に大きな相違があることを理解しておかなければならない。比較貸借対照表の目的は，あくまでも損益計算の延長線上に位置づけられるのに対して，資金運用表は，単に企業損益を資産・負債の増減計算によって確認するだけに止まらず，より積極的に企業経営にとって必要な投資可能資金としての運転資本の総額を確認しようとして作成されたものである。同じく資金計算書の初期形態としての財務表であるとしても，両者の間には本質的に大きな相違が横たわっているといえよう。

# 第12章　運転資本［変動］計算書から
キャッシュ・フロー計算書へ

## 1　は　じ　め　に

　資金計算書は，その端緒を比較貸借対照表（ダウライス製鉄会社：1863, T. L. グリーン：1897）に求めることができるが，その後の資金計算書の展開は，この比較貸借対照表から資金運用表ないしは運転資本［変動］計算書（H. A. フィニー：1923）に，次いで財政状態変動表（P. メイソン：1961）へと展開し，さらに現金収支計算書（L. C. ヒース：1978）を経てFASBのいうキャッシュ・フロー計算書（FASB第95号：1987）へと進化していったと理解することができる。

　第9章から前章までにおいて，筆者は，資金計算書（Fund Statement）の最も初期の形態といえる比較貸借対照表（Comparative Balance Sheet）の生成過程を明らかにし，その比較貸借対照表がいつ頃，如何なる背景のもとで資金運用表（Statement of Sources and Applications of Funds）ないしは，運転資本［変動］計算書（Statement of Changes of Working Capital）に展開して行ったかについて論及した。

　本章では，資金計算書のその後の発展過程として，資金運用表ないしは運転資本［変動］計算書が財政状態変動表（Statement of Changes in Financial Position）や現金収支計算書（Statement of Cash Receipts and Payments）を経て，今日のキャッシュ・フロー計算書（Cash Flow Statement）に，いつ頃，如何なる時代的要請のもとで展開して行ったのかを分析することにする。また，

広義においては資金計算書と総称されるこれらの計算書にどのような相違があるのか,あるいはまた,発生主義会計によって測定される企業損益が,営業活動から得られるキャッシュ・フローと異なるのであれば,両者の間で費用・収益の認識基準の背景にどのような本質的な相違があると思考されているのか。これらの諸点に関して検討を加え,一連の延長線上の展開として,キャッシュ・フロー計算書の生成・発展課程に分析を加えて行くことにする。

## 2 キャッシュ・フロー計算書の本質

アメリカの財務会計基準審議会(FASB)による「財務会計諸概念に関するステートメント」第5号(1984年12月)では,キャッシュ・フロー計算書は,「一会計期間中において主要な源泉別に分類された企業の現金収入額および主要な使途別に分類された企業の現金支出額を直接的または間接的に示すものである。キャッシュ・フロー計算書は,営業活動を通じて債務の弁済を行い,配当金の支払を行い,または営業能力の維持もしくは拡大を図るために再投資を行う企業の現金創出活動に関する有用な情報,借入および拠出の両者による企業の資金調達活動に関する有用な情報ならびに企業の現金投資および支出に関する有用な情報を提供する[1]」と述べている。それと同時に,「発生主義会計によって測定される稼得利益(アーニングス)および包括的利益(コンプリヘンシブ・インカム)は,いずれも営業活動から得られるキャッシュ・フローとは同一ではないので,キャッシュ・フロー計算書は,稼得利益および包括利益と現金収支額との間の金額,原因ならびに期間的ズレに関する重要な情報を提供する[2]」とも指摘し,「キャッシュ・フロー計算書は,すべての現金収支がその発生時に認識されるために,認識問題とはほとんど無関係である。キャッシュ・フローの報告には,キャッシュ・フロー計算書における分類に関するものを除き,見積りも配分も伴わなければ,また,いかなる判断もほとんど伴わない[3]」とその見解を極めて明確に示している[4]。

---

1) FASB, *Statements of Financial Accounting Concepts*, No. 5, 1984, p. 19. 平松一夫,広瀬義州共訳『FASB財務会計の諸概念[改訳新版]』中央経済社,1994年,235-6頁。
2) *Ibid.*, p. 19. 同上訳書,236頁。

## 第12章　運転資本［変動］計算書からキャッシュ・フロー計算書へ

　FASBのいうキャッシュ・フロー計算書は，最も単純にいえば，企業資金の流れを特にキャッシュ現金ないしは現金同等物に限定して，それらの変動をインとアウトに分類して示す一覧表である。われわれは，このキャッシュ・フロー計算書の直接的な前身形態をヒースが主張した現金収支計算書（a statement of cash receipts and payments），財政活動計算書（a statement of financing activities）および投資活動計算書（a statement of investing activities）の三つの計算書に求めることができる。しかし，資金概念を現金および現金同等物にするのではなく，広く資源や運転資本とする広義の資金計算書の萌芽としては，一般的には，ヒースよりもさらに1世紀近くも遡るダウライス製鉄所の比較貸借対照表やフィニーの説く運転資本［変動］計算書をあげることができる。キャッシュ・フロー計算書もその生成当初の段階では，資金計算書あるいは財政状態変動表ないしは運転資本［変動］計算書等様々な呼ばれ方をしていた。

　しかし，1987年11月にFASBが基準書第95号を公表して以来，わが国では，従来までの資金計算書を一般に片仮名でキャッシュ・フロー計算書と呼ぶに至った。実質的な内容は別にして，キャッシュ・フロー計算書という名称それ自体は，1963年に出版されたコーラーの『会計学辞典』の第3版でも項目に取り上げられている。会計学辞典において，すでにその名称の説明がなされていたという事実は，当時のアメリカの実務界や学会レベルでは，キャッシュ・フロー計算書という用語が一般的に広く用いられていたことを示している。

　周知のように，わが国では，キャッシュ・フロー計算書の作成が義務づけら

---

3）*Ibid.,* p. 19. 同上訳書，236頁。
4）費用の認識基準の歴史的展開として，一部に，現金主義から発生主義への発展といった誤った解釈が見られる。複式簿記の認識基準は，その発生当初の13世紀始めから，現金主義ではなく発生主義にもとづいて費用計上されている。リトルトンやルーヴァの言を待つまでもなく，複式簿記は，信用取引の出現と同時に，発生したものである。債権債務の備忘録として発生した複式簿記にとって，現金によってすべての取引が決済される時には，取引はその時点で完結しているため，備忘録としての役割に限定して極論すれば，記録する必要はないのである。信用にもとづく取引，すなわち掛け買いを当期の費用として計上する費用の認識方法は，複式簿記そのものの本来的な認識基準であるといえる。複式簿記は，その発生当初から，発生主義によって費用を認識していたのである。

れる以前においても,有価証券報告書の提示が義務づけられている企業においては,企業内容の開示に関する従来までの大蔵省令にもとづき,資金収支表を作成していた。キャッシュ・フロー計算書は,作成方法等においていくらかの相違はあるが,基本的には,この資金収支表と同種の内容である。両者の最も大きな相違は,2000年3月期より連結会計制度が導入されたことに伴い,前者が基本財務諸表に加えられたことであり,それによって,公認会計士による監査対象になったことである[5]。

しかし,結論的には,筆者は,比較貸借対照表から運転資本[変動]計算書に至るまでの資金計算書とFASBのキャッシュ・フロー計算書との間には,その機能と本質に大きな隔たりがあると考えている。とりわけ,ヒースの説く現金収支計算書を含む三つの計算書以降の資金計算書とそれ以前の資金計算書では,大きく異なっている。すなわち,ヒース登場以前の資金概念は,原則的には,既存の損益計算書上の利益や貸借対照表上の資産に依存した考え方であった。これに対して,ヒース以降の資金概念は,発生主義にもとづいて計算される損益計算システムとは別の基軸,すなわち現金という最も具体的な視角から,広い意味での企業の投資可能資金や配当可能資金,あるいは支払資金の算出にあたっては,現金を機軸に据えて計算している。このように見てくるならば,比較貸借対照表や運転資本[変動]計算書をキャッシュ・フロー計算書の直接的な原初形態として単純に位置づけることには,問題が残る。

一口に資金計算書といっても,その呼び方が様々であるのは,すでに多くの先行研究によって明らかにされている。当然のことながら,その呼称の相違によって,それらの機能や目的が異なってくるのもまた,言うまでもない。呼称の違いが資金概念を多様にさせ,企業の資金をどのように捉えるかによって,資金計算書の中身もまた変わってくる。呼称という形式が資金計算書自体の内

---

5) キャッシュ・フロー計算書では,企業資金の流れを,①営業活動によるキャッシュ・フロー,②投資活動によるキャッシュ・フロー,③財務活動によるキャッシュ・フロー,の三つに分類しているが,従来までの資金収支表は,1.事業活動に伴う収支,2.資金調達に伴う収支,の2区分で表示している。

[図表1] 資金概念の変遷

| 年度 | 提唱者 | 資金概念 | 資金計算書の名称 |
|---|---|---|---|
| 1863 | ダウラィス製鉄会社 | 発生主義による利益の中身の見直し（投資可能資金，配当可能資金） | 比較貸借対照表（Comparative Balance Sheet） |
| 1897 | T. L. グリーン | 資源（resources）または価値（value）＝総資産（assets） | 財政状態変動表（The Summary of changes in the position of the company） |
| 1915 | W. コール | 資源（resources）または価値（value）＝総資産（assets） | どこから得てどこに使われたかを示す計算書（"Where got where gone" Statement） |
| 1923 | H. A. フィニー | 運転資本（working capital）＝流動資産－流動負債 | 資金運用表（Statement of Application of Funds） |
| 1943 | M. ムーニッツ | 正味当座資産（net current assets）＝当座資産－流動負債 | 資金計算書（Funds Statement） |
| 1951 | L. ゴールドバーク | 資源（resources）または価値（value）＝総資産（assets） | 資金計算書（Funds Statement） |
| 1952 & 1957 | E. L. コーラー（辞典初版および2版） | 運転資本（working capital）＝流動資産－流動負債 | 資金計算書（Funds Statement） |
| 1961 | D. A. コービン | 資産あるいは資源＝すべての購買力 | 改良資金計算書（Improving Funds Statement） |
| 1961 | P. メイソン | 営業活動によってもたらされたすべての財務資源（funds） | 資金計算書（Funds Statement） |
| 1962 | H. R. アントン | 当座資産（current assets）＝流動資産－棚卸資産 | 資金計算書（Funds Statement） |
| 1963 | 会計原則審議会意見書（APB）第3号 | すべての財務資源。減価償却費等＋収益によってもたらされた企業の資源，あるいはキャッシュ・フロー（純利益＋減価償却費）。 | 資金源泉運用表（The Statement of Source and Application of Funds）。資金計算書に関する最初の公式のアナウンスメント |
| 1963 | E. L. コーラー（辞典3版） | 運転資本（working capital） | 資金運用表（Statement of Application of Funds），キャッシュ・フロー計算書（Cash-Flow Statement） |
| 1971 | 会計原則審議会意見書（APB）第19号 | 明確な規定はないが，運転資本に近い。 | 財政状態変動表（Changes in Financial Position） |
| 1978 | L. C. ヒース | 現金フロー（Cash Flow） | 現金収支計算書（Statement of Cash Receipts and Payments），財政活動計算書（Statement of Financing Activities），投資活動計算書（Statement of Investing Activities） |
| 1987 | FASB第95号 | 現金（Cash）＝現金＋現金同等物 | キャッシュ・フロー計算書（Cash Flow Statement） |

容すなわち実質を規定し，逆に実質が形式を規定する。このような相関関係のなかで漸次今日の形態へと進化して来た。

　この資金概念は，前頁（図表1参照）のように様々な変遷を経ながら展開し，その実質的機能を，時代の要請に呼応しながら，変貌させてきた。もちろん，ここでいう資金は，単なる通貨としての手元所有の現金や要求払預金（当座預金，普通預金，通知預金，元本保証金融商品等）だけではなく，いわゆる現金同等物（換金可能で価格変動リスクの僅少な短期投資─具体的には，取得日から満期日または償還日までの期間が3ヵ月以内の短期投資である定期預金，譲渡性預金，コマーシャル・ペーパー，売戻し条件付現先，公社債投資信託）も含まれることになる。

　前頁の図表1から，等しく資金計算書と呼ばれる計算書も，そこで用いる資金概念の違いによって，その機能自体に大きな相違が生じていることに気がつく。資金計算書の本質そのものが異なってくるのである。資金を資源（総資産），運転資本（流動資産－流動負債）あるいは当座資産（流動資産－棚卸資産）と規定する場合と今日のようにきわめて狭義にキャッシュ（現金＋現金同等物）そのものと規定する場合とでは，同じく資金計算書と呼ばれていたとしても，そこには大きな違いがある。前者の場合は，作成時点における企業の運転資本ないしは投資可能資本を指しているのに対して，後者の場合は，企業経営にとって必要な現金支払資金，すなわち，一つには資金繰りのための支払手元現金在高の確認，二つには，配当可能資金としての実際手元現金在高の確認，三つには再投資のための投資可能手元資金の確認といった意味合いが強くなってくる。企業の現金創出能力の測定が重視されてきた結果である。

　会計が伝統的に踏襲してきた発生主義会計のもとで作成された損益計算書とFASBが提唱するキャッシュ・フロー計算書では，そこでの目的や会計観に大きな相違がある。複式簿記の発生以降，800年近くも伝統的に採用されてきた発生主義会計にもとづく損益計算に対し，現実の企業経営の観点から大きな疑問を提示しているということができる。発生主義会計で求められた利益の中身が，したがって利益の質が問い直されてきた結果の所産である。とわいえ，筆

者は，発生主義によって求められる損益計算書や貸借対照表がキャッシュ・フロー計算書によって取って代わられたということではないと考えている。キャッシュ・フロー計算書に表示された情報は，あくまでも，従来までの損益計算書や貸借対照表によって算出された利益を補完する情報であり，あくまでも企業の損益計算の中心は，発生主義にもとづく損益計算書や貸借対照表で求められる期間利益なのである。

## 3　キャッシュ・フロー計算書の登場

　キャッシュ・フローという用語を使用して資金計算書を説明し，企業資金の流れを解説しようとする動きは，20世紀後半，とりわけ1950年代に入って始まった。しかしながら，初期におけるキャッシュ・フロー計算書は，名称こそキャッシュ・フロー計算書ではあるが，そこでのキャッシュ概念は，必ずしも現金あるいは現金同等物ではない。それは，現金以外の流動資産も含めた広く運転資本一般を示すことが多く，現金および現金同等物を基準に作成されるFASBでいう今日のキャッシュ・フロー計算書とは，大きな違いがあった。

　エヴァレット・マン（Everett J. MANN）の「キャッシュ・フロー利益—証券分析のための新概念—」("Cash Flow Earnings—New Concepts in Security Analysis", *The Accounting Review*, Vol. 33 No. 3, July 1958) やペリー・メイソン（Perry MASON）の「『キャッシュ・フロー』分析と資金計算書」("'Cash Flow'" Analysis and The Funds Statement", AICPA, *Accounting Research Study No. 2*, 1961)，あるいはウィルコックス（E. B. WILCOX）の「キャッシュ・フロー分析」("Cash Flow Analysis", *The Journal of Accountancy*, May 1961) 等が，恐らく，キャッシュ・フローという用語を用いた最も初期に属する文献であろう。しかし，この時代のキャッシュ・フローは，名前こそキャッシュ・フローと呼んでいるが，そこでのキャッシュの中身は，狭義の現金および現金同等物ではなく，広い意味でのいわゆる資金ないしは運転資本を指している場合が多い。

　メイソンは，1961年に『ジャーナル・オブ・アカウンタンシー』に発表した「『キャッシュ・フロー』分析と資金計算書」のなかで，「『キャッシュ・フロ

ー』という用語が会計や財務用語として付け加えられたのは,比較的最近のことである。おそらく,ここ10年ぐらいのことであろう[6]」と述べている。すなわち,メイソンは,キャッシュ・フローという用語が一般的に使用されるようになるのは,1950年代に入った頃からであろうと見なしている。そこで彼は,「キャッシュ・フローは,通常,おおざっぱに『純利益＋減価償却』として定義され,資金運用表における『営業活動によってもたらされた資金』と同意義である[7]」と説明している。すなわち,彼がここで用いている「キャッシュ・フロー」という概念は,用語こそキャッシュ・フローと呼んでいるが,実質的な内容は,彼自らも言っているように,いわゆるキャッシュ（＝現金＋現金同等物）ではなく,発生主義で算出された純利益に減価償却費を加えた額によって求めているに過ぎない。

したがって,そこでの資金は,現金に現金同等物を加えたFASBの説くキャッシュ・フロー計算書の資金概念とは異なるものであり,従来までの資金運用表における資金概念とそれほど違いのない内容を指していた用語であることがわかる。とはいえ,FASBの説くキャッシュ・フロー計算書も間接法で作成する場合は,しかもこの方法が実務では一般に行われている方法であるわけであるから,発生主義によって算出された税引前当期純利益からスタートするという事実だけをもって,直ちにメイソン等の資金概念とFASBの資金概念が決定的に異なるとも言い切れない側面を内包している。

しかし,厳密には,今日のFASBのいうキャッシュ・フロー計算書と同一内容を有する計算書として,メイソンの説くキャッシュ・フロー計算書を位置づけることはできない。ただし,利益に減価償却費を加えた額を企業の投資可能資金として捉えるメイソンやAPB第3号,第19号の考え方は,従来までの資金概念を運転資本（流動資産－流動負債）として捉える資金計算書の位置づけとは,明瞭に区分しなければならない。

---

6) MASON, Perry, '"Cash Flow" Analysis and Funds Statements', *The Journal of Accountancy, March,* 1961, p. 59.
7) "Ibid.", p. 59

## 第12章 運転資本［変動］計算書からキャッシュ・フロー計算書へ

同様の観点から見て行けば，コーラー（Eric L. KOHLER）の1963年に上梓された『会計学辞典』（*A Dictionary for Accountants,* New York, 1952）の第3版には，キャッシュ・フロー計算書（cash-flow statement）という項目が設けられ，ベルフォード製造会社の二つの例示を含んだ解説が5ページにわたって掲載されている[8]。しかし，名称こそキャッシュ・フロー計算書という新しい見出しで説明されているが，内容的には，初版および第2版で説明されている資金運用表と大差はない。ただし，同辞典の1952年に出版された初版では，「現金資金」（cash fund），「資金」（fund），「資金勘定」（fund account），「資金貸借対照表」（fund balance sheet）等の説明がなされているだけで，第3版に見られる「キャッシュ・フロー計算書」（cash-flow statement），「資金フロー計算書」（funds-flow statement）だけではなく，「資金計算書」ないしは「資金運用表」（funds statement＝statement of application of funds）に関する項目も設けられていない。第2版（1957年）も第1版と同様，「現金資金」（cash fund），「資金」（fund），「資金勘定」（fund account），「資金貸借対照表」（fund balance sheet）あるいは「運転資本」（working capital）といった項目の説明が見られるだけである。したがって，2版と3版の約6年の間に（いうまでもなく，現実の実務とそれを説明する書物との時間的落差は考慮しなければならないが），キャッシュ・フロー計算書や財政状態変動表の必要性が広く一般に浸透してきたものと推測される。なお，第2版では，資金と運転資本を分けて説明していることから判断すると，資金計算書と運転資本［変動］計算書（資金運用表）の両者の中にある相違も，同時に，認識していることになる。

　資金概念の捉え方は，総じて，資源あるいは総資産や運転資本といった，単に現金ないしは現金同等物だけではなく，広く貸借対照表の借方項目の総てないしは一部を含んだものを資金概念として捉える考え方と，極めて狭義に現金ないしはその同等物のみをもって資金と捉える考え方とに大きく二分すること

---

8) KOHLER, Eric L., A *Dictionary for Accountants,* New York, 3rd ed., 1963, pp. 89-93. なお，コーラー『会計学辞典』の第4版は，染谷恭次郎教授の手により邦訳されている（染谷恭次郎『コーラー会計学辞典』丸善株式会社，1972年）。

ができる。その意味で,FASBのいうキャッシュ・フロー計算書と同様,資金概念を狭義に捉えて資金計算書を説明したのが,L. C. ヒース（Loyd C. HEATH）の説く現金収支計算書（Statement of Cash Receipts and Payments），財政活動計算書（Statement of Financing Activities），投資活動計算書（Statement of Investing Activities）の三つの計算書である。この点については,後で詳しく述べる。

## 4 キャッシュ・フロー計算書の初期形態

　キャッシュ・フローという考え方は,その響きから,極めて最近の問題のように受取られがちであるが,その原初形態は,一般には,比較貸借対照表といわれ,最も初期の一例は,今からすでに150年近くも前,1852年11月と1863年3月の資産と負債の一覧表としてのダウラィス製鉄会社（Dawlais Iron Co.）の比較貸借対照表として出現した。

　ダウラィス製鉄会社の工場責任者が経営者に1863年付けの手紙の中で,すでに示したように「私は,この7年間で獲得された『利益（プロフィット）』と呼ばれているものが,原材料や製品の在庫の巨大な蓄積であることに気がつきました。昔からの言葉の意味での『利益（プロフィット）』とは,企業が健全で順調にいっている状態のもとで,設立の時から［いつでも］引き出すことができ,多くの他の資産,土地,鉄道あるいは同様のものに投資することのできる収入として自由に使える余剰金のことで［あると理解していま］した[9]」と書き送っている。今日流にいえば,発生主義会計のもとではかなりの企業利益が出ているにもかかわらず,現実に設備投資を行おうとした時,手持ち資金が不足していることに気がつき,「利益がどこにあるのか？ 現金の残高がどこにあるのか？ あるいはそれがどのようにして生じたのか」ということに対して疑問が生じた結果,それらの要求に応えるために作成されたのが,比較貸借対照表であった。利益が何処に行ったのかという疑問に対する答えとして,資金計算書が極めて有効に作用したであ

---

9）Glamorgan Record Office, D/DG, E3(ii), pp. 1–7.

ろうことは，明らかである。ダウリィスの工場責任者が本社の経営スタッフに1863年7月18日付けで「一体，利益は，何処に行ってしまったのか？」と書き送った手紙と一緒にこの比較貸借対照表を作成して送付したことが何よりも明快にその答えを示してくれている。

　近年，トヨタのジャスト・イン・タイム方式あるいはかんばん方式で知られる「トヨタ生産方式」等に代表されるように，在庫管理の重要性が再注目を浴びてきた。売手市場であれば，多少の在庫は次期に直ちに収益として実現し，企業利益の増加に寄与する。しかし，逆に買手市場の時は，在庫は，次期に収益として実現しにくく，単に不良資産として資金繰りを圧迫する要因になってしまう。恐らく商品の生産・販売が始まった時点から，この在庫管理の問題は，より多くの利益を実現させるために，すべての商人にとっての永遠のテーマであったのかも知れない。市場の変化が会計に大きな影響を与えるのは，当然のことである。大規模な企業経営において，明快にこの必要性を計数的に明示した一つの証左が18世紀後半イギリスのダウリィス製鉄会社の会計実務に見出せるところである[10]。損益計算書上では，利益が増大していても，実はそこでの増収増益が単に在庫の増加によるものであり，現実の現金収入を伴わない利益の水増しに過ぎず，キャッシュ・フローの側面からは反ってマイナスになっているという深刻な問題が発生した。不要在庫をいかに少なくするかは，いつの時代でも，経営にとって極めて重要な課題である。

　それに対して，資金運用表は，資産と負債の増減計算というよりもむしろ運転資本の調達源泉とその運用について明らかにしようというのが主目的である。したがって，そこでの資金計算は，単なる発生主義会計にもとづく損益計算ではなく，いわばその延長線上において，発生主義会計で求められた利益を基準に据えながらも，そこから一歩踏み出した別個の基準にもとづき，加工さ

---

10) トヨタのジャスト・イン・タイム方式，あるいはかんばん方式の解説書には枚挙のいとまがないが，一例として，門田安弘『トヨタシステム』講談社，1985年，をあげておく。また，鳥取三洋電機の1人屋台生産方式もまた，在庫管理を重視した生産方式である（山田日登志，片岡利文共著『常識破りのものづくり』NHK出版，2001年を参照）。

れたもう一つの異なるフィルターを通して企業の運転資金を算出しようとする財務計算書なのである。

この最初の提唱者としてわれわれは，フィニー（H. A. FINNEY）を挙げることができるのは，すでに述べたとおりである。彼の説く運転資本とは，企業を運営していくために必要な資金で，基本的には，流動資産の総額から流動負債の総額を控除して算出される。すなわち，短期に換金化しうる資金から短期に返済しなければならない資金を控除した短期活用可能資金が運転資本として捉えられている。その上で，フィニーは，流動資産と流動負債の額として算出した運転資本の増加額を，資金の運用欄に表示している。したがって，ここでの資金は，比較貸借対照表によって表示される総資産としての資源と大きく異なることになる。

18世紀後半に登場した比較貸借対照表は，19世紀末から20世紀初頭にかけて，従来までの「利益の中身」を問う財務表から企業の運転資本を算出する資金運用表へと展開して行くことになる。20世紀前半に相次いで提唱されたフィニーの説く資金運用表は，当時の過熱した投資競争への対応であり，それは同時に，来るべき世界大恐慌を予感させるものでもあったということができる。

## 5 ヒースにおける支払能力の評価

FASBのいうキャッシュ・フロー計算書に最も近い資金計算書は，ロイド・C. ヒース（Loyd C. HEATH）の説く，現金収支計算書，財政活動計算書，投資活動計算書の三つの計算書を上げることができる。すなわち，キャッシュ・フロー計算書の直接の前身は，このヒースが提案する三つの計算書である。

ヒースは，「利益は，貨幣単位で測定された財産(ウェルス)の変動であって，［決して］お金(マネー)ではない」と述べている[11]。その上で，ヒースは，従来までの資金計算書の作成目的が「『基本的な』財務諸表の情報を解釈し，説明すること」であり，初期における資金計算書の本質は，「単に貸借対照表の変動計算書」であ

---

11) HEATH, Loyd C., *Financial Reporting and Evaluation of Solvency*, 1978, p. 18. 鎌田信夫，藤田幸男共訳『財務報告と支払能力の評価』国元書房，1982年，21頁。

第12章　運転資本［変動］計算書からキャッシュ・フロー計算書へ　　　215

り，「それらは財務諸表［そのもの］というより［むしろ財務諸表の］分析手段であり，これには貸借対照表に表示されていない情報は，何も含まれていなかった」と述べ，彼の説く現金収支計算書，財政活動計算書および投資活動計算書の三つの計算書が従来までの比較貸借対照表や運転資本［変動］計算書と大きく異なることを主張している。すなわち，彼によれば，比較貸借対照表や運転資本［変動］計算書（資金運用表）等の初期資金計算書は，伝統的な発生主義にもとづいて作成された貸借対照表の分析手段に過ぎず，「貸借対照表に表示されていない情報は，何も含まれていなかった[12]」ことになる。しかし，彼の説く現金収支計算書等三つの計算書は，主として，企業の現金獲得能力を提示した財務表であり，財政状態変動表までの資金計算書と比較すれば，その役割と目指すところに大きな違いがあることになる。

　この点に関して，ヒースは，「会社の運転資本の変動にもとづく資金計算書は1920年代に発展したが，当時，運転資本は債務返済能力の主要な指標であると一般に考えられていた。財務諸表利用者の情報要求は過去50年間に著しく変化してきている。投資家および債権者は，もはや運転資本を支払能力分析の関心の中心とはみなさなくなってきている。今日の彼らの主たる関心は，必要な支払をまかなうため，適切な額の現金を獲得する能力に向けられている[13]」と述べ，債務返済能力の測定から現金獲得能力の測定へと移行してきていると主張する。そして，新たな利害関係者の要求に応えるためには，1963年に発表された全ての財務資源を資金概念とする会計原則審議会（APB）意見書第3号，ならびに1971年に公表された財政状態変動表をもって資金計算書とするAPB意見書第19号ではもはや株主や債権者の現実の要求に応えていないのではないかという疑問を提示し，自ら新しい資金計算書，すなわち，現金収支計算書，財務活動計算書および投資活動計算書の三つの計算書の作成を提唱している。

　ヒースは，従来の発生主義を基準にして作成される貸借対照表と損益計算書

---

12）*Ibid.,* p. 99-100, 同上訳書, 125頁。
13）*Ibid.,* p. 110, 同上訳書, 137-8頁。

が有用であるのはいうまでもないが,しかし,それだけでは不充分であるとし,新たな計算書を提示するに先立ち,企業の諸活動の分析を行っている。すなわち,彼は,「企業の活動は営業活動,財務活動および投資活動に分類することができる[14]」と述べ,今日のキャッシュ・フロー計算書の三つの分類表示,①営業活動によるキャッシュ・フロー,②投資活動によるキャッシュ・フロー,③財務活動によるキャッシュ・フロー,と全く同一の考え方を提示し,これら三者の境界線は,必ずしも明確ではないが,このように三つに分類して分析することが重要であると述べている。また,ヒースは,財務諸表は,経済的な活動領域に関する地図であり,基本的にはストックとフローの二つの計算書からなるが,ストックには多くの異なる側面があるため,それに対応する多くの異なる計算書を作成することが出来るとしている[15]。そして,彼が従来の財務諸表とは別に作成を提案したのが現金収支計算書,財務活動計算書および投資活動計算書の三つの計算書である。彼は,「基本的な問題は,会社の利益に何が『生じた』かを示そうとする目的が,無意味であることである。利益は処分され,留保され,あるいは支払われうる物的な『もの』ではない。利益は1会計期間における選択された営業活動,財務活動および投資活動から生じる会社の純資産の変動を示すための名称である。また,あるいは,会計原則審議会(APB—引用者注)が定義しているように,『利益を指向する諸活動から生じた,1会計期間の会社の所有者持分(資産-負債)の純増加分(純減少分)』を示す名称である[16]」と述べている。企業活動を正確に理解するためには,フローとストックに,いわばストックのもう一つの側面である現金の変動あるいは流れを加えた三方からの計算が必要であるという認識に立っていたということができるかも知れない。

　ヒースは,資金という概念が様々な意味に解釈され,様々な内容で用いられてきたことが大きな混乱をもたらしたと考え,ロバート・スプローズ(Robert

---

14) *Ibid.*, p. 96, 同上訳書, 120頁。
15) *Ibid.*, p. 96-7, 同上訳書, 121頁。
16) *Ibid.*, p. 101-2, 同上訳書, 127頁。

第12章　運転資本［変動］計算書からキャッシュ・フロー計算書へ　　*217*

T. SPROUSE)の言葉「一般に資金という用語はすべての人にすべての意味でもちいられているようなので，資金という用語は『剰余金』とか『積立金』とかいった用語と一緒にゴミの山へでも捨ててしまうべき時機にきているようである」を引用しながら，誰にでも容易に理解でき，混乱することのない現金の収入と支出をもって資金概念とする現金収支計算書の作成を提案したのである[17]。とりわけ，減価償却費を純利益に加えて資金の源泉とする考え方に対しては，「信じ難い考え方」として強く批判している[18]。

なお，ヒースは，APB第19号が選択適用を認めた直説法（ダイレクト・メソッド）と間接法（インダイレクト・メソッド）に関して，間接法は，単に精算表を修正することによって損益計算書の利益と資金計算書の利益を一致させたに過ぎず，結果的には，損益計算書の利益や減価償却費が現金の源泉であるという従来までの運転資本計算書や財政状態変動表で見られた資金概念の混乱を強化させるだけに過ぎないと批判している[19]。すなわち，「ある会社の営業活動から得られた現金は棚卸資産，売上債権，営業上の負債などの変動を考慮に入れて評価されなければならないから，間接法のほうが直説法による計算書よりも，有用だとする主張もなされている。……［しかし］間接法にもとづく計算書は一層の混乱を招くだけで……［会計に関して］十分な知識のない利用者は間接法を理解できるとは思われない。現金がどこから得られたかに関して，彼らの誤った考えをかえって大きくすることになろう[20]」と述べ，現金勘定や現金出納帳等によって現金の収支から直接に作成する直接法を推奨している。

## 6　おわりに

19世紀に入り，急速に拡大していったダウライス製鉄会社は，一方では，増資によって新たな設備投資資金を獲得すると同時に，他方では，利益を増大さ

---

17) *Ibid.*, p. 113-4．同上訳書，142-3頁。
18) *Ibid.*, p. 127．同上訳書，158頁。
19) *Ibid.*, p. 126-7．同上訳書，158-9頁。
20) *Ibid.*, p. 128-9．同上訳書，160-1頁。

せその余剰資金でそれをまかなおうとした。すなわち，資金計算書の出現を促した重要な要因は，設備投資の資金を他人資本ではなく自己資金すなわち利益によって充足しようとした際，かなりの額の利益が獲得されていたにもかかわらず，現実には，投資可能資金が不足している状態に陥り，いったい利益がどこに行ってしまったのかという素朴な疑問が生じてきた結果の産物であったと言うことができる。換言すれば，資金計算書は，現金資金の管理目的のために，利益の行き先ないしは利益の中身，すなわち「利益の質」を見て行こうとする経営者の強い要望によって生じてきたということができる。しかし，この比較貸借対照表は，発生主義会計を基軸に据えた，単に貸借対照表の資産・負債項目の変動計算書に過ぎず，今日のキャッシュ・フロー計算書のように，企業の現金資金の流れを営業活動，投資活動，財務活動といった側面から全体的に把握するために作成されたものではなく，獲得したはずの利益の中身の再検討，ないしは財務諸表の分析手段として用いられたものであった。

　比較貸借対照表として生成した資金計算書は，その後の展開を，比較貸借対照表→運転資本［変動］計算書（資金運用表）→財政状態変動表→現金収支計算書，といった変遷を辿りながら，今日のキャッシュ・フロー計算書へと進化して行く。しかし，比較貸借対照表から財政状態変動表までの資金計算書と現金収支計算書以降の資金計算書では，その本質に大きな相違があることに留意しなければならない。キャッシュ・フロー計算書の直系の前身は，ヒースの説く現金収支計算書，財務活動計算書および投資活動計算書の三つの計算書なのである。

　すでに述べたように，FASBの規定によれば，キャッシュ・フロー計算書は，企業の現金支出額を直接的または間接的に示すもので……①営業活動を通じて債務の弁済を行い，②配当金の支払を行い，③または営業能力の維持もしくは拡大を図るために再投資を行う企業の現金創出活動に関する有用な情報を提供し，④借入および拠出の両者による企業の資金調達活動に関する有用な情報を提供し，ならびに⑤企業の現金投資および支出に関する有用な情報を提供するための有効な手段であった。すなわち，大きく分類すれば，支払限度資

第12章　運転資本［変動］計算書からキャッシュ・フロー計算書へ　　　219

[図表2]　資金計算書の発展過程の類型

| 発展段階 | 計算書の名称 | 提唱者 | 資金概念 |
|---|---|---|---|
| 第1形態<br>(1863—1915) | 比較貸借対照表 | ダウラィス製鉄会社，グリーン，コール | 持分の変動原因資源 |
| 第2形態<br>(1923—1963) | 運転資本［変動］計算書（資金運用表） | フィニー，コーラー辞典，マントン | 運転資本 |
| 第3形態<br>(1961—1971) | 財政状態変動表 | メイソン，APB第3号・第19号 | すべての財務的資源 |
| 第4形態<br>(1978—1987) | 現金収支計算書，キャッシュフロー計算書 | ヒース，FASB第95号 | 現金フロー<br>現金＋現金同等物 |

金，配当可能資金，投資可能資金の三者を計算し，企業の流動性，財務的弾力性，収益性およびリスク等の事前評価に役立てるところにその意義があるといえよう[21]。このように理解すると，同じく資金計算書と呼ばれているものでも，比較貸借対照表や運転資本［変動］計算書（資金運用表）あるいは財政状態変動表と現金収支計算書やキャッシュ・フロー計算書とでは，ある意味では決定的とさえ言える相違がある。伝統的な発生主義会計を基軸に据えた損益計算の視点から求められる資金計算書と，いわばキャッシュ主義会計とも言える新たなストックの側面からの損益計算の視点に立って求められる資金計算書では，等しく資金計算書と言う用語で括られたとしても，その実質的な内容は，大きく異なるのである。

　なお，最後に資金計算書の発展過程を類型化すれば，上記の図表2のように要約できる。

---

21) FASB, *Op. Cit*, p. 19, 平松一夫，広瀬義州訳『前掲書』236頁。

## 主 要 参 考 文 献

**【和文献】**

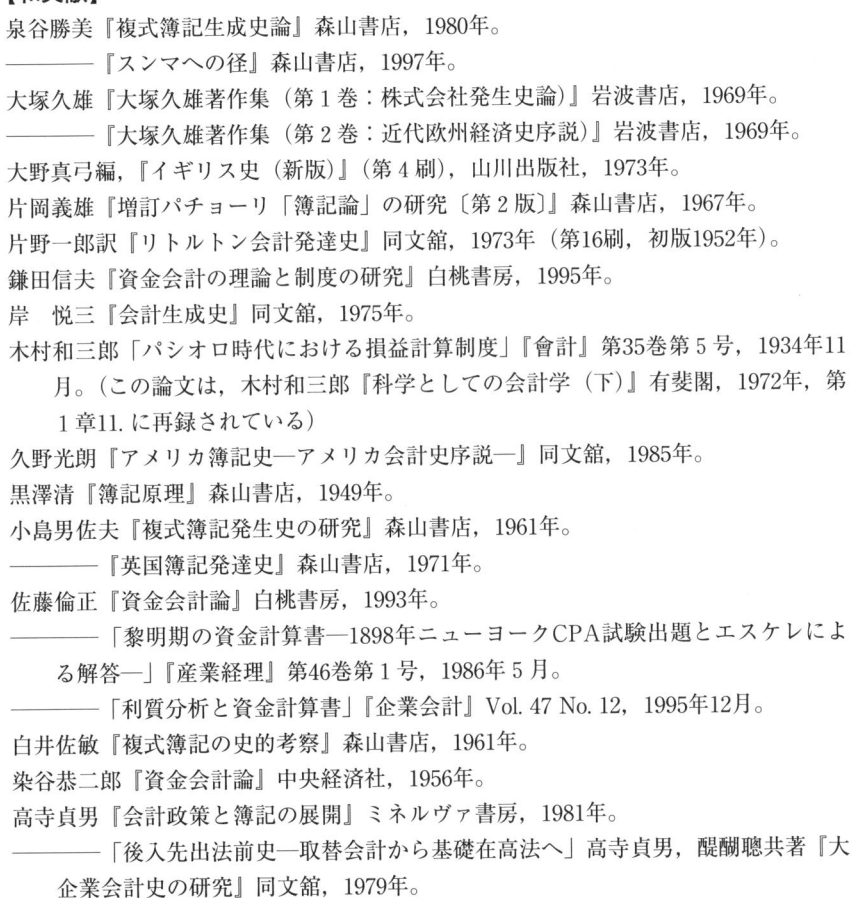

泉谷勝美『複式簿記生成史論』森山書店，1980年。
─────『スンマへの径』森山書店，1997年。
大塚久雄『大塚久雄著作集（第1巻：株式会社発生史論）』岩波書店，1969年。
─────『大塚久雄著作集（第2巻：近代欧州経済史序説）』岩波書店，1969年。
大野真弓編，『イギリス史（新版）』（第4刷），山川出版社，1973年。
片岡義雄『増訂パチョーリ「簿記論」の研究〔第2版〕』森山書店，1967年。
片野一郎訳『リトルトン会計発達史』同文舘，1973年（第16刷，初版1952年）。
鎌田信夫『資金会計の理論と制度の研究』白桃書房，1995年。
岸　悦三『会計生成史』同文舘，1975年。
木村和三郎「パシオロ時代における損益計算制度」『會計』第35巻第5号，1934年11月。（この論文は，木村和三郎『科学としての会計学（下）』有斐閣，1972年，第1章11.に再録されている）
久野光朗『アメリカ簿記史─アメリカ会計史序説─』同文舘，1985年。
黒澤清『簿記原理』森山書店，1949年。
小島男佐夫『複式簿記発生史の研究』森山書店，1961年。
─────『英国簿記発達史』森山書店，1971年。
佐藤倫正『資金会計論』白桃書房，1993年。
─────「黎明期の資金計算書─1898年ニューヨークCPA試験出題とエスケレによる解答─」『産業経理』第46巻第1号，1986年5月。
─────「利質分析と資金計算書」『企業会計』Vol. 47 No. 12，1995年12月。
白井佐敏『複式簿記の史的考察』森山書店，1961年。
染谷恭二郎『資金会計論』中央経済社，1956年。
高寺貞男『会計政策と簿記の展開』ミネルヴァ書房，1981年。
─────「後入先出法前史─取替会計から基礎在高法へ」高寺貞男，醍醐聰共著『大企業会計史の研究』同文舘，1979年。
千葉準一『英国近代会計制度』中央経済社，1993年。
中居文治『貨幣価値変動会計』有斐閣，2001年。
中野常男『会計理論生成史』中央経済社，1992年。

中村宏『資金計算史論』森山書店，1986年。
中村萬次『資金計算論』国元書房，1959年。
――――『減価償却政策』中央経済社，1980（第2刷，初版1960年）。
――――『英米鉄道会計史研究』同文舘，2001年。
西川　登『三井家勘定管見』白桃書房，1993年。
西川孝治郎『日本簿記史談』同文舘，1971年。
橋本武久「翻訳：シモン・ステフィン『イタリア式王侯簿記』(1607)」『高松大学紀要』第27号，28号，29号，30号，1997年3月，12月，1998年3月，10月。
久野秀男『英米（加）古典簿記書の発展史的研究』学習院，1979年。
藤井秀樹『現代企業会計論』森山書店，1997年。
星川長七『英国会社法序説』勁草書房，1960年。
松井　透『世界市場の形成』岩波書店，1991年。
門田安弘『トヨタシステム』講談社，1985年。
山下勝治『損益計算論』泉文堂，1950年。
山田日登志，片岡利文『常識破りのものづくり』NHK出版，2001年。
ヨハン・W．ゲーテ『ヴィルヘルム・マイステルの徒弟時代（上）』（小宮豊隆訳）岩波文庫，1997年（第24刷）。
渡邉　泉『損益計算の発展と複式簿記』大阪経済大学経営研究所，1980年。
――――『損益計算史論』森山書店，1983年。
――――『決算会計史論』森山書店，1993年。
――――「ディスクロージャー機能の形成とその背景」『大阪経大論集』第45巻第1号，1994年6月。
――――「利益計算システムの変遷」『大阪経大論集』第46巻第1号，1995年1月。
――――「損益計算の展開と資金計算書の萌芽」『會計』第148巻第3号，1995年9月。
――――「ダウリス製鉄会社の資金計算書」『大阪経大論集』第47巻第3号，1996年9月。
――――「16-18世紀イギリス簿記書にみる売残商品の評価方法」『大阪経大論集』第50巻第6号，2000年3月。
渡辺大介「19世紀イギリスにおける管理会計の実態」『大阪経大論集』第158号，1984年3月。

## 【洋文献】

AAA, *A Statement of Basic Accounting Theory,* Illinois, 1965. 飯野利夫訳『アメリカ会計学会基礎的会計理論』国元書房，1969年。

BOOTH, Benjamin, *A Complete System of Book-keeping, by an improved Mode of Double -Entry*, London, 1789.
BOUGEN, Philip D., *Accounting and Industrial Relations*, New York and London, 1988.
BROADBRIDGE, Seymour, *Studies in Railway Expansion and the Capital Market in England, 1825-1873*, Guildford and London, 1970.
BYWATER, M. F. and YAMEY, B. S., *Historic Accounting Literature : a companion guide*, Yushodo, 1982.
COFFMAN, E. N., TONDKAR, R. H. & PREVITS, G. J. eds., *Historical Perspectives of Selected Financial Accounting Topics*, Boston, 1993.
COLE, William Morse, *Accounts : Their Construction and Interpretation*, Boston, New York & Chicago, 1908.
―――――*The Fundamentals of Accounting*, Boston, New York and others, 1920.
DOWLING, Daniel, *A Compleat System of Italian Book-keeping*, Dublin, 1765.
De ROOVER, Florence Edler, "Partnership Accounts in Twelfth Century Genoa", in LITTLETON, A. C. and YAMEY, B. S. eds., *Studies in the History of Accounting*, London, 1956.
De ROOVER, Raymond, "Something New About Jan Ympyn Christoffels, The author of the first treatise on bookkeeping, of which a French version was published in 1543, and an English version in 1547", *The Accountant*, Vol. 97, No. 3284, 13 November, 1937.
―――――"The Development of Accounting Prior to Luca Pacioli According to The Account-books of Medieval Merchants", in LITTLETON, A. C. and YAMEY, B. S. eds., *Studies in the History of Accounting*, New York, 1956.
EDEY, H. C. and PANITPAKDI, Prot, "British Company Accounting and The Law 1844-1900", in LITTLETON, A. C. and YAMEY, B. S. eds., *Studies in The History of Accounting*, London, 1956.
EDWARDS, J. R, ed., *British Company Legislation and Company Accounts 1844-1976*, Vol. 1, New York, 1980.
EDWARDS, J. R., *A History of Financial Accounting, London & New York*, 1989.
EDWARDS, J. R. & BABER, C., "Dowlais Iron Company : Accounting, Policies and Procedures for Profit Measurement and Reporting Purposes", Accounting and Business Research, Vol. 9 No. 34, Spring 1979.
ESQERRÉ, Paul-Joseph, The Applied Theory of Accounts, New York, 11$^{th}$ printing, 1921.
EVANS, George Herberton, *British Corporation Finance 1775-1850 A Study of*

*Preference Shares*, Baltimore, 1956.

FASB, *Statements of Financial Accounting Concepts*, No. 5, 1984, p19.. 平松一夫, 広瀬義州共訳『FASB財務会計の諸概念 [改訳新版]』中央経済社, 1994年,

FINNEY, H. A., *Principles of Accounting, Volume 1, Intermediate*, New York, 1938 10th ed., (1st ed., 1923).

————"Student's Department—The Statement of Application of Funds", *The Journal of Accountancy*, Vol. 36, December, 1923.

FUGO, J. Row, "History of Book-keeping", in BROWN, Richard, *A History of Accounting and Accountants*, London, 1905.

GEIJSBEEK, John, *Ancient Double-Entry Bookkeeping*, Denver, 1914.

GREENE, T. L., *Corporation Finance*, New York & London, 1897.

Glamorgan County Record Office, *Iron in The Making. Guide to Exhibition Held at County Hall*, Glamorgan County Records Committee, 1960.

Glamorgan Record Office, D/DG, E3(ii).

Glasgow University Archives ed., *Business Records Guide*, UGD 91

HAMILTON, Robert, *A Introduction to Merchandise*, Edinburgh, 2nd ed. 1788, (1st ed. 1977).

HAYES, Richard, *Modern Book-keeping : or, The Italian Method improved*, London, 1731.

————*The Gentleman's Complete Book-keeper*, London, 1741.

HEATH, Loyd C., *Financial Reporting and Evaluation of Solvency*, 1978. 鎌田信夫, 藤田幸男共訳『財務報告と支払能力の評価』国元書房, 1982年。

HUNT, Bishop Carleton, *The Development of the Business Corporation in England 1800 -1867*, Massachusetts, 1936.

Hunter, W. W., A History of British India, Vol. 1, London, New Impression, 1912

ICAEW, *Historical Accounting Literature*, London, 1975.

ICAS, *An Accountants' Book Collection 1494-1930*, Edinburgh, 3rd ed., 1976.

JONES, Edgar, *A History of GKN (Vol. 1 : Innovation and Enterprise, 1759-1918)*, Houndmills, 1987.

KATS, P., "Hugh Oldcastle and John Mellis-I", *The Accountant*, Vol. 74 No. 2677, March, 1926.

————"Hugh Oldcastle and John Mellis-II", *The Accountant*, Vol. 74 No. 2682, May, 1926.

————"The 'Nouuelle Instructon' of Jehan Ympyn Christophle-I", *The Accountant*, Vol. 72, No. 2750, 20 August, 1927.

主要参考文献

―――― "The 'Nouuelle Instruction' of Jehan Ympyn Christophle-Ⅱ", *The Accountant*, Vol. 72, No. 2751, 27 August, 1927.

KATS, Pieter, "Early History of Bookkeeping by Double Entry", *The Journal of Accountancy*, Vol. XLVII, March & April.

KELLY, Patrick, *The Elements of Book-keeping*, London, 1801.

KOHLER, Eric L., *A Dictionary for Accountants*, New York, 3rd ed., 1963. 染谷恭次郎『コーラー会計学辞典』丸善株式会社, 1972年。

LANE, Frederic C., *Venice, A Maritime Republic*, Baltimore & London, 1973.

LANGTON, John and MORRIS, R. J. *Atlas of Industrialising Britain 1780-1914*, London, 1986. J. ラングトン, R. J. モリス編, 米川伸一, 原剛訳『イギリス産業革命地図 近代化と工業化の変遷1780-1914』原書房, 1989年。

LEE, T. A. and PARKER, R. H. eds., *The Evolution of Corporate Financial Reprting*, 1979, Nairobi.

LEE, Thomas A., Developments in Financial Reporting, Oxford, 1981.

LITTLETON, A. C., *Accounting Evolution to 1900*, New York, 1933, 2nd ed., 1966.

LITTLETON, A. C. and YAMEY, B. S., *Studies in the History of Accounting*, Illinois, 1956.

MAIR, John, *Book-keeping Methodiz'd*, Edinburgh, 1736.

―――― *Book-keeping Moderniz'd*, Edinburgh, 1773.

MALCOLM, Alexander, *A Tratise of Book-keeping, or Merchants Accounts*, London, 1731.

MARTINELLI, Alvaro, *The Origination and Evolution of Double Entry Bookkeeping to 1440*, PartⅡ, Denton, 1974.

MASON, Perry, '"Cash Flow" Analysis and Funds Statements', *The Journal of Accountancy*, March, 1961.

MELLIS, Jhon, *A Briefe Instruction and Manner hovv to keepe bookes of Accompts*, London, 1588.

MEPHAM, Michael, *Acccounting in Eghteenth Century Scotland*, New York & London, 1988.

MONTEAGE, Stephens., *Debtor and Creditor made Easie : or A Short Instruction for the attaiing the Right Use of Accounts*, London, 2nd ed., 1682.

MACGHIE, Alexander, *The principles of Book-keeping Explain'd*, Edinburgh, 1718.

Moss, Michael, "Forgotten Ledgers, Law and The Business Historian : Gleanings from The Adam Smith Business Records Collection", *Archives*, Vol. 1, No. 72, October 1984.

MURRY, David, *Chapter in the History of Bookkeeping, Accountancy and Commercial Arithmetic,* Glasgow, 1930.
PARKER, R. H. & YAMEY, B. S., *Accounting History, Some British Contributions,* Oxford, 1994.
PEELE, James, *The Manner and Fourme how to kepe a perfecte reconyng,* London, 1553, The Quaterne or greate booke of accomptes.
POLLARD, Sidney, *The Genesis of Modern Management,* London, 1965.
Public Record Office, Rail 35, no. 60 and 61.
SABINE, B. E. V., *A History of Income Tax,* London, 1966.
SCHMALENBACH, E., *Dynamische Bilanz,* 7 Aufl., Leipzig, 1939.
STEVIN, Simon, *Vierde Stvck der Wisconstighe Ghedachtnissen vande Weeghconst,* Leyden, 1608.
TAYLOR, R. *No Royal Road, Luca Pacioli and His Times,* North Carolina, 1942.
WEDDINGTON, John, *A Breffe Instruction, and Manner, howe to kepe, Marchantes Bokes, of Accomptes, Antwarp,* 1567.
WILLIAMS, Robert B., *Accounting for Steam and Cotton; Two Eighteenth Century Case Studies,* New York and London, 1997.
YAMEY, Basil S., *Essays on the History of Accounting,* New York, 1978.
YAMEY, B. S., EDEY, H. C. and THOMSON, H. W., *Accounting in England and Scotland : 1543-1800,* London, 1963.
YAMEY, Basil S., "Some Topics in the History of Financial Accounting in England 1500-1900", in Baxter, W. T. and Davidson, S. eds., *Studies in Accounting Theory,* Illinois, 1962.
YMPYN, Yan Christffels, *Nieuwe Instructie,* Antwerps, 1543,
———*A notable and very excellente woorke,* London, 1547.

## 資 料 索 引

ダティーニ商会アビーニョン支店の第1期のビランチオ ……………………46
インピンの売残商品勘定 …………………………………………………79
インピンの灰色のフレーズ勘定 …………………………………………80
インピンの損益勘定 ………………………………………………………81
ピールのフランス産ワイン勘定 …………………………………………83
ダウリングのホップ勘定 …………………………………………………86
ハミルトンのクローバーの種勘定 ………………………………………90
ハミルトンのポートワイン勘定 …………………………………………92
メリスの建物勘定 …………………………………………………………100
メリスのフランス産赤ワイン勘定 ………………………………………101
モンテージの借地権付き農地勘定 ………………………………………102
モンテージの牛勘定 ………………………………………………………103
モンテージの子牛勘定 ……………………………………………………103
モンテージのボナード航海向け船勘定 …………………………………104
マルコムのカースル通りの建物勘定 ……………………………………105
マルコムのブロード通りの建物勘定 ……………………………………105
メイヤーの船　ブリタニナ号勘定 ………………………………………107
メイヤーのスプール船　ユニティー号勘定 ……………………………108
メイヤーのフリート通りの建物勘定 ……………………………………109
ハミルトンのローンマーケット通りの建物勘定 ………………………110
ハミルトンの船　ハザード号の持分勘定 ………………………………110
ハミルトンのロンドン，フリート通りの建物勘定 ……………………111
フィンレイ商会の残高帳（1789年）………………………………………141
ロンドン・バーミンガム鉄道会社の1838年の収益勘定表 ……………151
グリーンの企業の財政状態変動表 ………………………………………167
コールの比較貸借対照表，12月31日 ……………………………………168
コールの比較貸借対照表で示された変動の要約 ………………………169
1810-1870年のダウライス製鉄会社の利益の推移 ………………………176
ダウライス製鉄会社の1831-1890年の資本金の推移 ……………………178
ダウライス製鉄会社の1834-1884年の資本投資額の推移 ………………179
コールの比較貸借対照表，12月31日 ……………………………………182

コールの比較貸借対照表で示された変動の要約 ………………………… *182*
ダウライス製鉄会社の資産―1852年11月と1863年3月の比較表 ……………… *183*
ダウライス製鉄会社の負債―1852年11月と1863年3月の比較表 ……………… *183*
ダウライス本社のG. T. クラークに宛てた手紙 ……………………………… *185*
フィニーのA会社比較貸借対照表 …………………………………………… *198*
フィニーのA会社1922年12月末の資金運用表 ……………………………… *198*
フィニーの運転資本明細表 …………………………………………………… *200*
フィニーの資金運用表―精算表 ……………………………………………… *200*
フィニーのB会社資金運用表―精算表 ……………………………………… *201*

事 項 索 引

### あ 行

アカウンタビリティ………………3, 49
アカデミー………………………120
ASOBAT…………………………9, 135
後入先出法………………………72
アメリカ会計学会………………5, 9
アメリカ独立戦争………………124
アメリカとの海外貿易……………51
アルベルティー商会………………47

イギリス東インド会社……………138
イタリア式貸借記帳技法…118, 120, 142
移動平均法………………………72
イングランド銀行…………………138

売残商品…………………………88
売残商品勘定……………………63, 78
運転資金計算書………………129, 167
運転資本………………………208, 210
運転資本計算書…………………190
運転資本［変動］計算書………203, 218

英米式締切法……………………39
益出し……………………………157
FASB……………………………204, 214

### か 行

会計原則審議会（APB）…………215
会計士会計学……………………8, 165
会計責任…………………………7

会計の公開性……………………144
会社総括法………………………155
会社法（1844年）……………144, 152
会社法（1856年）………………145
会社法（1929年）………………155
会社法の付表B（1856年）………153
改良簿記…………………………126
家族組合………………2, 13, 35, 77
価値計算…………………………162
稼得利益…………………………204
監査証明付決算残高勘定……142, 144
勘定間の閉ざされた体系的組織…2, 11, 45, 48, 117, 120
管理計算…………………………162

期間組合………………2, 11, 12, 35, 77
期間損益計算………14, 18, 23, 34, 62
基礎有高法………………………72
期待利益…………………………67, 91
期末貸借對照表制度……………28
期末棚卸商品の評価……………34
キャッシュ………………………210
キャッシュ・フロー計算書…5, 44, 135, 157, 170, 203, 204, 209, 218
キャッシュ・フローの側面………58
教科書用理論簿記書……………123
記録………………………………4
近代的株式会社…………………138
金融派生商品……………………73, 75

口別商品勘定……………………28

口別損益 ……………………………… 36, 77
口別損益計算 ……………… 13, 15, 23, 32
組合［企業］…………………………… 1, 3
グラッドストーン委員会 …………… 152
グラマー・スクール ………………… 120
クリミア戦争 ………………………… 175
グレート・イースタン鉄道 …… 167, 173
クロムウエルの改組 ………………… 138

計算 …………………………………………4
継続記録法 …………………………… 161
結果の側面 ……………………… 49, 164
結果の側面からの具体的な損益計算
　　　　　　　　　　　　……………… 126
結算………………………………………82
決算………………………………………82
結算勘定 …………………………………12
決算の運算 ………………………………89
原因の側面 ……………………… 49, 164
原因の側面からの抽象的な損益計算
　　　　　　　　　　　　……………… 126
減価償却 ………… 97, 105, 111, 113, 119
原価評価 …………………………………46
現金獲得能力 ………………………… 215
現金収支計算書 … 203, 205, 212, 215, 218
現金主義 …………………………… 29, 120
現在価値 ……………………………… 103
現在の市場価格 …………………………88

固定資産 ……………………………… 104
個別法 …………………………… 64, 72
コボーニ商会 …………………… 18, 48
コルビッチ商会 …………………………48
混合勘定 …………………………………97

## さ 行

債権債務の備忘録 ………… 1, 11, 45, 117

在庫管理 ………………………… 89, 114
財産の証明 …………………………… 146
財産法 ………………………………… 161
財産法的 …………………………… 93, 126
財産法的損益計算 …………………… 163
財産保全 ……………………………… 162
財産目録 …………………………… 9, 47
財政活動計算書 ………………… 212, 215
財政状態変動表 … 129, 167, 192, 203, 218
再調達原価 ………………… 88, 91, 116
財務表 ………………………………… 169
債務返済能力 ………………………… 215
先入先出法 ……………… 65, 70, 72, 100
産業革命 …………………………… 98, 118
残高計算機能 ……………………………46
残高帳 ……………… 109, 139, 140, 143, 165

時価 …………………………………… 87, 91
時価評価 …………………………………46
識別 …………………………………………5
資金運用精算表 ……………………… 202
資金運用表 ……………… 190, 197, 218
資金計算書 ……………… 54, 129, 167, 173
資金収支表 …………………………… 206
資金の運用 …………………… 129, 184
資金の源泉 …………………… 129, 184
資源 …………………………………… 208
7年戦争 ……………………………… 175
実用簿記 ……………………………… 126
ジャスト・イン・タイム方式 ……… 213
収益勘定表 ………… 149, 152, 153, 165
収支計算書 ………………… 149, 153
重商主義 ……………………………… 118
取得原価 ……………………… 84, 87, 106
純財産変動表 ………………………… 170
状態表 ………………… 50, 127, 137, 147
商人用実用簿記書 …………………… 123

事 項 索 引

| | |
|---|---|
| 正味運転資本 …………………130, 170 | ダティーニ商会 ……………3, 46, 77 |
| 証明表 ………………………127 | ダティーニ商会バルセロナ支店………18 |
| 初期資金計算書 …………………215 | 棚卸計算法 ……………………161 |
| 所得税法 ………………………160 | 棚卸差損……………………………90 |
| 信用［取引］………………………1, 2 | 単一3帳簿制 ……………119, 122 |
| | 単式簿記…………………………29 |
| ストック ……………………………6 | |
| ストックトン・ダーリントン鉄道 …113 | 帳簿閲覧権 ……………………156 |
| ストックの側面………43, 50, 57, 148, 162 | |
| スンマ ……………………………17, 24 | 定期的損益計算………………………23 |
| | ディスクロージャー…………44, 114, 156 |
| 精算表……………………………89, 127 | 鉄道会社 ………………………113 |
| ゼノヴァの公証人スクリーバ…………16 | 鉄道狂時代…………………………113 |
| 先駆的期間損益計算 ………………17, 23 | 鉄道法 …………………………150, 157 |
| 先験的費用配分法 …………………111 | デル・ベーネ商会……………12, 18, 47 |
| 全体損益計算………………………14 | 伝達………………………………4, 5 |
| | |
| 総括損益………………………34, 36, 77 | 統括勘定 ………………………162 |
| 総括損益計算………………………14 | 登記法（1844年）……………144, 152 |
| ソキエタス……………………2, 13 | 当座資産 ………………………208 |
| 測定 ………………………………4, 5 | 投資活動計算書 ……………212, 215 |
| ソラソツォ兄弟商会………………16 | 投資可能資金 ………………55 206 |
| 損益勘定表 ……………………146, 150 | 特殊仕訳帳制 …………………119 |
| 損益計算書に関する規程 …………153 | トヨタ生産方式 …………………213 |
| 損益表 ……………………137, 147 | |
| 損益法 ……………………………161 | **な 行** |
| 損益法的…………………………94, 126 | ナポレオン戦争……………………95 |
| | 南海泡沫事件 ……58, 113, 132, 144, 166 |
| **た 行** | |
| 貸借対照表作成規程 ……………148 | 認識 ………………………………4 |
| 貸借対照表の生成 ………………137 | |
| 貸借対照表の雛型 ………………145 | 年次損益計算………………………63 |
| 代理商取引 ……………………127 | 年次貸借対照表 …………………152 |
| 代理人［関係］……………………1, 4 | |
| ダウライス製鉄会社 ………54, 130, 132, | **は 行** |
| 166, 168, 173, 192 | バーケンヘッド，ランカシャー，チェッ |
| 多桁式一覧表形式 …………………186 | シャー間鉄道会社 ………………143 |

バーミンガム運河会社 …………… *144*
売却可能な市場価格 ……………… *88, 115*
売却時価 …………………………… *66, 91*
配当可能資金 ……………………… *206*
配当可能利益 ……………………… *150, 181*
配当の裏付け保証 ………………… *180*
発生主義 ……………… *29, 63, 120, 192*
バランス・シート ………………… *145*
パルティー・レッヒヌンク ……… *26, 30*
バルバリゴ ………………………… *16*
半公表貸借対照表 ………………… *138, 154*

比較貸借対照表 ……… *43, 54, 58, 129,*
                       *166, 189 218*
非期間損益計算 …………………… *15, 23*
非定期的(期間)損益計算 ……… *17, 23*
秘密漏洩の阻止 …………………… *138*
評価損益 …………………………… *84, 92*
費用の先取り ……………………… *91, 94*
ビランチオ …………… *3, 4, 9, 13, 18,*
                       *45, 72, 77, 148*
ファロルフィ商会 ………………… *29*
フィニイ兄弟商会 ………………… *47*
フィンレイ商会 …………………… *139, 165*
複式簿記の完成 …………………… *3*
複式簿記の生成要因 ……………… *1*
部門別損益勘定表 ………………… *150*
フランス革命 ……………………… *95, 175*
フランス商事王令 ………………… *145*
フロー ……………………………… *6*
フローの側面 ………… *43, 50, 57, 148, 162*
文書証拠 …………………………… *1, 2*

ベアリング・ブラザーズ商会 …… *144*
平準化 ……………………………… *157*

ペルッチ商会 ……………………… *3, 18, 47*
包括的利益 ………………………… *204*
冒険商業 …………………………… *30*
冒険取引 …………………………… *15*
冒険売買損益勘定 ………………… *38*
報告 ………………………………… *4*
報告利益 …………………………… *98*
泡沫条例廃止法 …………………… *144*
ボールトン・ワット商会 ………… *112*
簿記と会計 ………………………… *6*
簿記の秘密主義 …………………… *138*

**ま 行**

マグナ・ソキエタス ……………… *2, 11*

みなし売却 ………………………… *89, 91*

**や 行**

U. S. スティール社 ……………… *167, 182*

要求払預金 ………………………… *208*

**ら 行**

利益処分結合財産目録 …… *3, 12, 72, 148*
利益の圧縮 ………………………… *157*
利益の先取り ……………… *67, 89, 91, 94*
利益の質 …………… *55, 56, 133, 178, 190*
利益の中身 ……… *55, 56, 133, 190, 194, 214*
利益の行く先 ……………………… *179*
利益分配思考 ……………………… *51*
リバプール・マンチェスター鉄道(会社)
                       ……………… *113, 149*
理論簿記書 ………………………… *120*

# 人名索引

## あ行

インピン ……… 19, 61, 78, 82, 118

ウィックス ……………… 125
ウィルコックス ………… 209
ウェストン ……………… 121
ウェディントン ………… 83

エスケレ ………………… 131
エドワーズ ……………… 75

大塚久雄 ………………… 164
オールドカースル ……… 98, 118

## か行

カーペンター …………… 119
片岡義雄 ………………… 37, 41
カッツ …………………… 1

木村和三郎 ……………… 25, 36

グリーン ……… 129, 167, 168, 173, 181, 192, 195
黒澤清 …………………… 30
クロンヘルム …………… 125

ゲーテ …………………… 10, 44
ケリー …………………… 123, 125
ゴードン ………………… 93

コーラー ………………… 205, 211
コール ……… 129, 167, 168, 182, 192, 201
コリンソン ……………… 119

## さ行

シャイアーズ …………… 125
シュマーレンバッハ …… 13, 26, 30
白井佐敏 ………………… 29

スウィーニー …………… 75
スティーヴンソン ……… 113
ステフィン …… 19, 50, 70, 82, 84, 121, 127, 137, 147
スプローズ ……………… 217

セジャー ………………… 125

## た行

ダウリング ……………… 85, 93
高寺貞男 ………………… 89, 138
ダフォーン ……………… 84, 119

テイト …………………… 124

トレヴィシック ………… 113

## は行

パチョーリ ……………… 17, 24, 121
ハットン ………………… 119
ハドソン ………………… 119
ハミルトン … 84, 89, 93, 94, 109, 121, 123

バルバリーゴ……………………16
ハンター………………………138
ヒース……………205, 206, 212, 214
ピール……………………80, 119
フィニー…………………197, 205, 214
ブース……………………123, 125
フォスター……………………125
ブラウン………………………119
ヘイズ……………67, 87, 88, 94, 115
ペイトン……………………5, 75
ベル………………………………75

　　　　　ま　行

マギー……………………………52
マリー……………………………1
マルコム………………53, 93, 104
マン……………………………209
ミッチェル……………………126
メイソン…………………209, 210
メイヤー…44, 53, 84, 88, 93, 107, 121, 123
メリス………………………98, 99
モリソン………………………125
モンテージ……………98, 102, 119

　　　　　や　行

山下勝治………………………27

　　　　　ら　行

リセット………………………119
リトルトン…………4, 8, 75, 97, 115, 146
ルーヴァ…………………1, 3, 4, 62

### 著者略歴

**渡　邉　泉**（わたなべ　いずみ）

- 1943年　神戸市に誕生
- 1968年　関西学院大学商学部卒業
- 1973年　同大学院商学研究科博士課程単位取得
- 1974年　大阪経済大学経営学部専任講師
- 1984年　同学部教授
- 1986年　イギリスに1年間留学
- 1994年　日本会計史学会賞受賞
- 1996年　関西学院大学博士（商学）
- 1997年　日本会計史学会会長（現在理事）
- 2001年　大阪経済大学学長（現在経営情報学部教授）

### 主要著書

『損益計算史論』森山書店，1983年。
"Accounting Education and Training in Japan", Kwabena ANYANE-NTOW ed., *International Handbook of Accounting Education and Certification,* Oxford and New York, 1992.
『決算会計史論』森山書店，1993年。
『会計の仕組と役割』（共編著）森山書店，1996年。
『会計基礎論』（共編著）森山書店，2002年。
『会計基礎論（第2版）』（共著）森山書店，2004年。
Witzel, M. ed., *Dictionary of British Economists,* ORCA Book（Dorset in England），2004.（Hamilton, R. & Mair, J.）

---

## 損益計算の進化

2005年4月8日　初版第1刷発行

著　者　Ⓒ　渡　邉　　泉

発行者　　菅　田　直　文

発行所　有限会社　森山書店　　東京都千代田区神田錦町
　　　　　　　　　　　　　　　　1-10林ビル（〒101-0054）
　　　TEL 03-3293-7061　FAX 03-3293-7063　振替口座00180-9-32919

落丁・乱丁本はお取りかえ致します　　　　印刷／製本・シナノ

本書の内容の一部あるいは全部を無断で複写複製することは，著作権および出版社の権利の侵害となりますので，その場合は予め小社あて許諾を求めてください。

ISBN 4-8394-2001-7